CS
클레임 관리사

CS 클레임 관리사

초　판 1쇄 발행일 2015년 4월　1일
개정판 1쇄 발행일 2017년 3월 24일
개정판 2쇄 발행일 2023년 6월　2일

지은이 한국씨에스경영아카데미
펴낸이 양옥매
디자인 송다희 표지혜
교　정 조준경

펴낸곳 도서출판 책과나무
출판등록 제2012-000376
주소 서울특별시 마포구 방울내로 79 이노빌딩 302호
대표전화 02.372.1537　**팩스** 02.372.1538
이메일 booknamu2007@naver.com
홈페이지 www.booknamu.com
ISBN 979-11-6752-322-8 (13320)

CS

Customer
Satisfaction

클레임 관리사

한국씨에스경영아카데미 지음

책과나무

한권으로
끝내기

CS 클레임 관리사 실무 향상 및
자격검정을 위한 핵심 지침서

- CS 클레임 관리사 운영에 필요한 필수 핵심 이론 요약 정리
- 자격시험에 대비하기 위한 각 영역별 실전 문제
- 자세한 문제 해설을 통한 자격증 시험 완벽 대비

CS 클레임 관리사 자격시험 일정

구분	원서접수(인터넷)	시험	합격자 발표	자격증 발급신청
27회	2023. 06. 12 ~ 06. 25	07. 01	07. 10	07. 10 ~ 16
28회	2023. 09. 25 ~ 10. 08	10. 14	10. 23	10. 23 ~ 29
29회	2024. 02.19 ~ 03.03	03. 09	03. 19	03. 19 ~ 25
30회	2024. 06.10 ~ 06. 23	06. 29	07. 08	07. 08 ~ 14
31회	2024.10. 21 ~ 11. 03	11. 09	11. 18	11. 18 ~ 24
32회	2025. 02. 17 ~ 03. 02	03. 08	03. 17	03. 17 ~ 23
33회	2025. 06. 09 ~ 06. 22	06. 28	07. 07	07. 07 ~ 13
34회	2025. 10. 20 ~ 11. 02	11. 08	11. 17	11. 17 ~ 23
35회	2026. 02. 16 ~ 02. 28	03. 07	03. 16	03. 16 ~ 22
36회	2026. 06. 08 ~ 06. 21	06. 27	07. 06	07. 06 ~ 12
37회	2026. 10. 19 ~ 11. 01	11. 07	11. 16	11. 16 ~ 22
38회	2027. 02. 15 ~ 02. 28	03. 06	03. 15	03. 15 ~ 21
39회	2027. 06. 07 ~ 06. 20	06. 26	07. 05	07. 05 ~ 11
40회	2027. 10. 18 ~ 10. 31	11. 06	11. 15	11. 15 ~ 21
41회	2028. 02. 14 ~ 02.27	03. 04	03. 13	03. 13 ~ 19
42회	2028. 06. 12 ~ 06. 25	07. 01	07. 10	07. 10 ~ 16
43회	2028. 10. 16 ~ 10. 29	11. 04	11. 13	11. 13 ~ 19
44회	2029. 02. 19 ~ 03. 04	03. 10	03. 19	03. 19 ~ 25
45회	2029. 06. 11 ~ 06. 24	06. 30	07. 09	07. 09 ~ 15
46회	2029. 10. 15 ~ 10. 28	11. 03	11. 12	11. 12 ~ 18

최근 고객들의 니즈가 갈수록 까다로워지면서 백화점 갑질모녀, 땅콩회항에 관련한 기사들이 지면을 장식하고 있고 이와 함께 감정노동, 블랙컨슈머, 개인정보보호, 갑질 논란과 관련한 키워드들이 주목을 받고 있다. 이와 관련하여 기업의 접점에서는 고객에 의한 불만이 자주 발생하고 있으나 아직 이들에 대한 체계적인 대응이 미흡한 실정이다. 뿐만 아니라 접점에서 이들 고객을 상대하는 감정노동자들에 대한 문제도 심각한 수준에 이르렀다.

이렇게 고객의 클레임이나 감정노동, 블랙컨슈머, 개인정보보호 등 고객과 관련한 체계적인 대응전략의 중요성이 갈수록 커짐에 따라 CS 클레임 처리에 대한 관리자나 담당자의 역할 또한 중요해지고 있다. 그러나 기존의 수험서나 전문서적이라고 나온 것들은 보면 하나같이 이론적이고 활용하기에는 한계가 있는 추상적인 내용으로 가득 차 있어 현장에서 어려움을 겪는 이들에게 실무적인 지식이나 경험을 전달하기에는 한없이 부족한 것이 사실이다.

최근에 접점에서는 이론보다는 실무중심의 수험서나 매뉴얼을 통해 체계적으로 클레임이나 블랙컨슈머에 대응하기를 원하는 사람들이 많아짐에 따라 KCA에서는

CS 클레임 처리의 중요성을 인식하고 접점이나 CS부서에 근무하는 사람들을 대상으로 실무 역량을 향상시킴은 물론 경력을 개발할 수 있도록 현장에서 활동하고 있는 전문가들과 함께 실무적인 수험서적을 출간하게 되었다.

이번 CS 클레임 관리사 수험서는 실무에서 활용할 수 있는 핵심적인 내용은 물론 개인의 발전이나 경력개발에 필요한 자격증을 대비하게 함으로써 실무능력과 자격증 취득이라는 두 마리의 토끼를 다 잡을 수 있도록 하는데 초점을 맞추어 집필하였으며 이를 통해 기존의 자격증에 대한 한계와 문제점을 보완 및 개선하는 데 목적이 있다고 할 수 있다.

이 책을 통해 부디 현장에 있는 CS 업무 종사자들에게 실질적인 도움 제공은 물론 자격증 취득을 도와 자아실현과 함께 직업적인 성장의 기회를 확대시키는 데 조그만 도움이 되었으면 하는 바램이다.

이 책은 크게 4부분으로 구성이 되었다.
- 고객응대실무 : 고객과 서비스의 이해, 고객만족 및 고객만족경영의 이해, 고객응대 처리절차 및 응대실무, 고객응대 처리절차, 고객유형별 응대방법, 포스트 코로나 이후 서비스 변화, 행동경제학의 이해, 행동경제학 주요 이론과 사례, NLP(Neuro Linguistic Programming) 이론에 대해 다룬다.

- 고객불만처리 : 클레임의 정의 및 분류, 클레임 발생원인 및 대응방안, 고객불만 사전예방활동 및 사후처리 프로세스, 고객유형별 클레임처리 기법, 블랙컨슈머의 유형별 수법 및 응대 프로세스, 서비스 회복의 결정요인 및 회복 전략에 대해 다룬다.

- VOC운영실무 : VOC발생원인 및 관리방안, VOC처리 프로세스(수집-처리-

분석-활용), VOC채널별 피드백 방안, 만족도 조사 유형 및 트랜드, 개인정보보호의 이해 및 보호조치 방안, 고객정보관리 및 공유체계, 소비자기본법 및 개인정보보호의 이해에 대해 다룬다.

▪ 매뉴얼개발실무 : 매뉴얼 개발 프로세스 및 작성법, CS 서비스 매뉴얼, 클레임 매뉴얼, e메일 응대 매뉴얼, 고객응대를 위한 매뉴얼 작성 방향성, 매뉴얼 개선방안 및 개발 후 변화관리, 응대 스크립트 활용을 통한 역할 연기 방법에 대해 다룬다.

이 책은 다음과 같은 특징과 방향성을 가지고 집필하였다.

첫 번째, 이 책은 각 영역에 포함된 주요 항목들에 대한 이론과 실무적인 대안을 제시하고, 각 해당 영역별 출제 가능한 실전문제를 통해 학습에 대한 결과를 테스트할 수 있도록 하였고 문제에 대한 설명을 별도로 달아 수험생의 이해를 도왔다.

두 번째, CS현장에서 실제 적용할 수 있는 사례들이나 정보 및 지식을 다양한 그림, 표 형식으로 제공함으로써 현장 적용이 용이하도록 하였다.

세 번째, 단순히 CS에만 국한된 것이 아니라 개인정보보호, 소비자 기본법에 의한 소비자 구제책은 물론 행동경제학 주요 이론과 사례, 각종 매뉴얼 작성방법, 서비스 회복과 관련한 내용을 제공함으로써 실무업무에도 도움을 줄 수 있도록 하였다.

아무쪼록 이 책을 준비하면서 힘든 점도 있었지만 우리나라 CS분야에 의미 있는 족적을 남길 수 있어서 보람을 느끼며, 국내 업계의 CS 발전을 기대함과 동시에 이 시간에도 고객접점에서 감정노동에 시달리고 고객만족을 위해 남다른 고민과 함께 많은 고생하고 있는 접점 직원들과 담당자들이 좀 더 나은 환경과 조건에서 근무할 수 있기를 진심으로 기원한다.

마지막으로 이 책을 통해 많은 분들이 CS 클레임과 관련하여 제대로 이해하고 실질적으로 대응하는데 있어 조그만 도움을 얻었으면 하는 바람과 계획한 대로 CS 클레임 관리사 자격증을 취득하는데 있어 많은 도움이 되었으면 한다.

한국CS경영아카데미 원장 박종태

경영환경의 변화는 물론 기술의 진보 및 소셜 네트워크 서비스(SNS)의 활성화를 통해 고객의 생각과 사고가 변하고 있으며 이와 함께 고객의 요구 또한 갈수록 까다로워지고 있어 고객의 욕구를 충족시키기란 쉽지가 않습니다. 이러한 변화된 경영환경 속에서 아무리 기업에서 고객만족전략이나 경영체제를 잘 운영한다고 하더라도 고객 개개인의 니즈나 특성이 상이하다는 점 때문에 고객의 불만이 발생할 수 밖에 없습니다. 다만 이러한 고객의 불만이 발생했을 때 어떤 식으로 대처하느냐가 매우 중요하다고 할 수 있습니다.

사실 고객불만이라는 것은 제품이나 서비스는 물론 기업활동의 문제점을 조기에 파악하고 개선할 수 있도록 도움을 주는 역할을 함으로 기업이 발전하는데 큰 도움을 주는 것이 사실입니다. 뿐만 아니라 불만을 제기하는 고객은 불편사항을 제기하거나 문제점 개선을 요구함은 물론 새로운 아이디어를 제공함으로써 기업이 발전하는데 있어 매우 중요한 역할을 합니다.

따라서 이러한 고객들이 만족할 수 있도록 응대하는 것과 이를 체계적으로 운영하고 관리하는 것이 중요할 수 밖에 없습니다. CS 클레임 관리사는 CS부서는 물론 고객접점에서 근무하는 사람들을 대상으로 고객불만이 발생했을 때 접수 및 처리는 물론 관리에 이르기까지 클레임을 체계적으로 다루기 위해 필요한 실무역량을 검증하는 100% 실무중심의 자격증입니다. 고객불만과 관련하여 실무이론은 물론 실제 현장에서 필요한 지식과 고객을 만족시키기 위해 구체적인 방법을 학습함으로써 CS관련 부서 및 일선에 계신 접점직원들이 실제 고객불만을 체계적으로 처리할 수 있도록 실무 역량을 향상시키는데 목적이 있습니다.

CS 클레임 관리사는 CS부서 직원은 물론 현장 접점에서 고객불만을 효과적으로 처리해야 하는 직원들에게 실무 이론은 물론 현장에서 직접 활용이 가능한 실전위주의 지식과 기술 그리고 다양한 정보를 제공하는 100% 실무중심의 자격증입니다.

▸ CS 클레임 관리사의 역할과 전망 ◂

CS 클레임 관리사는 고객의 불만을 효과적으로 처리함에 있어 필요한 지식이나 실무를 습득하도록 하는데 목적이 있습니다. 또한 CS 클레임 관리사는 단순히 현장에서 고객의 불만을 처리하는 업무에 국한하지 않고 고객 서비스 회복 전략을 기획하거나 VOC를 효과적으로 운영관리하고 이를 현장에 활용할 수 있도록 구체적인 활동을 마련하며 직접 관련 매뉴얼을 구축하고 개발할 수 있는 역량을 가진 전문가라고 할 수 있습니다.

- 고객응대 및 불만관련 매뉴얼 개발 및 작성
- 고객불만 사전 예방 활동 및 사후관리
- 고객 응대 및 불만처리 관련 CS 교육
- 접점 고객응대 및 고객불만 처리
- 모니터링 결과 분석을 통한 업무 프로세스의 개선
- VOC 운영관리 및 활성화 전략 기획
- 고객 응대스크립트 작성 및 개발

- 고객경험관리(CXM) 기획 및 운영 관리
- 개인정보보호 업무 수행 및 고객만족도 조사 업무 수행 등

이렇게 고객불만관리에 있어 핵심적인 업무를 수행하기 때문에 CS 클레임 관리사는 상위 관리자로 성장하기 위한 필수 코스이며 많은 업체에서 CS 클레임 업무에 대한 수요가 높습니다. 체계적으로 클레임 처리경력을 쌓으면 타 업종으로의 이직도 쉬운 편이고 전문가로 활동하기에 부족함이 없을 뿐더러 보수, 승진, 신분보장 등에 있어 우대를 받을 수 있는 이점이 있습니다.

CS 클레임 관리사 진출분야

- 통신, 보험, 홈쇼핑, 공공기관 등 다양한 업종의 CS 클레임 관리사로 활동
- 본인의 역량에 따라 CS 및 주요 접점 전문강사로 활동 가능
- 기업 고객불만처리 컨설팅 전문가(메뉴얼 구축 및 모니터링)로 활동 가능
- 프리랜서 및 컨설팅 업체의 CS 및 교육 훈련 컨설턴트로 활동
- 본인의 경험이나 노하우를 바탕으로 개인사업 또는 법인 설립하여 사업 가능

▸ CS 클레임 관리사 소개 및 응시자격 ◂

CS 클레임 관리사 자격증은 현재 CS부서에 근무하면서 전문 지식과 역량을 향상시키고자 하거나 향후 관련부서 관리자를 목표로 하시는 분들에게 필요한 자격증입니다. CS 및 고객불만과 관련된 체계적인 실무 지식을 바탕으로 실

제 고객응대 및 처리업무와 관련하여 관리자에게 핵심업무라고 할 수 있는 불만처리 프로세스 개선, 매뉴얼 작성, CS 기획 등 실무능력은 물론 CS 클레임 관리자로서의 자질을 평가하며 이를 통해 해당 업무를 얼마나 신속하고 정확하게 문제를 해결할 수 있는지에 대한 능력을 기준으로 CS 클레임 관리사의 자격을 평가합니다

- 서비스 및 CS분야 전문 강사 (사내 강사 포함)
- CS 관련부서 담당자 (CS 운영, 기획, 지원 등)
- 기업 VOC 담당, 콜센터, Claim, CS, CCM 부서장 및 실무자
- 고객 클레임 및 블랙컨슈머 관련 접점 담당자
- 블랙컨슈머 관련 연구 및 유관 단체
- 소비자 상담관련 유관단체 및 담당자
- 고객불만처리 및 고객상담 관련하여 관심 있는 대학생 및 일반인

▶ 시행기관 : KCA (www.kacademy.net)
▶ 시험과목 : 고객응대실무, 고객불만처리, VOC운영실무, 매뉴얼개발실무
▶ 시험방식 : 오프라인 테스트(서울, 부산, 광주, 대전, 대구)

▶ 기대효과

기업	CS 클레임 관리사
접점 직원 대상 경력개발 과정으로 활용가능	고객불만처리에 대한 이론과 실무능력 배양
접점 직원에 대한 객관적인 검증 체계 확보	고객 클레임 관련 전문적인 업무능력 향상
회사 대외 이미지 개선 및 직원 로열티 확보	자격증 취득을 통한 직원들의 자아실현
체계적이고 일관된 고객불만 및 CS관리 가능	직무 만족도 및 몰입도의 지속적인 향상
서비스 품질 및 고객만족도 향상	직업적인 성장의 기회 확대

▸ CS 클레임 관리사 시험형태 및 출제 범위 ◂

▸ 시험형태 필기(4지 선다형 + 단답 서술형)

시험영역	출제 범위 및 내용	문항수
고객응대 실무	1. 고객 및 서비스의 이해 2. 고객만족 및 고객만족경영의 이해 3. 고객심리의 이해 및 커뮤니케이션 방법 4. 고객응대 처리절차 및 응대실무 5. 고객유형분석 및 유형별 응대방법	-4지 선다형 : 20문제
고객불만 처리	1. 고객불만 및 소비자 행동의 이해 2. 고객불만의 발생원인 및 대응방안 3. 고객불만 처리 프로세스 4. 고객불만 사전예방활동 및 사후관리 프로세스 5. 블랙컨슈머의 이해 6. 체계적인 블랙컨슈머 대응전략 및 방향성 7. 고객 서비스 회복 결정요인 및 회복 전략	-4지 선다형 : 20문제
VOC 운영실무	1. VOC(Voice Of Customer)의 이해 2. VOC 운영 및 활성화 전략 3. VOC 관리 및 평가 체계 4. 만족도 조사 유형 및 트랜드 5. 개인정보보호의 이해 및 보호조치 방안 6. 소비자 피해구제 및 개선방안	-4지 선다형 : 20문제
매뉴얼 개발실무	1. 매뉴얼의 이해 2. 매뉴얼 작성방법 3. 고객만족 서비스 매뉴얼 4. 고객 클레임 매뉴얼 5. 고객 e메일 응대 매뉴얼 6. 고객 응대 스크립트의 이해 및 작성방법	-4지 선다형 : 20문제

▶ CS 클레임 관리사 합격기준 및 시험일정 ◀

▶ 합격기준

종목 및 등급	구분	기준	출제형태	시간
CS 클레임 관리사	합격	−전 과목 평균 100점 만점 60점 이상	−객관식 80문항 (각 영역 20문항) 4지선다형	100분
	불합격	−전 과목 평균 100점 만점 −4과목 중 단일 과목 점수 40점 미만		

※자격증 부정행위자는 해당 시험을 중지 또는 무효로 하며 이후 2년간 시험에 응시불가

▶ 각 영역별 배점

유형	문항수	해당점수	주요내용
4지선다형	20	100점	−해당 영역의 주요 내용을 중심으로 문제가 출제되며 4지 선다형 객관식 문제로 출제되며 각 문항당 5점 씩 배전

▶ 접수관련

■ 접수방법
-본 자격증은 온라인 접수만 가능합니다(방문접수 불가)
-KCA 접속 CS 클레임 자격증 원서 접수 응시료 결제 수험표 확인 및 출력

■ 전형 및 응시료
응시료 : 45,000원
■ 응시료 입금기한
자격증 응시료 입금기한은 접수마감일 자정(00:00)까지 응시료를 결제해야 하며, 이때까지 결제가 이루어지지 않으면 응시 접수가 자동 취소됩니다.

■ 접수 취소 및 응시료 환불
접수취소 및 응시료 환불 적용기간은 시험시행으로부터 3일 전까지입니다. 접수기간 중에 취소는 100%, 접수기간 후 환불은 50%환불이 이루어집니다. 접수 취소 후 환불은 2일 이내에 처리됩니다.

구분	시험접수 취소 및 응시료 환불 기준			
적용기간	접수기간 중	접수기간 후	시험시행 3일전	시험시행 당일
환불 적용율	100%	50%	환불없음	

■ 신청안내
CS 클레임 관리사 시험에 합격한 자로서 해당 회차의 자격증 발급기간 내에 KCA(www.kacademy.net)에서 발급, 신청 가능합니다.

자격증 발급과 관련하여 별도의 자격증 발급 수수료가 부과됩니다.

▪ 자격증 발급절차

자격증 발급신청 ==〉 자격증 발급 수수료 납부(온라인 입금) ==〉 자격증 발급 확인 ==〉 자격증 발행 ==〉 자격증 발송 ==〉 자격증 수령

신청서에 기재된 주소로 등기우편으로 발송되어 개별적으로 수령하게 됩니다

Q CS 클레임 관리사 자격증은 어떤 자격증인가요?

➔ CS 클레임 관리사 자격증은 CS 클레임에 대한 전문 자격증이 국내에 없는 관계로 KCA가 자격증을 발급할 수 있도록 국가직업능력개발연구원에 등록을 하고 운영하는 민간자격증입니다. CS 클레임 관리사 자격증은 현장 실무 능력과 경험을 충분히 갖춘 국내 최고 전문가들이 모여 체계적인 CS 클레임 운영관리를 위한 교재 집필은 물론 문제를 출제하고 관리 감독하는 자격증입니다. 이를 통해 CS분야에 종사하는 실무 기획자 및 담당자와 현장 접점 직원들에게 CS 클레임 관련 실무능력 향상은 물론 해당 분야의 업무를 수행할 수 있는지 여부와 자격을 검증하는 국내 최초 CS 클레임 관련 자격증입니다.

Q CS 클레임 관리사 자격증을 취득하면 취업을 알선하거나 취업에 유리한가요?

➔ 답부터 드리면 절대 자격증을 취득한다고 취업이 100%되지도 않으며 또한 저희 KCA에서는 알선해드리지도 않습니다. 일부 자격증 업체에서는 해당 자격증만 취득하면 100% 취업보장이라는 말로 수험자를 현혹하고 있는 것이 사실입니다. 그렇지만 저희 KCA는 그러한 말을 하지 않습니다. CS 클레임 관리사 자격증은 오직 수험사들의 CS 클레임에 대한 전문지식 및 실무 능력을 향싱시키거나 검증하는 자격증으로서만 역할 및 책임을 다할 것입니다. 다만 업체마다 CS 클레임 관리사 자격증 취득자를 선호하는 곳이 있다면 이들 업체에서 제공하는 취업 정보를 제공하거나 추천을 해드리는 정도의 활동을 제공함으로써 수험자들을 지원하는 형태의 활동은 지속적으로 해나갈 예정입니다. 또한 취득을 위한 응시료와 발급비용 외에는 어떠한 비용도 요구하지도 않으니 이점 착오 없으

시기 바랍니다.

Q 오프라인에서는 자격증 관련 교육은 없나요?

→ 네. 오프라인에서도 토요일을 활용하여 자격증 교육을 특강형태로 진행합니다.
주로 주말(토요일)을 이용해 시험보기 1~2주 전에 오프라인에서 특강 형태로
진행됩니다. 관련내용은 홈페이지를 비롯한 다양한 채널을 통해 사전에 공지를
합니다. KCA 홈페이지에 회원으로 가입하시면 자격증을 위한 특강은 물론 기타
교육이나 세미나 및 행사가 있을 때 문자메시지를 보내드리니 참고하시기 바랍
니다.

Q CS 클레임 관리사 자격증은 정식으로 등록되어 있는 자격증인가요?

→ 네. CS 클레임 관리사 자격증은 자격기본법 17조 2항과 같은 법 시행령 제 23
조 제 4항 및 제 23조의 2항에 따라 한국직업능력개발원에서 정식으로 민간자
격증 등록을 마쳤습니다. [산업통상자원부 자격 등록번호 2014-5714]
총 4개월간 등록에 대한 서류 및 자격증 관련 주요 내용에 대한 검토가 이루어졌
고 작년 12월에 최종 등록이 완료되었으며 등록신청 시 제출한 민간자격의 관
리, 운영에 관한 규정에 따라 CS 클레임 관리사 검정을 성실히 이행토록 하겠습
니다.

Q CS 클레임 관리사 자격시험의 과목은 어떻게 구성이 되어 있나요?

→ CS 클레임 관리사는 실무를 중심으로 총 4개의 과목(영역)으로 구성이 되어 있
습니다.

4개 과목이란 총 4개 영역을 의미하는데 제 1영역은 고객응대실무이고 제 2영역은 고객불만(Claim)처리, 제 3영역은 VOC운영실무이며 마지막으로 제 4영역은 매뉴얼 개발 실무로 구성이되어있습니다. 4개 영역은 현장에서 클레임 처리는 물론 CS를 운영 기획하는 실무자라면 필수적으로 알고 있어야 할 핵심 내용으로 구성이 되어 있습니다.

Q CS 클레임 관리사 자격증 시험은 어디서 치러 지나요?

→ CS 클레임 관리사 자격증은 서울, 대전, 부산, 광주, 대구 등 전국 주요 4개 지역에서 치러집니다.

다만 수험 인원 및 상황에 따라 시험지역이 변경될 수 있음을 미리 알려드립니다.

자세한 수험 장소는 시험 전에 홈페이지와 여러 채널을 통해 공지됩니다.

Q 시험 원서접수는 온라인에서만 가능한가요?

→ 예. CS 클레임 관리사 자격증에 대한 시험 원서접수는 오직 KCA 홈페이지에 있는 온라인 접수를 통해서만 가능합니다. 오프라인에서는 원서 접수를 받지 않습니다. 자세한 사항은 홈페이지를 참고하세요.

Q CS 클레임 관리사 자격증과 관련하여 응시자격에 제한이 있나요?

→ CS 클레임 관리사 자격증은 아래와 같은 분들이면 누구나 응시할 수 있습니다.

① CS관련부서 담당자 (CS 운영, 기획, 지원 등)
② 기업 VOC 담당, 콜센터, Claim, CS, CCM 부서장 및 실무자
③ 고객 클레임 및 블랙컨슈머 관련 접점 담당자

④ 블랙컨슈머 관련 연구 및 유관 단체

⑤ 소비자 상담관련 유관단체 및 담당자

⑥ 고객불만처리 및 고객상담 관련하여 관심 있는 대학생 및 일반인

⑦ CS 및 서비스 전문강사 (사내 강사 포함)

체계적으로 접점체계를 구축하고 싶거나 구축에 어려움을 겪는 기업에서 근무하는 분들에게는 자격증을 공부하면서 실무적으로 필요한 지식과 정보를 습득하게 하는 것이 일차적인 목표이지만 현재 CS 접점에서 근무하고 있으며 남과의 차별화를 원한다거나 예비관리자로서의 목표를 가지고 있는 분들, 그리고 CS 역량 및 전문 능력을 갖추고 싶은 분들에게 꼭 필요한 자격증입니다. CS 클레임 관리사 자격증의 4가지 영역을 책이나 강의를 통해 학습해나가시면 CS 대한 전반적인 이해는 물론 향후 관리자가 되었을 때 실무적인 지식 및 역량까지 습득하실 수 있습니다.

CS 클레임 관리사 응시자격은 누구에게나 열려 있지만 아무래도 CS분야에 종사하고 계신 분들과 사내외 강사, 소비자 학과 학생들과 콜센터를 포함한 클레임 처리부서 및 접점에서 근무하고 있는 분들에게 유리한 것이 사실입니다.

Q CS 클레임 관리사 자격증과 관련하여 문제의 난이도는 어떤가요?

→ **CS 현장경험이 있으신 분들이나 현재 CS 접점에서 근무하고 계신 분들이라면 수험서 또는 강의를 듣는 것만으로 충분히 풀 수 있는 수준의 문제들로 출제가 됩니다.**

CS 클레임 관리사 자격증 시험은 어렵게 문제를 내서 혼란을 드리는 것이 목적이 아니고 CS 클레임 업무 또는 CS 관련업무를 수행하는 분들이 반드시 알고 있어야 할 기본정보나 지식 그리고 경험을 묻는 수준이므로 이점에 유의하시면

되겠습니다.

CS 클레임 관리사는 기존 수험서 또는 이론서처럼 현장에서 활용하기에 한계가 있는 수험서가 아니라 **고객접점에서 필요한 실무지식과 실제 현장에서 활용할 수 있는 내용을 다루는 100%문제 해결 중심의** 지침이자 자격을 검정하는 자 **격증이라고 할 수 있습니다.**

CS기획 또는 운영 부서에 근무자나 현장 접점에서 고객을 응대하는 담당자들이 필수로 알고 있어야 할 내용들을 중심으로 출제하고 객관식과 주관식 혼용의 형태로 시험이 치러집니다.

Q CS 클레임 관리사 자격증 공부는 어떻게 해야 하나요?

➜ 우선 오프라인, 온라인 서점에서 수험서적을 구입하셔서 차근차근 공부하면서 요점정리를 하시고 문제를 풀어보시면 어느 정도 감이 올 것입니다.
사실 각 영역별로 차이는 있지만 난이도가 있으므로 상황에 맞게 교재로 독학을 하시던지 아니면 교재로 자기 학습하시다가 주말을 이용해 오프라인 특강을 들으셔도 될 것 같습니다. 사람마다 각각 공부하는 방식이 다르고 어느 것이 낫다고 말씀 드리기 어려운 부분이 있습니다. 열심히 준비하셔서 좋은 결과 있으셨으면 좋겠습니다.

Q CS 클레임 관리사 수험서적은 매년 바뀌나요?

➜ 아니요. 매년마다 개정증보판이 나오는 것이 아니며 내용이 추가될 때마다 2년을 주기로 개정증보판을 출간할 예정입니다. 물론 상황에 따라 주기가 더 빨라질 수 있습니다.

클레임은 물론 CS에 대한 전문적인 지식이나 정보 또는 트렌드를 반영합니다. 이와 함께 감정노동이나 개인정보보호와 같이 접점에서 이슈가 되는 사항에 대해서는 전문가와 논의를 통해 수험서적에 반영합니다만 기본원칙은 현장에서는 활용이 가능한 지 여부와 업무를 수행하는데 있어 정말 유익한 내용인지가 판단 기준이 됩니다.

Q CS 클레임 관리사 시험 후 합격여부와 함께 시험 점수는 공개하나요?

➔ 아니요. 시험을 본 후 당일에 정답이 공지사항을 통해 공개되며 객관식(4지 선다형) OMR 채점이 종료되는 시점에 합격자를 발표합니다.

시험점수는 응시할 때 가입한 아이디와 암호로 로그인하시면 점수와 함께 합격 여부를 안내해드리고 있습니다. 각 영역별 점수는 별도로 안내해드리지 않으니 이점 양해바랍니다.

Q CS 클레임 관리사 자격증 발급(재발급)을 받으려면 어떻게 해야 하나요?

➔ 합격자를 대상으로 별도로 필요한 서류를 요구하지 않으며 다만 자격증 발급에 필요한 정보(성명, 생년월일)와 명함판 사진을 자격증 발급기간에 입력 및 업로드해주시면 됩니다.

재발급의 경우 자격증 분실, 훼손, 및 성명 변경 시 재교부 받을 수 있습니다. 이때도 자격증 발급에 필요한 정보(성명, 생년월일)와 사진이 필요합니다.

C O N T

ENTS

CS 클레임 관리사

제1영역

고객응대 실무

고객을 의미하는 'customer'라는 단어는 관습이나 습관을 뜻하는 'custom'에서 유래
하였으며 고객은 과거, 현재, 미래에 자사의 상품 및 서비스를 구매하는 사람이다.

01

고객 및 서비스의 이해

(1) 고객의 이해

1) 고객의 정의
①고객을 의미하는 'Customer'라는 단어는 관습이나 습관을 뜻하는 'Custom'에서 유래하였다.
②고객은 과거, 현재, 미래에 자사의 상품 및 서비스를 구매하는 사람이다.
③반복적인 구매와 상호작용으로 만들어진다.
④조직 및 기업에 고객생애가치의 실현으로 이익을 창출해 줄 수 있는 사람을 말한다.
⑤경제에서 창출된 재화와 용역을 구매하는 개인이나 가구를 말한다.
⑥소비자는 일반적인 소비의 대상을 뜻하고, 고객은 기업의 입장에서 실제 자사제품을 구매하거나 구매의향이 있는 소비자를 의미한다.
⑦소비자는 고객보다 더 넓은 불특정 다수를 지칭한다.

2) 고객 개념의 변화
①시대적 흐름에 따른 고객 개념 변화

시대의 흐름	생산자 중심	판매자 중심	마케팅 중심	고객 중심
고객의 개념	고객 개념 부재	판매자 욕구 지향	고객 관점	고객만족=품질혁신

②경제적 관점에 따른 고객 개념 변화

경제적 관점	고객의 개념
수요>공급	기업우선 (고객은 봉)
수요=공급	평범한 서비스 (고객은 소비자)
수요<공급	고객중심/고객만족 서비스 (고객은 왕)

3) 고객의 구분

①형태에 따른 구분

내부고객 : 기업 내부의 종업원으로서 상품을 개발하고 제공하는데 협력하는 조직
　　　　　내부의 구성원

외부고객 : 이익을 창출하기 위한 실질적인 고객으로 서비스의 가치를 최종적으로
　　　　　사용하는 대상

②마케팅 관점에 따른 구분

마케팅 관점	고객 구분
잠재적 시장	가능고객, 가망고객
불안정한 시장	이탈고객, 신규고객, 불완전고객
안정적 시장	안정적 고객
성숙적 시장	충성고객

- 가능고객 : 영업활동 전개전의 공략 대상고객, 고객화할 수 있는 잠재적 시장,
  생각 속의 고객
- 가망고객 : 구체적 영업활동의 대상, 관리하고 있는 잠재적 고객
- 이탈고객 : 자사의 제품이나 서비스를 이용하지 않는 고객, 타사 이탈 고객
- 신규고객 : 처음으로 구매하고 난 후의 고객
- 불완전 고객 : 친숙도가 높지 않은 고객, 이탈 가능성이 있는 고객
- 안정적 고객 : 현재 관계가 유지될 수 있는 고객
- 충성 고객 : 제품이나 서비스를 반복적으로 구매하는 고객, 신뢰 및 친숙도가 매
  우 높은 고객

제1영역
고객응대실무

제2영역
고객불만처리

제3영역
VOC 운영실무

제4영역
매뉴얼 개발실무

③관계 발전에 따른 구분

▪ 의사결정 고객 : 직접 고객(제품 또는 서비스를 구입하는 고객)이 제품을 선택하는데 돈을 지불하지는 않지만 영향을 미치는 고객

▪ 단골 고객 : 애용가치와 높은 친밀감을 가지고 반복적으로 애용하는 고객

▪ 옹호 고객 : 자사의 제품이나 서비스를 신뢰하여 개인 홍보자(지인 추천, SNS 전파)의 역할을 수행하는 적극성을 띤 고객

▪ 한계 고객 : 자사의 수익창출을 저해하는 고객으로 자사와의 거래, 활동을 중단할 수 있음

4) 고객의 역할

고객은 스스로 생산자가 되기도 하고 서비스 품질과 만족에 기여하며, 때로는 직원의 경쟁자로서의 역할도 수행하고 있다.

①생산자원으로서의 고객은 조직의 생산역량을 키워주는 인적자원이다.

②고객자원의 투입은 조직의 생산성에 영향을 미칠 수 있다.

③온라인 고객 서비스에서도 고객은 자신의 서비스를 수행하는 부분 직원이 되어 조직의 생산성을 증가시킨다.

④서비스품질 및 만족에 기여하는 공헌자로서의 고객은 고객참여를 통해 고객의 욕구가 충족될 가능성을 증가시켜준다.

⑤고객이 효과적으로 자신의 역할을 수행했다고 믿는 고객일수록 서비스에 더 만족한다.

⑥책임을 지는 고객과 고객이 참여하도록 격려하는 서비스 제공자가 함께 할수록 높은 수준의 서비스를 창출해낸다.

⑦경쟁자로서의 고객은 부분적으로 서비스를 수행하거나 전체적으로 서비스를 수행하기도 한다.

⑧서비스 제공자가 필요하지 않은 경우의 고객은 경쟁자가 될 수 있다.

(2) 서비스의 이해

1) 서비스의 어원
①서비스의 어원은 전쟁에 패하고 식민지화되어 정복자에게 끌려가 노예가 된 것
   에서 유래되었으며 노예의 상태라는 의미의 라틴어와 세르브스(servus, 노예)
   라는 불어에서 유래했다.
②국어사전에서의 의미는 '남의 뜻을 받들어 섬김', '남을 위하여 자신을 돌보지 않
   고 노력함'의 의미로 사용되며 영어사전에서는 봉사, 돌봄, 용역, 근무, 접대,
   시중 등 다양한 개념으로 사용되고 있다.
③시대가 발전하면서 서비스는 봉사적 의미로 발전하여 전 산업영역에 중심 역할
   을 수행하는 핵심 개념으로 변화되었다.
④현대적 의미의 서비스는 자기의 정성과 노력을 남에게 베풀어 보람과 만족을 주
   는 유,무형적 행위이다.

2) 서비스의 개념
①생산과 동시에 전달되는 관계로 저장이 불가능하다. 즉 재고 상태로 보관할 수
   없으며 생산과 동시에 소비된다.
②가변적이며, 비표준적인 산출물을 생산한다.
③전시가 불가능 할 뿐만 아니라 제공에 앞서 소비자에게 견본 제시가 불가능하다.
④제공받는다고 하더라도 그것은 구체적인 물건을 구입하는 것은 아니다.
⑤전달 과정에 고객이 참여함으로 인간적인 교류가 필요하다.
⑥제공된 뒤에만 그 품질을 판정할 수 있으며 좋고 나쁨에 대한 판단은 주관적이다.
⑦노동 집약형이다.
⑧전달 시스템 없이는 존재할 수 없다.
⑨재화와 달리 시간과 공간의 제약을 받는다고 볼 수 있다.
⑩대량 생산이 불가능하다.

3) 서비스의 정의

①서비스에 대한 학자들의 견해는 아주 다양하며 학자들은 서비스를 한층 더 복잡하고 다양하게 정의하고 있다.

학자	정의
미국 마케팅협회 (AMA, 1960)	판매를 위해 제공되거나 상품의 판매와 관련하여 준비되는 제반 활동, 편익, 만족이다.
Judd(1964)	서비스는 교환의 대상이 유형의 재화 이외의 거래로써 소유권 이전이 불가능한 것이다.
Rathmell(1966)	시장에서 판매되는 무형의 제품으로 손으로 만질 수 있는지 없는 지에 따라 유형의 상품, 무형의 상품으로 구분한다.
Bessom(1973)	자신이 수행할 수 없거나 하지 않는 활동, 만족, 그리고 혜택으로서 판매될 수 있는 것을 말한다.
Berry(1980)	제품은 유형물, 고안물, 객관적 실체인 반면, 서비스는 무형의 활동이나 노력이다.
Stanton(1984)	소비자나 산업 구매자에게 판매될 경우 욕구를 충족시키는 무형의 활동으로 제품이나 다른 서비스의 판매와 연결되지 안고도 개별적으로 확인 가능한 것이다.
Kotler(1988)	서비스는 어떤 사람이 상대방에게 제공할 수 있는 활동이나 혜택으로서 무형적이며, 소유될 수 없는 것으로 유형적 제품과 연계될 수도 있고, 그렇지 않을 수도 있다.
Zeithaml/Bitner (1998)	서비스는 행위(deeds), 과정(processes) 및 그 결과인 성과(performances)다.

②서비스의 경제학적 정의

- 서비스를 용역으로 이해, 유형재인 제품과 구분하고 있다.
- 애덤 스미스는 비생산적인 노동이라고 하였고 세이는 비물질적인 부라고 정의하였다.
- 경제학적 관점에서 서비스는 비생산적인 노동, 비물질적인 제품이다.

32

③서비스의 경영학적 정의

▪ 경영학 및 마케팅에서 서비스에 관한 연구가 1960년대부터 시작되어 1970년대에 와서는 서비스의 특성 및 현상의 기술에 대해 관심이 집중되었고 1980년대 이후부터는 이론적 체계와 전략적 이슈를 다루고 있다. 이러한 서비스의 정의를 4개의 큰 영역으로 구분하였다.

분류	내용
활동론적 정의	서비스란 판매를 위해 제공되거나 연계 및 제공되는 모든 활동, 편익 및 만족이라고 정의한다.
속성론적 정의	서비스에 있어 무형과 유형의 구분을 손으로 만질 수 있느냐의 여부에 따라 구분하는 정의이다.
봉사론적 정의	서비스 제공자가 서비스 수혜자에게 제공하는 봉사적 혜택을 강조하는 견해이다.
인간 상호관계론적 정의	무형적 성격을 띠는 일련의 활동으로서 고객과 서비스 제공자간의 상호작용에서 발생하며 고객의 문제를 해결해 주는 것이다.

4) 서비스의 유형

①기능적, 정서적 서비스

기능적 서비스 : 많은 사람들로부터 공통적으로 인정받는 '객관성과 안정성이 있는 어떤 편익의 제공'을 의미한다. 일반적으로 유통서비스, 금융서비스, 교통서비스는 기능적 우위에 속한다고 볼 수 있다.

정서적 서비스: 서비스의 수행방법'을 의미하는 것으로 인적인 대응이 이에 속한다. 정서적인 것에 대한 평가는 좋고 나쁨에 대한 주관적인 판정으로서 식음서비스와 숙박서비스가 정서적 우위에 속한다고 볼 수 있다.

②유형적 서비스

비소유 서비스재 : 신체에 대한 서비스 (병원, 이발소, 헬스클럽)

소유 서비스재 : 재화나 고객의 유형물에 대한 서비스 (소포발송, 세탁물 보관)

③무형적 서비스

일반적 서비스 : 자산에 대한 서비스 (회계, 은행, 보험)

인적 서비스 : 정신에 대한 서비스 (연예, 교육, 공연)

5) 서비스의 주요 특성

서비스의 주요 특성은 아래와 같다.

특성	내용
무형성	▪ 서비스는 추상적이며 만지거나 소유할 수 있는 것이 아니다. ▪ 서비스를 받기 전에는 알 수 없고, 경험을 통해 느낀 무형의 가치재이다. ▪ 고객의 주관적인 판단이나 평가에 의존한다.
소멸성	▪ 서비스는 재고로 보관하거나 재판매 할 수 없다. ▪ 과잉생산에 따른 손실과 과소생산으로 인한 기회상실 가능성이 높다. ▪ 서비스는 즉시 사용하지 않으면 사라진다.
비분리성	▪ 서비스는 생산과 소비가 동시에 일어난다. ▪ 서비스에 대한 품질통제나 대량생산체제 구축이 어렵다. ▪ 서비스 비분리성으로 나타나는 위험요소를 제거하기 위하여 서비스요원의 신중한 선발과 교육에 대한 관심과 투자, 그리고 고객에 대한 교육 및 관리가 중요하다.
이질성	▪ 서비스는 표준화가 어렵고 변동적이다. ▪ 사람에 따라 제공되는 서비스의 내용과 질이 동질적이지 않다. ▪ 기업에서는 우수한 직원을 선발하여 훈련 및 표준화를 실행하고, 고객만족조사를 실시하여 이질성을 최소화 해야 한다.

6) 서비스 제공의 3단계

공급자와 고객 간의 거래가 발생하는 행위 시점으로 사전에 제공되는 서비스(Before service), 현장 서비스(On service), 사후에 제공되는 서비스(After service)로 분류할 수 있다.

①사전에 제공되는 서비스(Before service)

▪ 거래 전 제공되는 서비스로서 거래를 촉진하는 예약 서비스가 이에 속한다.

▪ 고객 접점에서 제공되기 전에 준비하는 단계이다. (주차장 안내표지판, 특가상품 게시물 등)

②현장 서비스(On service)

▪ 고객과 서비스 제공자 사이에 직접적으로 상호작용이 이루어지는 서비스의 본질이다.

▪ 고객과 접촉하는 순간부터 현장서비스는 시작된다.

③사후에 제공되는 서비스(After service)

▪ 현장 서비스가 종료된 이후의 유지서비스로 고정고객과 단골고객 확보를 위해 중요한 단계이다.

▪ 고객이 제공받은 서비스에 대한 문제가 생겼을 때 사후서비스의 처리속도 및 정확성, 서비스 요원의 태도 등은 고객의 유지 및 잠재고객의 확보 차원에서 매우 중요하다고 할 수 있다.

(3) 고객서비스 트랜드의 변화

4차 산업혁명으로 인해 인공지능 및 자동화 기능이 서비스 산업을 더욱 고도화시키고 있으며 코로나로 인해 비대면 고객 채널은 갈수록 확장을 거듭하고 있고 기존의 기술적인 한계를 뛰어넘어 고객 서비스는 발전을 거듭하고 있다. 무엇보다 가장 큰 변화는 기술적인 한계와 제약으로 인해 그간 추상적이고 이상적으로만 여겨졌던 고객서비스가 하나 둘씩 현실화되고 있다는 것이다. 철저한 고객 이해를 바탕으로 고객과의 관계를 발전시키고 유대감을 강화하기 위한 다양한 도구를 활

제1영역
고객응대 실무

제2영역
고객불만처리

제3영역
VOC 운영실무

제4영역
매뉴얼 개발실무

용하여 예측 가능한 고객 서비스를 구현하고 있는 것이 가장 대표적인 변화라고 할 수 있다.

1) 고객서비스 트랜드

①재택 근무가 일상화되고 고객 서비스를 위한 디지털 전환이 가속화되고 있다.

②키오스크나 SNS, 챗봇 등을 통한 고객 셀프 서비스 및 인공지능 기반의 고객 참여를 통해 이전과는 다른 서비스를 제공하고 있다.

③고객의 소비 트랜드를 반영하여 기업 입장에서는 고객에게 가치 있는 시간을 보낼 수 있도록 특별한 경험을 제공하고자 노력하고 있다.

④코로나 이후 대면을 최소화하는 비대면 중심의 서비스로의 전환 및 확산이 트랜드 변화라고 할 수 있다.

⑤고객 데이터를 기반으로 고객의 선호도를 이해하고 원하고 있는 서비스 및 잠재적인 니즈를 파악하여 최적화된 서비스를 제공하는 개인화된 맞춤화 서비스라고 할 수 있다.

⑥비대면에서의 고객 활동이 활발해지면서 온라인 서비스의 비중이 갈수록 확대되고 있다는 점도 고객 서비스 변화의 가장 큰 특징이라고 할 수 있다.

⑦제품이나 서비스를 생산하는 과정에서 고객을 개입 또는 참여시킴으로써 기업의 목적이나 목표를 달성하기 위한 고객 인게이지먼트가 고객 서비스가 중요한 트랜드로 자리잡고 있다.

2) 포스트코로나 이후 국내 서비스 시장의 변화

①디지털 전환이 가속화되고 온라인화가 본격화되고 있다.

②비대면 서비스의 확산과 비대면 채널 위주로 사업이 재편되고 있다.

③온라인 플랫폼의 활용이 더욱 활발해지고 있다.

④비대면 서비스를 구현하기 위한 IT관련 서비스업의 발달이 가속화되고 있다.

⑤1인 가구 증가의 영향으로 인한 홈코노미 관련 서비스 업종의 확장을 거듭하고

있다.

(4) 코로나 이후 비대면 서비스

언택트(Untact)가 한창이던 시기에 '사회적 거리두기'로 인해 기업들이 대면접촉을 최소화하는 비대면 중심의 서비스로의 전환을 가속화하고 있으며 기존의 언택트 서비스들이 비용을 줄이고 효율성을 높이거나, 편의를 제공하는 것에 초점을 맞췄다면, 코로나 이후 대고객 서비스 트렌드는 급작스러운 사회 변화에 대응해 소비자들이 안심하고 소비할 수 있도록 하는 데에 초점을 맞추고 있다.

1) 비대면 서비스의 확산 배경
①지속되는 저성장 경제 상황에서 인건비 절약을 통한 비용 절감
②다양한 채널을 통해 필요한 정보나 지식을 쉽게 얻을 수 있는 디지털 환경의 조성
③고객의 정보력이 증가하면서 기업에서 제공하는 정보보다는 직접 수집한 정보
　를 더 신뢰함.
④스마트폰을 통해 더 쉽고 빠르게 원하는 서비스를 획득할 수 있는 환경이 마련됨
⑤대면접촉에 대한 피로감이나 불안한 감정을 회피하려는 심리
⑥4차산업혁명 및 인공지능으로 대표되는 기술적인 진보
⑦기존 서비스의 비대면화에 대한 고객의 욕구 확산

2) 포스트 코로나 이후 고객의 소비 트랜드
포스트 코로나 이후 국내 고객의 소비 트랜드는 다양한 형태로 변화하고 있다. 코로나가 상기화되는 시섬에서는 고객 소비 트랜드도 변화를 거듭하고 있으며 특히 온라인을 통한 구매가 대폭 증가하고 건강에 대한 관심이 부쩍 늘어나고 있다. 무엇보다 코로나가 끝났다고 해서 이와 같은 소비 트랜드가 갑자기 바뀌기는 쉽지가

제1영역
고객응대 실무

제2영역
고객불만처리

제3영역
VOC 운영실무

제4영역
매뉴얼 개발실무

않을 것이며 지속적으로 이와 같은 트랜드는 유지될 것으로 예상하고 있다. 그렇다면 포스트 코로나 이후에 고객의 소비 트랜드는 어떻게 변할 것인지 알아보자. 향후 고객의 소비 트랜드의 방향성은 아래와 같다.

①안전에의 욕구로 인해 집이 업무, 휴식, 여가는 물론 경제활동의 허브(Hub)로 부상

②이용의 편의성과 경제성으로 인해 비대면 온라인 쇼핑을 통한 소비의 확산

③지구 환경과 사회적 이슈에 대한 윤리적 개념 소비의 확산(기업의 ESG경영)

④라이프 스타일의 변화로 인해 시간과 비용을 절약해주는 구독서비스의 확대

⑤1인 가구의 증가로 인한 혼밥, 혼술, 혼콘 등 소비 형태의 변화 가속

⑥고객 자신이 직접 관여할 수 있는 상품이나 서비스에 많은 관심과 소비를 하는 패턴의 확산

⑦플랫폼과 배송 서비스의 익숙함에 따른 언택트(Un tact)서비스를 통한 활발한 소비활동

⑧실시간 라이브 커머스 채널의 등장으로 MZ세대 소비층의 유입 증가

3) 비대면 서비스의 특징

①서비스 공급자와 수요자가 직접 대면하지 않고 거래가 가능한 방식의 서비스이다.

②대부분 플랫폼(Platform) 기반의 비대면 방식의 사업모델이 주를 이루고 있다.

③대표적인 비대면 서비스는 플랫폼 서비스는 온라인에서 구동하며 오프라인 시장에서 서비스를 제공하는 플랫폼 서비스와 온라인에서만 서비스를 제공하는 플랫폼 서비스로 구분할 수 있다.

④플랫폼에 기반한 서비스 업종은 전통적인 오프라인 서비스에 비해 서비스 품질이 낮은 수준을 보이고 있다.

⑤기존의 비대면 서비스가 콜센터 중심이었다면 코로나 이후 비대면 서비스는 사람이 아닌 시스템(키오스크, 앱, 플랫폼 등)을 통한 소통이 주를 이룬다.

⑥기술 진보 및 데이터 분석을 통해 기존 서비스의 이용편의성은 물론 보안성이

개선되고 있다.

⑦기존 비대면 서비스의 경우 MZ세대의 개인주의적인 성향을 중심으로 성장하였
   다면 코로나 이후 중장년으로 확대한 것이 특징이다.

4) 비대면 서비스의 장점

①불필요한 감정 소비가 발생하지 않는다.

②데이터에 기반한 고객 중심의 맞춤형 서비스 제공이 가능하다.

③시간과 공간은 물론 거리에 구애받지 않고 서비스에 대한 접근성이 우수하다.

④대면접촉을 기피하고 비대면 소통을 선호하는 고객의 요구를 제대로 수행할 수
   있다.

⑤대면접촉을 최소화함으로써 이동의 불편함과 감염 리스크를 줄일 수 있다.

⑥업무 신속성과 효율성 증가는 물론 비용 절감 효과가 크다

⑦업무에 수행에 있어 어렵거나 위험한 작업을 효과적으로 수행할 수 있다(원격
   제어 등)

⑧직원의 업무 강도는 물론 감정노동이 감소한다.

5) 비대면 서비스의 단점

①노년층, 장애인 등 특정 세대의 이용이 어렵다

②비대면 서비스 이용관련 충분한 정보가 없을 경우 디지털 소외 현상이 발생한다.

③직접적으로 대면하는 것보다는 현실감이 떨어진다.

④사람들과의 교류가 축소되어 감정 교류나 사회성 저하가 우려된다.

⑤서비스 지연이나 장애로 인한 불만 발생 시 신속하고 유연한 대처가 어렵다.

⑥서비스 이용 과정에서 사고 발생 시 책임소재가 불분명하다.

⑦비대면 서비스로 인해 야기되는 불편이나 사고에 대해서 관련법이나 제도가 제
   한적이다.

제1영역
고객응대 실무

제2영역
고객불만처리

제3영역
VOC 운영실무

제4영역
매뉴얼 개발실무

(5) 서비스품질 측정 모델

1) 서비스품질 측정의 이해
①서비스품질은 기업의 경쟁우위를 결정짓는 주요 요인으로써 그 중요성이 증대되고 있다.

②서비스품질에 대한 개선, 향상을 위해서는 정확한 측정이 필요하다.

③서비스는 고유한 특성으로 객관적인 품질측정이 어렵기 때문에 고객은 자신의 주관적 판단에 의해 평가할 수밖에 없다.

④서비스품질을 측정하는 모형에는 SERVQUAL 모델, SERVPERF 모델, Kano 모델 등이 있다.

2) SERVQUAL모델
①미국의 파라슈라만(A. Parasuraman), 자이다믈(V. A. Zeithaml), 베리(Leonard L. Berry) 세 사람의 학자에 의해 개발되었다.

②서비스품질 측정 모델 중 가장 널리 사용되고 있는 모델로 품질을 측정하기 위해 22개 항목 5개차원의 다항목 척도를 개발하였다.

③SERVQUAL의 5가지 구성차원

10가지 차원	5가지 차원	정의
유형성	유형성	시설, 설비, 직원, 서비스자료의 유형(팜플렛, 설명서 등)
신뢰성	신뢰성	서비스 수행 시간 준수, 정확한 서비스 제공 능력
응답성	응답성	신속한 서비스 수행, 고객 입장을 고려하는 자세
능력	확신성	지식, 공손, 신뢰, 확신을 주는 능력
예의		
신용성		
안전성		
접근성	공감성	고객과의 접근이 편리하고 고객니즈에 대한 이해, 배려, 관심을 제공하는 능력
커뮤니케이션		
고객이해		

40

④고객의 기대와 서비스 제공에 따른 경험 간의 차이로 정의한다.

⑤기대가치를 먼저 측정한 후 경험가치를 측정하고 격차를 이용하여 서비스 품질을 평가한다.

⑥서비스는 표준화가 어렵고 변동적이다.

⑦사람에 따라 제공되는 서비스의 내용과 질이 동질적이지 않다.

⑧기업에서는 우수한 직원을 선발하여 훈련 및 표준화를 실행하고 고객만족조사를 실시하여 이질성을 최소화 해야 한다.

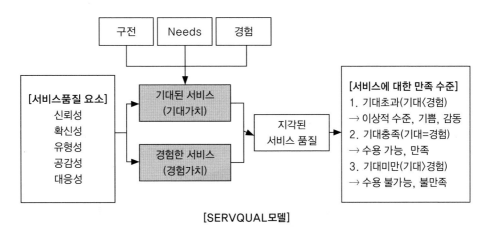

[SERVQUAL모델]

3) SERVPERF모델

①Cronin과 Taylor는 SERVQUAL의 개념화와 조작화는 적절하지 못하다고 기대와 성과의 차이를 지지하는 이론적, 실증적 증거가 없다고 비평하였다.

②SERVQUAL의 대안으로 성과 만에 의한 측정인 SERVPERF를 개발하였다.

③성과항목만으로 품질수준을 측정하는 것이 다른 측정항목에 비하여 우수하다고 주장하였다.

④SERVQUAL에서 사용된 5개 차원을 토대로 성과치 만으로 구성된 SERVPERF 모델이 서비스 품질 측정모델로 타당하다고 입증하였다.

⑤SERVQUAL과 SERVPERF의 비교

제1영역
고객응대 실무

제2영역
고객불만처리

제3영역
VOC 운영실무

제4영역
매뉴얼 개발실무

구분	SERVQUAL	SERVPERF
구성	기대와 성과	성과
기대의 정의	제공해야 할 수준	기대측정 안 함
측정자원	5개 차원 22개 항목	5개 차원 22개 항목

4) Kano 모델

①Noriaki Kano 교수가 개발한 고객만족, 상품 개발에 관한 이론이다.

②카노모델은 어떤 상품을 기획할 때 각각의 구성요소에 대해 기능의 충족/불충족과 고객의 만족/불만족을 두 축으로 객관적 관계를 설정하여 설명하는 이론으로 고객의 만족을 측정하는 데에 활용되고 있는 기법이다.

③카노모델은 제품이나 서비스의 품질 속성의 성능점수와 고객 만족 사이의 관계를 이해하는 프레임워크로 사용된다.

④대부분의 고객은 서비스가 미비하면 불만을 갖게 되고 충분한 경우에는 당연하다고 느낄 뿐 만족감을 갖지 않는다.

⑤카노모델은 제품과 서비스에 대해 고객들이 느끼는 만족도를 조사하는데 있어 주관적 품질 인식(사용자의 만족)과 객관적 품질 인식(요구조건과의 일치)의 이원적 인식 방법을 제시하였다.

⑥카노모델은 고객 기대의 품질요소는 매력적, 일원적, 필수적이며 잠재적 품질요소는 무관심, 반대적 품질로 구분하였다.

⑦매력적 품질 요소(Attractive Quality Attribute)는 충족되면 만족감을 주지만 충족되지 않더라도 그게 불만족이 없는 품질요소로 자동차의 자동주차 기능이니 후방 인식 센서를 통한 주차의 편리함을 강조한 기능이 대표적이라고 할 수 있다.

⑧일원적 품질 요소(One Dimensional Quality Attribute)는 충족이 되면 만족감을 주지만 충족되지 않으면 고객의 불만을 야기하는 품질요소로 HDTV가 고화질로 선명하면 만족감을 주지만 노이즈가 발생하거나 흐릿하게 나오면 불만을 야기하는 것과 같다.

⑨필수적 품질 요소(Must Have Attribute)는 당연히 있어야 한다고 생각되는 필수 요소로 충족되지 않으면 불만을 야기하지만 아무리 충족의 정도가 높더라도 너무나 당연한 것이어서 굳이 만족감을 느끼지 않는 요소라고 할 수 있다. 예를 들어 새로 수리한 문이 잘 안 닫히면 불만족스럽지만 잘 닫힌다고 해서 만족감이 높아지는 것이 아닌 당연히 그래야 하는 당연적인 요소라고 할 수 있는 것과 같다.

⑩무관심적 품질 요소(Indifferent Quality Attribute)는 있어도 그만, 없어도 그만인 품질요소로 필기구에 향기가 나도록 하는 기능이 추가된 것을 예로 든다면 글만 잘 써지면 그만이지 향이 없어도 그만인 품질 요소로 굳이 비용을 들여 제공할 필요는 없는 요소라고 할 수 있다.

⑪반대적 품질 요소(Reverse Quality Attribute)는 제공하면 제공할수록 불만족이 발생하는 품질요소로 웹사이트에서 팝업 되는 광고가 대표적이라고 할 수 있다. 업체 입장에서는 수익과 관련된 부분이어서 제공한다고 하지만 팝업광고가 많으면 많을수록 고객은 오히려 짜증이 나는 요소라고 할 수 있다.

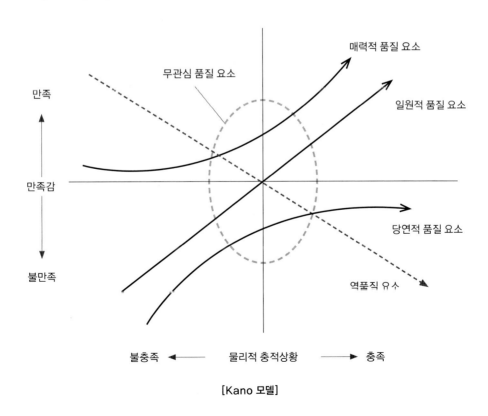

[Kano 모델]

43

02

고객만족 및 고객만족경영의 이해

(1) 고객만족의 이해

1) 고객만족의 정의

① 고객만족이란 고객요구에 대응하는 일련의 기업에서 진행하는 활동의 결과로서 상품 및 서비스의 재구매가 이루어지고, 고객의 신뢰가 연속되는 상태를 말한다.

② 고객이 상품 및 서비스의 구매 전, 후 상황에서 느끼는 포괄적인 감정을 말한다.

③ 고객만족은 고객의 사전기대치와 사후만족도에 대한 차이에 의해 결정된다.

④ 고객에게 단순한 가치나 효용을 제공하는 것을 넘어 만족을 주는 것을 의미한다.

⑤ 고객이 기대하고 있는 수준 이상의 업무 및 서비스를 고객에게 제공하여 고객으로 하여금 만족감을 느끼게 하고 아울러 고객으로부터 신뢰를 얻는 것이다.

⑥ 고객만족은 서비스 제공자가 통제할 수 없는 요소로 고객의 감정, 주관적인 기대수준에 의해 좌우된다.

⑦ 이외에도 고객만족의 의미를 다양하게 정의하고 있다.

학자	정의
Goodman	'고객만족'이란 비즈니스와 기대에 부응한 결과로서 상품, 서비스의 재구입이 이루어지고 아울러 고객의 신뢰감이 연속되는 상태
Westbrook과 Newman	상품 및 서비스를 구매, 비교, 평가, 선택하는 과정에서 고객이 경험하는 호의적 또는 비호의적인 감정을 고객만족, 불만족으로 구분하여 설명
Anderson	고객의 포괄적인 감정을 프로세스로 고객만족을 설명하는데 고객의 만족, 불만족을 하나의 과정으로 이해하여 고객의 사용 전 기대와 사용 후 성과를 평가한 결과로 고객민족을 이해
Hempel	소비자가 만족을 기대했던 제품의 효익이 실현되는 정도라고 정의하고 실제 성과와 기대했던 결과 사이의 일치 정도를 나타냄
Miller	소비자 만족, 불만족은 제품에 대한 기대수준과 지각된 성과 수준과의 상호작용으로부터 발생

2) 고객만족의 구성요소

①상품

▪ 하드웨어적 요소 : 품질, 기능, 성능, 효율적인 가격 등

▪ 소프트웨어적 요소 : 디자인, 컬러, 상표명, 향기, 소리, 포장, 편리성 등

②서비스 : 판매원의 서비스, 점포 분위기, A/S 등

③기업 이미지 : 사회공헌도, 환경보호, 고객보호, 사회적 책임 등

3) 고객만족의 효과

①재구매와 브랜드 애호도

▪ 재구매 의사는 상품이나 서비스에 대한 경험 후 다시 구매하고자 하는 감정상태로 브랜드 충성도까지 포함한 개념이다.

▪ 고객의 불만족 경험은 재구매 할 의사가 매우 낮아지며 고객의 만족경험은 재구매 의사 재구매 행동에 크게 영향을 미친다.

▪ 만족을 경험한 고객은 경쟁사 대비 높은 가격을 유지해도 해당기업의 제품을 지속적으로 이용한다.

②구전

▪ 구전은 소비자들 사이에서 대화를 통해 제품, 서비스에 대한 정보를 공유하는 것을 의미한다.

▪ 영향력의 특성과 관련된 개인 혹은 집단간의 영향력이 구전이다.

▪ 개인의 직접 또는 간접적 경험을 비공식적으로 주고받는 활동이다.

▪ 매스커뮤니케이션에 의한 효과보다 구전의 효과가 더 크다.

▪ 구전은 많은 사람에게 빠르게 전파되기 때문에 긍정적 구전은 기업에 이익을 가져오지만 부정적 구전은 기업에 큰 손해를 입힐 수 있다.

제1영역
고객응대실무

제2영역
고객불만처리

제3영역
VOC 운영실무

제4영역
매뉴얼 개발실무

www.kacademy.net

③비용절감

▪ 신규고객을 유치하는데 많은 비용이 발생하므로 고객만족에 의하여 기존고객을 유지한다면 불필요한 지출을 막을 수 있다.

▪ 고객의 요구사항을 사전에 예측하여 반영함으로써 불필요한 지출을 줄일 수 있다.

4) 서비스 수익체인

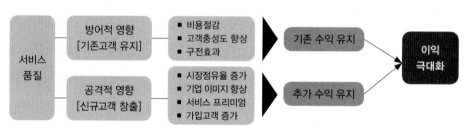

[서비스 수익체인 모델]

①서비스 수익 체인은 가치를 생성하는 기업내부(직원)측면, 가치를 전달하는 접점(서비스전달) 측면, 가치를 구매하는 고객 순으로 표현된다.

②기업의 성과를 향상시키기 위해서 먼저 내부고객인 종업원의 만족도를 향상시켜야 고객에게 좋은 제품과 서비스를 제공할 수 있게 되는 것이다.

③서비스 수익 체인 모형에 따른 고객관점의 성과 측정은 조사결과 연계를 통해 선순환 구조를 갖추게 하는 것이 필요하다.

(2) 고객만족경영의 이해

1) 고객만족경영의 의미

①경영의 모든 부문을 고객의 입장에서 우선적으로 생각함으로써 진정한 의미에서 고객을 만족시켜 기업의 생존을 유지하고자 하는 경영전략이다.

②상품과 서비스에 대해 고객에게 만족감을 주기 위하여 고객만족도를 정기적, 정량적으로 측정하고 그 결과에 따라서 제품과 서비스 및 기업 이미지를 조직적이고 지속적으로 개선해 가는 과정이다.

③고객만족경영은 회사의 이익창출 극대화가 목표이며 마케팅 차원에서 고객만족을 우선 순위로 놓고 경영하는 것을 말한다.

⑥고객만족경영을 함으로써 신규고객을 창출하고 충성고객이 늘어나며 기업 경쟁력이 강화된다.

⑦고객만족 경영에서 가장 중요한 개념은 MOT이다. MOT 순간에 어떤 감동을 심어줄 것인가에 대한 노력이 바로 고객만족경영이며 MOT가 일어나는 모든 접점들을 관리하는 것이 고객만족 경영이다.

2) 고객만족경영의 핵심요소

핵심요소	내용
비전	전 직원의 고객만족에 대한 장래의 비전, 가능성 등을 공유하여야 한다.
주인의식	전 직원의 고객만족에 대한 업무 및 문제해결방안에 대한 주인의식공유.
조직·업무 프로세스	고객중심적의 조직구조와 고객관점의 업무프로세스를 설계하여야 한다.
지식, 정보 시스템	고객요구 변화를 예측하고, 업무를 지원하는 지식, 정보시스템을 구축하여야 한다.
운영시스템	고객의 요구를 빠르게 기업운영에 반영시키는 운영지원시스템을 갖추어야 한다.

제1영역
고객응대실무

제2영역
고객불만처리

제3영역
VOC 운영실무

제4영역
매뉴얼 개발실무

(3) 고객만족경영의 패러다임

1) 고객만족경영 (CSM)

①최근 기업은 서비스를 제공하고 개선하는데 있어 점점 까다로워지는 소비자의 만족을 이끌어내기 어렵게 되었다.

②고객만족의 총체적 요소를 발현하여 기존의 고객만족경영을 뛰어넘는 혁신이 요구되고 있다.

③총체적 고객만족경영의 핵심요소

구분	내용
내부 핵심역량 측면	비용절감 및 경영효율 제고(지식, 정보기술, 프로세스)
시장 경쟁력 측면	고객만족 및 시장성과 창출(가격경쟁력, 브랜드, 이미지)

2) 고객관계관리(CRM)와 고객경험관리(CXM)

①CRM은 고객만족을 기반으로 하여 장기적인 고객관계 유지를 통해 매출 향상은 물론 마케팅비용 절감을 통해 수익성 개선과 기업의 경영전략을 고객중심적으로 전환하는 경영 혁신 프로그램이다.

②CRM은 고객가치 중심으로 프로세스를 재설계하고 고객을 만족시킬 수 있는 핵심역량을 강화함으로써 신규고객 유치와 기존 고객 유지를 통해 수익성을 극대화하는데 목적이 있다.

③기업 또는 상품 및 서비스에 관련한 고객의 전반적인 경험을 전략적으로 관리하는 프로세스로서 결과가 아닌 과정에 초점을 맞춘 고객중심의 경영전략이다.

④상품 판매 전과 후에도 고객에게 정보와 서비스를 제공하는 등 고객과 지속적으로 상호작용을 유도하고 고객이 긍정적인 경험을 할 수 있도록 유도한다.

구분	고객관계관리(CRM)	고객경험관리
개념	▪ 기업의 입장에서 고객만족도 관리 (고객에 대한 회사의 생각 수집/배포)	▪ 고객입장에서 고객만족도 관리 (회사에 대한 고객의 생각수집/배포)
측정시점	▪ 고객접촉의 결과가 기록된 후	▪ 고객접촉이 일어나는 순간
측정방법	▪ POS, 시장조사, 웹 클릭, 영업실적 등	▪ 설문조사, 특별연구, 고객관찰 등
기대성과	▪ 고객 수익성 관리 ▪ 고객의 가치를 기업가치화 ▪ 기업내부의 효율성강조 ▪ 논리적이고 기능적인 가치창조 ▪ 시스템과 거래데이터 역할 강조	▪ 고객로열티 관리 ▪ 기업의 가치를 고객가치화 ▪ 경쟁사와 차별화된 경험 강조 ▪ 감성적인 가치 강조 ▪ 고객접점의 역할 강조
접근방향	▪ 기업으로부터 고객으로 (Inside out 전략)	▪ 고객으로부터 기업으로 (Outside in 전략)
업무범위	▪ 기업전반에 걸쳐 광범위한 개선에 초점	▪ 고객의 경험개선에 초점
데이터	▪ 주로 거래데이터 활용	▪ 주로 고객의 경험데이터 활용

3)고객가치경영(CVM)

①고객가치라는 의미는 협의로 고객을 위한 가치를 의미하며 기업이 고객을 위해 제공하는 가치이고 고객의 입장에서는 기업에 대한 체감적 가치를 의미한다.

②고객이 체감하는 가치라는 것은 기업의 제품이나 서비스를 통해 고객이 경험을 통해 인지하는 총체적 효익이라고 할 수 있다.

③기존의 고객만족경영이 전사 차원의 실질적인 혁신을 이끌어내지 못함으로써 기업성과와 연계가 불투명했던 반면, 고객가치경영은 기업성과와의 연계를 통한 혁신이라고 할 수 있다.

④기업은 최고의 가치를 제공하기 위해 상품 및 서비스의 차별화와 체험마케팅에 주력하는 한편 끊임 없이 변화하는 고객의 요구를 측정하고 대응 방안을 마련해야 한다.

제1영역
고객응대 실무

제2영역
고객불만처리

제3영역
VOC 운영실무

제4영역
매뉴얼 개발실무

⑤고객의 가치는 기업이 고객을 기다리기 보다 능동적으로 고객을 선택하고 고객 가치를 개발하는 것을 의미한다. (고객 잠재니즈 발견, 고객 포트폴리오 구축, 불량고객의 충성고객 전환, 고객 생애 가치 분석 등)

⑥고객가치경영이 중요한 이유는 고객가치 극대화가 곧 기업가치 및 기업성과 창출에 출발점이라는 것과 상품, 서비스 및 이미지에 대한 기업의 차별성을 유도하기 때문이며 마지막으로 고객 접점 중심의 서비스 개선이 아닌 전사 차원의 혁신 프로그램이라는 점이다.

고객가치경영(CVM)	고객만족경영(CSM)
■ 고객가치 혁신 ■ 비용 대비 효과 평가에 초점을 맞춤 ■ 고객에 의한, 고객을 위한 고객, 고객의 가치 ■ 모든 고객의 가치는 다르다 ■ 기업이 고객을 선택 ■ 고객 라이프사이클 관리 ■ 마케팅 도구와의 연계 ■ 기존고객 + 신규 고객 ■ 가치의 상호교환	■ 고객만족 향상이 주요 목표 ■ 고객만족도 평가에 초점을 맞춤 ■ 고객을 위한 가치 ■ 모든 고객은 동일하다. ■ 고객이 기업을 선택 ■ 고객 접점 관리(MOT) ■ 구체적인 실현 툴(Tool)이 불분명 ■ 기존고객 중심 ■ 가치 제공

03

고객심리의 이해 및 커뮤니케이션 방법

(1) 고객심리의 이해

1) 고객심리의 이해

①소비자를 고객화하기 위해서는 소비자의 행동을 이해해야 한다.

②소비자의 행동을 이해하기 위해서는 소비자 심리를 파악해야 한다. 소비자의 역할은 매우 다양하며, 역할에 따른 심리와 행동이 달라질 수 있다.

③소비자의 심리는 겉으로 표현되는 소비자의 행동만으로는 알기 어렵다.

④소비자의 심리적 특성이 어떠한 자극에 반응을 보이는지 파악하고 대처해야 한다.

⑤예를 들어 남성에게는 길고 장황한 설명이나 미사여구보다는 간략하게 정리하여 요약하고 여성은 디테일한 묘사와 다양한 표현을 활용해 전달해야 효과적이다.

⑥일반적인 소비자의 심리는 다음과 같다.

- 기억되기를 바란다(환영기대심리)
- 독점하고 싶어한다(독점심리)
- 중요한 사람으로 인식되고 싶어한다(우월심리)
- 모방하고 싶어한다(모방심리)
- 손해보기 싫어한다(보상심리)
- 자신의 욕구와 기대를 받아 들여지길 원한다(자기본위의 심리)

2) 소비자행동에 영향을 미치는 요소

①소비자행동에는 사회적요인, 문화적요인, 개인적요인, 그리고 심리적 요인들이 다양하게 영향을 미치고 있다.

구분	영향요인
사회적요인	가족, 쥬거집단, 수집단
문화적요인	문화, 사회계층
개인적요인	연령의 생애주기, 직업과 경제상황, 라이프스타일, 성격과 자아
심리적요인	동기, 학습, 지각, 신념과 태도

제1영역
고객응대실무

제2영역
고객불만처리

제3영역
VOC 운영실무

제4영역
매뉴얼 개발실무

②사회적요인

- 가족 : 가장 영향력이 강한 집단이며 가족들 영향력에 따라 구체적으로 구매 활동에 영향을 미친다.
- 준거집단 : 소비자 행동에 직, 간접적으로 영향을 미치는 집단이며 가족, 학교, 친구, 동창, 취미클럽, 직장 동료 등이 이에 속한다.
- 소집단 : 개인의 행동은 다양한 소집단으로 영향을 받으며 공식(가족, 친구, 동료 등), 비공식(종교단체, 사회단체 등)집단이 있다.

③문화적 요인

- 문화는 그 사회의 구성원들이 공유하는 정신적 물질적인 모든 것이다. (관습, 가치관, 법률, 도덕, 자동차, 옷과 같은 상품)
- 어떤 문화적 배경 속에 성장하고 살아가느냐에 따라 행동에 영향을 준다.
- 문화는 소비자 행동과정에서 주요한 고려대상이다.
- 세대, 지역마다 소비문화가 다르게 형성된다.

④개인적 요인

- 연령 : 소비자들이 구매하는 제품과 서비스는 라이프사이클에 따라 다르다.
- 직업과 경제 상황 : 시간, 금전, 정보 등 상황이 바뀌면 소비자의 행동도 변한다.
- 라이프 스타일 : 개인 라이프스타일에 따라서 소비자 행동 다르게 나타난다.
- 성격과 자아 : 개인의 지속적이고 독특한 심리특성, 지기확신, 사회적응성, 방어성, 공격성 등으로 표현된다.

⑤심리적 요인

- 동기 : 행동을 하게하는 근원적인 힘이며 강한 추진력이다.
- 학습 : 후천적으로 배우고 익혀 장기간 굳어진 행동이다.

- 지각 : 외부자극을 이해하고 깨닫는 능력이다.
- 신념과 태도 및 태도 변화 : 어떤 대상에 대한 선입견으로 좋고 싫음의 감정상 태이다.

3) 고객구매 심리과정 8단계

①제 1단계(관심)
- 고객이 점포 안으로 들어 온다든가 아니면 진열된 상품을 지나가다가 바라 보는 경우가 구매심리 과정 중 관심을 갖은 단계이다.

②제 2단계(흥미)
- 상품에 대해 좀더 관찰하려고 걸음을 멈추는 경우이며 이 경우의 흥미란 상품의 가격, 색깔, 사용법 등 어느 것이든 거기에 고객의 흥미는 여러 형태로 나타난다.

③제 3단계(연상)
- 상품을 이리 저리 보면서 또는 만지면서 그 상품을 사용했을 때의 자기의 모습이라든가 아니면 선물할 사람의 모습을 연상하는 경우다. 이 연상의 단계는 고객의 구매로 이끌어가는 중요한 단계이다.

④제 4단계(욕망)
- 이와 같이 연상이 일어나면 그 상품에 대해 욕심이 난다. 그 상품에 대한 욕심은 높아지지만 과연 이것이 자기에게 잘 맞는지에 대해 의문점과 동시에 더 좋은 상품이 없을까 하는 기대를 갖는다.

⑤제 5단계(비교, 검토)
- 이 상품이 좀더 좋은 것은 없는지 주위를 둘러보고 또 다른 점포에서 팔고 있

제1영역
고객응대 실무

제2영역
고객불만처리

제3영역
VOC 운영실무

제4영역
매뉴얼 개발실무

는 상품과 주위 사람들의 물건을 비교하며 상품의 기능 등 정보에 대해 꼼꼼히 검토해 본다.

⑥제 6단계(신뢰)

- 비교·검토가 끝나면 이것이 자기에게 가장 잘 어울리겠다고 생각될 때가 신뢰관계가 형성되는 시기이다.

⑦제 7단계(행동)

- 행동이란 고객이 종업원에게 대금을 지불하는 구매의 결정 단계이다.

⑧제 8단계(만족)

- 만족이란 물건을 사고 난 다음의 만족감과 구입한 물건을 사용해보고 만족하는 경우이다. 그리고 종업원의 친절한 접대에 오는 만족감이다. 이 만족감을 갖은 고객은 반드시 다시 찾아올 것이며 그 점포의 단골이 되기 쉽다.

(2) 커뮤니케이션의 이해

1) 커뮤니케이션의 정의

①커뮤니케이션이란 메시지를 통한 사회적 상호작용으로 정보전달 및 그에 따른 반응을 이끌어내는 것이다.

②커뮤니케이션은 사회조직이나 현상을 바탕으로 사람들간의 정보나 감정을 교환하는 행위이다. 이는 가장 인간다운 의사소통과정이다.

③타인과의 상호작용에서 사용하며, 말, 글, 제스처, 그림과 같이 공통된 의미를 형성하는 행위다.

2) 커뮤니케이션의 요소

①송신자 : 메시지를 보내는 사람(정보원, 회자, 필자, 전달자 등)

②암호화 : 송신자가 전달하고자 하는 메시지의 내용을 수신자가 이해할 수 있도록 바꾸는 과정.(글, 말, 눈짓, 표정, 제스처 등)

③메시지 : 의사소통의 핵심 과정(언어적, 비언어적 형태로 표현)

④채널 : 수신자에게 메시지를 전달하는 수단(음성, 시각, 신체접촉, 매스미디어 등)

⑤수신자 : 송신자가 보낸 메시지를 받는 사람(청취자, 독자)

⑥해독화 : 수신자의 사고과정에 대한 기술적 용어로 수신자로부터 받은 메시지의 의미가 이 과정을 거쳐 해석

⑦효과,결과 : 송신자의 메시지에 대해 수신자에게 일어나는 변화(만족, 불만족, 대가 등)

⑧피드백 : 수신자가 이해한 내용을 다시 전달하는 반응으로 송신자의 의도대로 전달되었는지를 확인하는 과정

⑨잡음 : 메시지를 전달하는데 잡음이 되는 것(조명, 소리, 편견, 은어, 외국어 등)

3) 커뮤니케이션의 특징

①커뮤니케이션의 기능

- 의사결정에 사용될 수 있는 정보를 제공한다.
- 구성원이 조직목적에 몰입하게 하는 동기부여 기능을 한다.
- 구성원의 의무, 권한, 책임을 명확히 통제한다.
- 구성원의 사회적 욕구에 대한 느낌과 만족을 표현한다.
- 자신의 의사를 상대편에게 바르게 전달하는 기능을 한다.
- 상대편의 생각을 바르게 받아들이는 기능을 한다.

②커뮤니케이션의 방법

- 언어적 방법 : 직접적인 말을 통한 정보의 교환이나 메시지를 전달하는 구두 커뮤니케이션과 편지, 보고서, 사보, 매뉴얼 등 문서를 통한 문서 커뮤니케이션이 있다.
- 비언어적 방법 : 교통신호, 사이렌, 지위상징 등의 상징적 언어와 안색, 자세, 눈의 움직임 등 의식적, 무의식적으로 타인에게 메시지를 전달하는 신체적 언어가 있다.
- 일방적 커뮤니케이션 : 송신자가 수신자에게 정보를 돌려받지 못하는 커뮤니케이션이다.
- 쌍방적 커뮤니케이션 : 송신자와 수신자가 정보를 서로 전달, 확인하는 커뮤니케이션이다.

(3) 커뮤니케이션의 유형

1) 대인 커뮤니케이션

①둘 이상 소수 개인이 자유롭게 상호작용하는 행위 또는 과정을 말한다.

②언어적 상징과 함께 목소리, 표정, 제스처 등 다양한 비언어적 상징을 이용한다.

③모든 커뮤니케이션 활동의 원형으로서 커뮤니케이션의 본질을 잘 보여준다.

④소수 개인간에 이루어지는 비조직적이고 비공식적인 상태에서 자유롭게 정보교환을 한다.

⑤자신에 대한 정보를 자발적, 능동적으로 공유하며 상대방과 상호작용이 솔직하고 공개적일 때 쉽게 발전한다.

⑥커뮤니케이션을 통해 주고받는 정보의 양이나 특성에 따라 각 영역이 변화하고, 대인관계가 발전함에 따라 영역의 크기도 변한다.

⑦대인관계의 발전과정은 접촉→관여→친밀→악화→교정→결별로 진행된다.

2) 조직 내 커뮤니케이션

① 참여자들이 커뮤니케이션을 통해 공동의 목표를 성취하고자 하는 특성을 지 닌다.

② 구성원의 소속, 자격 등 범위가 확실하다.

③ 하향적 커뮤니케이션은 상급자에서 하급자에게 전달되는 조직의 위계, 명령, 지시를 포함한다.

④ 상향적 커뮤니케이션은 하급자가 상급자에게 전달하는 성과, 의견, 태도 등을 전달하는 과정으로 쌍방적 커뮤니케이션을 가능하게 하여 하향적 커뮤니케이션 의 단점을 보완할 수 있다.

⑤ 수평적 커뮤니케이션은 동료나 부서간의 상호작용적 커뮤니케이션을 의미한다.

⑥ 조직 내 커뮤니케이션의 종류는 아래와 같다.

3) 설득 커뮤니케이션

① 설득 커뮤니케이션이란 효과적인 커뮤니케이션을 통해 다른 사람을 자신이 원 하는 방향으로 변화하게 하는 것이다.

② 문제해결 및 의사결정의 도구로 사용한다.

③ 원인과 처방에 대해 설명하고 미래의 유사현상을 예측하여 긍정적인 결과를 얻 도록 실증적 자료를 얻는데 사용한다.

④ 설득 커뮤니케이션의 유형은 아래와 같다.

구분	내용
선전	▪ 목적달성을 위한 조직적 행동 ▪ 다른 집단 구성원들의 태도를 형성, 통제, 변화시키려는 것에 그 목적이 있음 ▪ 개인보다는 집단을 대상으로 함 ▪ 정해진 상황에서 원하는 반응을 다른 집단으로부터 언고자 하는 활동
광고	▪ 상품 또는 서비스의 판매나 거래를 위해 설득적 전략을 이용하는 것 ▪ 광고주나 대행사와 광고인들이 소비자의 태도를 변화시켜 구매행동을 유발하기 위한 활동 ▪ 불특정 다수에게 전달되는 특징을 가지고 있다.

PR	▪ 기업체나 정부, 기관 또는 개인이 대중으로 하여금 긍정적이고 호의적인 태도를 형성하도록 도모하는 활동 ▪ 조직이 사회적 환경이 되는 대중과 원활한 관계를 유지하고자 하는 활동

4) 커뮤니케이션 화법

①바람직한 커뮤니케이션 화법으로 고객이 편안함과 친근감을 가질 수 있도록 하여 고객감동을 실천해야 한다.

②효과적인 언어표현

▪ 명령형은 의뢰형으로 바꿔서 표현한다.

▪ 부정형은 긍정형태로 변경하여 표현한다.

▪ 요조체 또는 다까체의 경우 구분해서 사용한다.

▪ 비속어, 전문용어, 반토막 용어는 사용하지 않는다.

③화법의 종류

구분	내용
긍정 화법	▪ 부정적인 단어를 긍정의 단어로 바꾸어 사용하는 화법이다. ▪ "신분증 사본이 없으면 처리가 불가능 합니다." 　⋯▸"신분증 사본을 보내주셔야 처리가 가능합니다."
쿠션 화법	▪ 무언가 어려운 내용을 전달하고자 할 때 미안함의 마음을 먼저 전하여 사전에 쿠션 역할을 하는 언어이다. ▪ "다시 방문해 주세요 ⋯▸ 번거로우시겠지만, 다시 방문해 주시겠어요?" ▪ "전화번호 좀 알려주세요 ⋯▸ 실례지만 고객님의 전화번호가 어떻게 되세요?" ▪ "제품 택배로 보내드려요? ⋯▸ 괜찮으시다면, 제품 택배발송 해 드릴까요?"
공감 화법	▪ 남의 감정, 의견, 주장 따위에 대하여 자기도 그렇다고 느낌. 또는 그렇게 느끼는 기분을 표현하는 언어이다. ▪ "고객님, 오래 기다리셨죠?, 고객님, 번거로우셨죠?, ~그러셨어요?, 많이 불편하셨겠습니다, 많이 언짢으셨죠? 저라도 그렇게 생각했을 겁니다."

레어드 화법	▪ 명령형을 청유형으로 바꾸어 정중하게 표현하는 언어이다. ▪ "기다리세요. … 고객님, 죄송하지만 잠시 기다려 주시겠습니까?" ▪ "OOO으로 바꿔주세요. … 고객님 괜찮으시다면 OOO은 어떠십니까?" ▪ "어떻게 오셨나요? … 안녕하세요. 무엇을 도와드릴까요?"
YES/ BUT 화법	▪ 일단 고객의 말을 인정하고 다음 반론이나 대안을 제시하는 화법이다. ▪ "안됩니다. … 네, 고객님의 의견은 충분히 일리 있습니다. 하지만 (설명) 이기 때문에 어렵습니다."
칭찬 화법	▪ 상대방에게 관심을 가져주고 상대방의 가치를 인정해 주는 표현이다. ▪ 칭찬은 즉시, 구체적으로, 고객에게 적합하게 하여야 하며, 너무 과장되거나 남발해서는 안 된다. ▪ "고객님 피부 톤이 밝으셔서 이런 밝은 컬러도 잘 어울리시네요." ▪ "고객님 얼굴이 갸름하셔서 머리스타일을 바꾸니깐 더 잘 어울리시네요."
맞장구 화법	▪ 맞장구는 무의식적으로 대화를 원하는 방향을 이끌어내는데 효과적이다. ▪ 고객의 말에 짧고 긍정적으로 표현한다. ▪ 가벼운 맞장구 : "저런…", "그렇습니까?" ▪ 동의 맞장구 : "예~ 맞습니다" "저도 그렇게 생각합니다." ▪ 정리 맞장구 : "그 말씀은~이라는 것이지요" ▪ 재촉 맞장구 : "그래서 어떻게 되었습니까?"

(4) 행동경제학의 이해

①1979년에 대니얼 카너먼과 아모스 트버스키가 논문『전망이론: 위기 하에서의 판단에 대한 분석』을 발표함으로서 탄생한 선택행위에 관한 학문이론이다.

②행동 경제학이라는 것은 기존 경제학이 풀지 못했던 인간의 비합리적인 행동이나 의사결정에 대한 의문점을 해결하는 학문이다.

③일반적으로 인간은 지극히 이성적인 경제를 한다고 하는 가정을 탈피해서 실제적인 인간의 행동을 연구하여 어떻게 행동하고 어떤 결과를 초래하는지 규명하기 위한 경제학이다.

④인간의 실제 행동을 심리학, 사회학, 생리학적 견지에서 바라보고 그로 인한 결

과를 규명하려는 경제학의 한 분야이다.[1]

⑤행동경제학의 핵심 개념은 '휴리스틱(Heuristic)'과 '바이어스(Bias : 편향)'인데 '휴리스틱'은 의사결정을 할 때 근거로 삼는 주먹구구식 방법을 의미하며 '바이어스'는 휴리스틱을 통해 얻어지는 결과 또는 판단의 편향을 의미한다.

⑥결국 행동경제학은 인간의 직감에 의한 선택이나 의사결정을 통해 착각이나 오류를 살펴봄으로써 실질적인 인간의 행동을 고찰하는 학문이라고 할 수 있다.

⑦고객 응대라는 것은 결국 고객과의 커뮤니케이션이므로 행동경제학에서 제시하는 고객의 심리학적, 경제학적, 사회학적, 생리학적 접근을 통해 고객이 어떻게 의사를 결정하는지에 대한 이해가 선행되어야 한다.

(5) 행동경제학 주요 이론과 사례

행동경제학에 자주 등장하는 이론이나 현상을 정리하였으며 현장에서 고객 응대를 할 때 실제 도움이 될 만한 주요 사례 및 이론을 정리하면 아래와 같다.

1) 휴리스틱(Heuristic)

①휴리스틱(Heuristic)이란 명백한 사실(Fact)이 존재함에도 불구하고 단순히 자신의 고정관념이나 관습에 의해서 불완전하면서도 비합리적인 판단을 하는 것을 의미한다.

②시간이나 정보가 불충분하여 합리적인 판단을 할 수 없거나, 굳이 체계적이고 합리적인 판단을 할 필요가 없는 상황에서 신속하게 사용하는 어림짐작의 기술을 의미한다.

③의사결정을 할 때 문제의 복잡성으로 인해 결정하기 쉽지 않거나 시급한 의사결정이 필요하나 자원(비용)을 최소화하기 위해 사용되는 고찰 또는 과정을 의미

---

[1] 한경경제용어사전 인용

한다.

④휴리스틱은 시간이 없을 때 큰 노력없이 직관에 의해서 결정을 하기 때문에 어느 정도 만족스러운 결과를 주기도 하지만 말도 안되는 실수나 결과를 초래하는 원인이 되기도 한다.

⑤휴리스틱의 반대되는 개념은 알고리즘(Algorithm)인데 알고리즘은 일정한 공식과 순서에 의해서 문제를 풀면 정확한 답을 얻을 수 있는 방법이다.

2) 확증 편향(Confirmation bias)

①사람들이 자신의 생각이나 신념과 일치하는 정보는 자연스럽게 받아들이고, 자신의 생각과 일치하지 않는 정보는 무시하거나 사실로 믿지 않는 경향을 의미한다.

②어떤 문제나 상황에 대해서 자신에게 유리하게 해석하려는 것 또한 확증 편향이라고 할 수 있다.

③말 그대로 보고 싶은 것만 듣고 듣고 싶은 것만 듣는 심리를 의미하며 자기중심적 왜곡(Myside bias)라고도 한다.

3) 현상유지편향(Status Quo Bias)

①변화보다는 현상유지를 선호하는 의사결정에서 나타나는 지각적 편향을 의미한다.

②기존에 성립된 행동이 있으면 특별한 혜택이나 이득이 주어지지 않는 이상 변화 및 변경하지 않으려는 현상을 의미한다.

③기존에 보던 신문을 바꾸지 않고 그냥 본다든지 매일 똑같은 식당에서 식사를 하거나 항상 이용하던 은행에서 은행업무를 본다거나 하는 것이 대표적이다.

④현상유지편향을 적극적으로 활용하는 방식에 디폴트 옵션이라는 것이 있는데 메일을 보낼 때 사전에 수신자에게 동의를 구한 후 메일을 발송하는 방식을 옵

제1영역
고객응대 실무

제2영역
고객불만처리

제3영역
VOC 운영실무

제4영역
매뉴얼 개발실무

트인(Opt-in)방식이라고 하고 수신자가 발송자에게 수신거부 의사를 명확히 밝혀야 메일을 발송하지 않는 방식을 옵트 아웃(Opt-out)이라고 한다.

⑤이와 달리 특정항목을 지정하지 않으면 자동적으로 선택이 되는 옵션을 디폴트 옵션(Default option)이라고 한다. 보통 고객이 물건을 구입하거나 계약을 할 때 선택사항에 대해서 디폴트 옵션을 지정해놓으면 자연스럽게 옵션을 변경하지 않고 그대로 받아들이는 경향이 많다.

⑥디폴트 옵션을 제공하면 상품이나 서비스 구입 전에 이미 해당 옵션을 소유하고 있다는 느낌을 갖게 되어 자연스럽게 상품을 선택할 수 있도록 한다.

⑦고객을 응대할 때 디폴트 옵션을 반영하여야 하는데 이 때 고객에게 직접 강요하는 느낌을 주는 것이 아니라 자연스럽게 고객이 선택하고 있음은 느낌을 주도록 해준다.

4) 프레이밍 효과

①같은 문제라 하더라도, 제시된 대안에 따라서 결과가 달라지도록 영향을 주는 현상을 의미한다.

②문제의 표현방식에 따라 동일한 사안 및 상황에도 불구하고 판단이나 선택이 달라진다.

③어떠한 문제에 대해서 틀(Frame)을 달리하여 제시함으로써 듣는 사람으로 하여금 판단이나 결정이 달라지게 하는 효과이다

④고객에게 의사결정을 위한 어떤 질문을 던질 때 질문 또는 문제의 제시 방법 에 따라 크게 달라지는 경우가 있는데 틀(Frame)에 따라 판단이나 선택이 변하는 것을 보통 프레이밍 효과라고 한다.

⑤프레이밍 효과는 고객의 머리 속에 사고의 틀(Frame)을 만들려는 시도이므로 보통 '기존의 상품은……', '조사 결과에 따르면 대부분의 사람들이 그렇게 생각하고 있습니다'라는 표현을 사용한다. 이를 통해 예상치 못한 효과를 거두기도 한다.

5) 세부묘사 효과(Unpacking effect)

①일반적으로 사람들은 세부사항이 묘사된 구체적이고 상세한 설명을 들었을 때 더 많은 정보를 얻게 되며 메시지 전달이 잘되어 판단 및 결정하는데 유리하게 작용하는 효과이다.

②사전에 고객이 어느 정도 상품에 대한 지식이나 정보 또는 경험을 가지고 있는 고객일수록 세부묘사 효과가 훨씬 큰 효과를 발휘한다.

③현장에서 이와 같이 상품이나 서비스에 대한 묘사가 추상적이지 않고 보다 구체적이고 세부적인 단어를 취사하여 메시지를 전달하면 효과가 크다.

④다만 구체적이고 세부적으로 묘사를 해야 하기 때문에 응대하는 시간이 길어지는 단점이 있는 반면 구매 또는 인지도를 향상시키는데 확실한 효과가 있다.

6) 밴드왜건 효과(Band wagon effect)

①어떤 상품이나 서비스에 대해 고객의 수요가 많아지게 되면 그러한 고객의 경향에 따라 해당 상품이나 서비스의 수요가 증가되는 것을 밴드왜건 효과라고 한다.

②보통 '남이 하니까 나도 한다'라는 의사결정을 따르는 고객에게 유용한데 이를 적절히 녹여내는 것이 바람직하다.

③커피매장의 규모를 적게 하거나 테이블 및 좌석을 최소화하고 Take-out 커피 및 음료를 제공함으로써 일부러 고객들이 줄을 서게 만들어 마치 매장이 엄청 붐비는 것처럼 착각하게 만드는 것이나 홈쇼핑에서 '콜이 너무 많아 현재 직원과의 연결이 어렵습니다'라고 하는 것도 밴드왜건 효과라고 할 수 있다.

7) 후광 효과(Halo effect)

①어떤 사람이나 대상에 대한 일반적인 견해나 생각들이 그 사람이나 대상을 평가하는데 영향을 미치는 효과를 의미한다.

②어떤 대상이나 사람의 좋은 이미지가 상품이나 서비스에도 긍정적인 영향을 미친다는 심리학적인 현상이다.

제1영역
고객응대 실무

제2영역
고객불만처리

제3영역
VOC 운영실무

제4영역
매뉴얼 개발실무

www.kacademy.net

③신상품이 출시되거나 회사의 긍정적인 이미지를 고객에게 각인시키기 위해 좋은 이미지의 연예인이나 유명 인사들을 홍보 모델로 활용하는 것이 대표적인 사례라고 할 수 있다.

④보통 이러한 후광 효과를 통해 고객을 안심시키는 것은 물론 신뢰와 믿음을 제공함으로써 서비스나 상품을 판매하는데 직간접적인 영향을 준다.

⑤후광 효과를 이용해 고객을 설득할 때는 유명인이나 특정인이 이용하고 있음이거나 세계적인 회사 또는 기관과 제휴 관계 또는 인증 사실 등을 녹여내는 것도 한가지 방법이다.

8) 쾌락적 편집

①일반적으로 사람은 고통은 피하고 즐거움이나 행복은 추구하려는 경향이 있다.

②또한 이익과 손실이 같은 크기라고 하더라도 이익에서 얻는 기쁨의 크기보다는 손실로부터 오는 고통을 크게 느끼기 때문에 사람들은 고통을 최소화하거나 피하려는 '손실회피(Loss aversion)'성향을 가지고 있다.

③이러한 사람들의 심리를 바탕으로 해서 행동경제학의 선구자인 리처드 탈러(R. Thaler)는 복수의 이익이 발생하는 상황, 복수의 손실이 발생하는 상황, 이익과 손실이 동시에 발생하는 상황, 이익과 손실이 복합적으로 발생하는 상황에서 즐거움은 극대화하고 고통은 최소화하기 위한 4가지 방법을 제시하는 '쾌락적 편집 가설(Hedonic editing hypothesis)'을 내놓는다.

④핵심은 '이익은 나누고 고통은 합쳐라'이다. 즉 어떤 이익이 되는 상황이라면 나눠서 혜택이나 즐거움을 주고 고통이라고 하면 한 번에 합쳐서 표현함으로써 즐거움은 극대화하고 고통은 최소화할 수 있다.

⑤보통 회사에서 일반적으로 마케팅을 할 때 묶음상품(Bundle product)을 판매하는 것도 이와 같은 손해를 최소화하려는 고객의 심리를 이용한 판매기법이라고 할 수 있는데 단품으로 할 경우 비싸지만 약정과 함께 2개 이상의 상품을 동시에 구매할 경우 연간 가격에 대해 대폭 할인을 해주는 것이 대표적이다.

9) 넛지 효과(Nudge effect)

①넛지(Nudge)는 '옆구리를 슬쩍 찌르다'는 뜻으로 강요가 아닌 유연하게 개입함
으로써 선택을 유도하는 이론이다.

②행동경제학자인 캐스 R. 선스타인(Cass R. Sunstein)과 리처드 탈러(Richard
H. Thaler)가 공저한 《Nudge》에서 주장한 이론으로 강제와 지시 또는 억압이
아닌 팔꿈치로 치는 것과 같은 자연스럽고 부드러운 개입을 통해 특정한 행동이
나 결과를 유도해내는 효과이다.

③어떤 상황 속에서 선택을 강요하게 되면 당연히 대상자는 반감내지는 거부반응
을 일으키기 쉽기 때문에 정말 아무런 거부감 없이 아주 부드럽고 유연하게 상
황에 개입하여 자연스럽게 타인의 선택을 유도하는 것을 의미한다.

④넛지 효과는 직원들이 자연스럽게 고객과의 응대 상황에서 아무런 거부감이 없
는 말이나 유연하게 상황에 개입하여 고객으로 하여금 상품 또는 서비스 이용유
도는 물론 해지방어 및 기타 부가 서비스 이용을 유도할 수 있도록 해주기 때문
이다.

⑤또한 반론이나 이의제기를 하는 고객에게 적절한 개입과 반론극복을 통해 의외
의 성과를 거둘 수 있도록 해준다.

10) 각인효과(Imprinting effect)

①발달기 특정 시점에 접하는 사실이나 정보가 당사자의 뇌리 속에 평생 강력하게
입력되는 현상을 보통 각인효과(Imprinting effect)라고 한다.

②너무 잘 알려진 각인실험은 갓 태어난 새끼 오리의 경우 태어나는 순간에 처음
본 대상을 어미 오리로 인지하여 따라 다닌다는 것이 주요 내용인데 이러한 각
인효과는 인간에게도 그대로 적용된다.

③우리가 아침에 일어나 "오늘 하루 잘 될거야!!"라는 등 자기 최면이나 암시를 말
과 함께 거울을 보면 각인시키는 활동을 통해 자신을 변화시키기도 한다.

④각인효과는 마케팅에 적용하기 좋은데 예를 들어 판매해야 하는 주력 상품과 서

제1영역
고객응대 실무

제2영역
고객불만처리

제3영역
VOC 운영실무

제4영역
매뉴얼 개발실무

비스는 서두에 표현하는 것이다. 고객은 처음으로 들은 정보를 기준으로 이후에 안내되는 상품과 서비스를 비교하게 되기 때문에 판매자 입장에서는 유리한 고지를 선점할 수 있다.

⑤이미 고객은 구하고자 하는 상품이나 서비스에 대한 정보를 다른 채널을 통해 얻었을 가능성이 있으므로 그러한 고객에게 어떤 상품이 서비스를 각인시킬 것인지 고민하여야 하고 당연히 수익이 높은 상품을 고객에게 소개할 수 있는 정보 제공은 물론 화법을 개발하여 고객에게 판매할 수 있도록 해야 한다.

⑥상품이나 서비스의 가격에 대한 정보는 분리를 해서 안내하는 것이 바람직하다.

11) 에펠탑 효과(Eiffel tower effect)

①에펠탑 효과는 한마디로 말하면 자주 노출시켜서 친숙해지기 효과라고 할 수 있다.

②'자주 봐서 정이 들었다'라는 표현은 바로 에펠탑 효과 또는 반복노출이론을 의미한다

③고객에게 상품이나 서비스를 단순반복적으로 노출시켜 인지도를 상승시키거나 긍정적인 이미지를 형성시키는 효과를 발생시킨다.

④고객응대 시 고객이 언급하는 상품이나 서비스에 맞는 맞춤형 상품이나 서비스를 자주 언급함으로써 응대도중에 해당 상품과 서비스를 반복, 노출시키거나 관련 홍보물이나 방송에서 나왔던 문구를 활용함으로써 친근함을 느낄 수 있도록 하는 것도 한 가지 방법이다.

⑤고객을 초청할 때도 단순히 "고객님~"이라고 하기보다는 구체적으로 "○○○ 고객님이라고 구체적으로 이름과 호칭을 해주는 것이 친근감은 불러 일으키는데 이러한 효과 또한 에펠탑 효과라고 할 수 있다.

12) 디드로 효과(Diderot effect)

①디드로 효과는 우리가 일상에서 흔히 볼 수 있는 현상 중 하나로 하나의 상품을

구입함으로써 그 상품과 연관된 상품을 연속적으로 구입하는 현상을 의미한다.

②디드로 효과가 발생하는 주요 원인은 고객이 상품이나 서비스를 구입할 때 상품이 가지는 단순한 기능의 연계 이외에도 상품들 간의 정서적, 심미적인 동질성까지 중요하게 생각하기 때문에 발생한다.

③패션용품이나 악세서리, 자동차 용품 등 타인의 시선이나 주목을 많이 받는 상품이거나 고객 개인의 가치를 반영한다는 생각되는 상품일수록 디드로 효과가 크게 나타난다.

④연관상품 유도와 같이 교차판매 또는 상향판매를 유도할 수 있도록 해야 한다.

⑤새 넥타이를 구입하는 고객이 있음이면 해당 넥타이와 잘 어울리는 와이셔츠를 추천한다거나 심지어는 양복정장을 추천할 수도 있다.

⑥흔히 교차판매나 상향판매가 디드로 효과라고 할 수 있는데 고객 니즈를 파악하고 해당고객이 구입한 내역을 확인해 추천을 해주는 방법이 바람직하다.

13) 로우볼 테크닉(Low ball technic)

①고객에게 상품이나 서비스를 소개하거나 판매를 할 때 먼저 저렴한 상품을 소개하여 구매의사 결정을 유도 후 이보다 더 높은 가격대의 상품이나 서비스를 보여줌으로써 구매를 유도하는 판매방식이다

②로우볼 테크닉은 처음에 아주 좋은 조건을 고객에게 제시하고 이를 고객이 받아들이면   그 조건의 일부를 변경하여도 쉽게 승낙하는 고객의 심리를 이용한 방식이라고 할 수 있다.

③원래 조건에서 불리한 부분을 몰랐다는 듯이 슬쩍 내미는 기법인데 이미 고객은 해당 상품(서비스)을 선택해서 기분이 좋은 상태이므로 조건이 바뀐다고 해서 쉽게 구매를 포기하지 않는다.

④결과적으로 보면 약간 손해를 본다고 하더라도 결국 고객은 해당 상품(서비스)를 선택하게 되는데 사람의 심리를 역으로 이용하는 방법이라고 할 수 있다.

⑤로우볼 테크닉은 약간의 부정적인 측면이 있음이고 할지라도 고객입장에서 충

제1영역
고객응대실무

제2영역
고객불만처리

제3영역
VOC 운영실무

제4영역
매뉴얼 개발실무

분히 납득할 수 방법으로 접근해야 한다.

(6) 기타 고객심리와 관련한 이론들

1) 메라비언의 법칙

①앨버트 메라비언이 그의 '침묵의 메시지(Silent Messages)'라는 저서에서 의사
소통의 주요 요소를 분석한 결과를 근거로 만든 법칙으로 흔히 '7-38-55법칙'
이라고도 한다.

②인간의 의사소통에 있어 언어는 7%, 청각이 38%, 시각이 55%를 차지한다는
법칙으로 효과적인 의사소통에 있어 '비언어적 요소'가 차지하는 비중이 높다는
것을 보여준다.

③어떤 사람의 신념이나 확신에 대한 내용은 말(언어)로 전달되지만 그 사람의 태
도는 비언어적인 요소는 말하는 사람의 태도를 전달하는데 있어서 중요한 역할
을 한다.

④타인과 의사소통을 할 때는 목소리와 바디랭귀지로 소통해야 훨씬 효과가 높음
을 보여주며 이러한 법칙은 마케팅, 광고, 설득, 프리젠테이션 등과 같은 다양
한 분야에서 활용되고 있다.

⑤메라비언 법칙은 커뮤니케이션 연구모델 자체가 단순하고 관찰자의 특성을 고
려하지 않은 체 진행되어 일상에서 그대로 적용하기에는 한계가 있다.

주요 요소	내용
시각(Body language)	자세, 용모, 태도, 머리 모양, 표정, 행동 등
청각(Tone of voice)	목소리의 톤, 음색, 억양, 소리
언어(Words)	말을 통한 내용

2) 자이언스 법칙

①미국의 심리학자 로버트 자이언스가 실험을 통해 밝혀낸 것인데 일반적으로 사람들은 접촉빈도가 높을수록 호감도가 올라간다는 법칙이다.

②자이언스의 실험에 의해 도출된 제1법칙은 인간은 낯선 사람에게는 공격적이고 냉담하게 대응한다는 것이다.

③제 2법칙은 만나는 회수에 비례해서 호의적인 생각을 갖게 된다는 것이다.

④제 3법칙은 상대방으로부터 인간적인 측면을 인지하게 되면 호의적으로 변한다는 것이다.

⑤흔히 반복효과, 단순접촉(노출)효과, 숙지성의 법칙, 노출효과라고도 한다.

3) 로버트 치알디니 설득의 법칙

①미국 애리조나대학교 심리마케팅학과 교수인 로버트 치알디니가 누군가를 설득할 때 사람의 심리를 이용하는 방법을 제시한 6가지 법칙이다.

②제 1법칙은 '상호성의 법칙'으로 누군가에게 호의를 제공받거나 배려를 받으면 어떻게든 보답해야 한다는 심리적인 부담을 느끼게 되는데 이러한 부담을 제거하기 위해 자신도 보답해야 하는 심리가 작용한다. 따라서 상대방을 빚진 상태로 만들면 쉽게 승낙을 얻어낼 수 있다.

[예시] 화장품 샘플, 백화점이나 마트 시식코너, 1달 무료 체험, 광고 전단지 등

③제 2법칙은 '일관성의 법칙'으로 일반적으로 사람들은 자신의 신념이나 의지, 태도 등을 일관되게 유지해야 한다는 심리적 압박에 따라 자신의 입장을 정당화하는 방향으로 맞춰 나간다는 법칙이다. 따라서 상대방을 상황에 개입시키고 특히 작문형식으로 기록을 남기도록 한다. 한 번 개입이 되면 강한 외부 압력이 없어도 상대방은 자기 자신의 행동에 대해서는 전적으로 책임지려는 심리가 있다.

[예시] ①금연한다는 사실을 여러 사람들 앞에서 공표하고 이를 문서화해서 여러 사람들이 다니는 곳에 붙여 놓으면 금연확률이 높다. ②저렴하게 물건을 구입

제1영역
고객응대 실무

제2영역
고객불만처리

제3영역
VOC 운영실무

제4영역
매뉴얼 개발실무

해 놓고 매우 만족한 상태에서 다른 채널에서는 자신이 구입한 금액보다 훨씬 저렴한 것은 보고 자신이 구입한 제품보다 용량이나 품질이 안 좋을거라고 스스로 자신을 설득하는 행위 등

④제 3법칙은 '사회적 증거의 법칙'으로 모두가 비슷하게 생각할 때 아무도 깊이 생각하지 않는다는 법칙으로 다수의 사람들이 좋게 생각하거나 옳게 생각하는 것들에 대해서는 아무런 의심 없이 의사결정을 하거나 설득을 당한다. 이러한 사회적 증거에 따라 행동을 하게 되면 아무래도 실수할 확률이 줄어들기 때문이다. 구체적인 사례나 수치를 들어 설명하여 활용하는 것이 바람직하다.

[예시] 홈쇼핑 광고의 일반 사용자들이 나와 상품과 서비스의 장점 소개, 인증샷 및 후기를 통한 XX버터칩, 중고생 제 2의 교복이라고 불리웠던 유명 브랜드 패딩점퍼, 서점 주요 장소에 비치된 베스트셀러 등

⑤제 4법칙은 '호감의 법칙'으로 어떤 결과나 활동과는 전혀 관계없는 개인적인 호감이 우호적인 결과를 낳는다는 법칙으로 잘 생기거나 예쁜 사람들에게 발생하는 후광 효과나 상대방과 자신의 공통점(성격, 취미, 생활방식 등)으로 인해 상호간에 호감이 발생하게 되며 이를 통해 설득이 쉬워지게 된다.

[예시] 친분을 이용한 MGM(Member Get Members), 유명 연예인이나 유명 인사를 통한 광고 홍보, 칭찬과 같은 긍정적인 평가, 기업의 사회적 책임(CSR) 활동을 통한 긍정적인 이미지 형성 등

⑥제 5법칙은 '권위의 법칙'으로 일반적으로 사람들은 합법적인 권위에 복종하려는 의무감이 작용한다는 법칙으로 권위에 대한 복종은 결과적으로 유익함을 제공하기 때문에 쉽게 권위에 복종한다. 대개 복장이나 직함(OO전문가, 교수, CEO 등) 또는 자동차, 착용한 귀금속이나 고가의 전자상품 등과 같은 권위의 상징물에 권위의 법칙이 작용한다.

[예시] 치의학과 교수가 설명 치주염 질환 개선제, 헬리코박터균을 발견한 베리 마셜 박사를 광고에 등장시킨 유산균 발효유 상품, 부자들이나 유명인들이 사용하는 고가의 상품 등

⑦제 6법칙은 '희귀성의 법칙'으로 우리가 생활 속에서 쉽게 얻기 힘든 상품이나 서비스의 경우 상대적으로 희귀성을 인정해 그 가치를 높이 평가한다는 법칙으로 실제로 희귀성으로 인해 경쟁상태에 놓이게 되면 더 경쟁이 심화되고 해당 상품이나 서비스를 더 선호하게 된다.

4) 베블랜(Veblen) 효과와 스놉(Snob) 효과
①베블랜 효과는 물건이나 상품이 비쌀수록 더 잘 판매되는 효과로 자신의 사회적인 지위를 과시하거나 허영심을 충족시키기 위한 현상이다.
②베블랜 효과는 상품이나 서비스 구매자로 하여금 비싼 금액을 지불하고 소유함으로써 자신의 지위나 자신의 모습이 다른 사람에 비해 더욱 돋보일 것이라고 생각하는 사람들의 심리가 작용하기 때문에 발생한다.
③베블랜 효과는 비싼 것이 좋은 것이라는 신념이나 기대에서 오는 확증편향에서 발생하며 명품 소비가 어려운 사람들의 가짜 명품(짝퉁) 소비의 증가, 된장녀의 출현, 노세일 정책을 유지하는 명품 브랜드 판매량의 지속적인 증가 등의 소비행태를 발생하게 한다.
④스놉(Snob)효과는 흔히 '속물효과'라고도 하는데 특정상품에 대한 수요가 많아지면 오히려 그 상품에 대한 수요가 줄어드는 현상이다.
⑤타인과의 차별화 내지는 개성을 통해 자신을 돋보이게 하고자 희소성이 있는 상품을 찾는데 이처럼 백로처럼 자신을 남들과는 다르게 보이려는 심리를 반영한다고 해서 백로효과라고도 한다.
⑥스놉 효과는 과시적 소비와 더불어 좀 더 자신을 차별화하기 위한 개성을 추구한다는 점에서 확증편향적인 베블랜 효과와 차이가 있다.

제1영역
고객응대 실무

제2영역
고객불만처리

제3영역
VOC 운영실무

제4영역
매뉴얼 개발실무

5) 여성과 남성의 심리학적 특성을 반영한 응대

①고객을 응대할 때 중요한 것은 고객의 심리나 상황을 아주 잘 파악한 상태에서
　응대를 해야 큰 효과를 볼 수 있다.

②보통 남성고객에게는 길고 장황한 설명이나 미사여구보다는 간략하게 정리하고
　요약해서 응대하는 것이 훨씬 효과적이다.

③여성고객의 경우 디테일한 묘사와 감성적인 표현 및 메시지를 위주로 전달해야
　효과적이다.

④남성의 경우 결과 지향적이고 여성의 경우 과정 중심적이며 관계를 중시하기 때문에
　이러한 남성과 여성의 심리학적인 특성을 고려하여 응대를 하는 것이 바람직하다.

⑤남성고객의 경우 사실전달 위주로 응대하고 특히 숫자에 민감하고 이성적이며
　논리 중심으로 접근하는 것이 바람직하다.

⑥남성고객을 대상으로 제품 및 서비스의 효용과 기능을 설명할 때 구체적인 증거
　나 자료를 제시하는 것이 효과적이다.

⑦여성고객은 과정 지향적이고 응대를 하는 과정에서 적당한 은유와 함께 감정적
　이고 감성적인 표현 위주로 응대하는 것이 바람직하다.

⑧여성고객은 정서적인 관계나 분위기를 중시하고, 자신의 말을 듣고 상대방이 공
　감해 주는 것을 좋아하는 특성이 있으므로 이를 응대에 적절히 활용한다.

⑨현장에서 고객을 응대할 때 이러한 여성과 남성의 심리 차이에서 오는 반응에
　대해서도 적절한 지침을 줄 필요가 있다.

구분	남성	여성
표현예시	"CPU는 쿼드코어에 터보부스트에 LCD크기는 15인치이며 RAM은 8기가, SSD는 120기가에 ODD는 DVD콤보여서 빠른 속도와 성능을 자랑합니다"	"인터넷이 빠르고 디자인이 우수하며 배터리가 오래가서 사용하시기에 불편함이 전혀 없습니다"
응대방향성	'문제해결어법' 중심 '결과중심화법'의 활용	감정을 공유하는 공감과 경청 중심 '과정지향적 화법'의 활용

72

(7) NLP(Neuro Linguistic Programming) 이론

1) NLP(Neuro Linguistic Programming)의 개념

①NLP는 1970년 중반, 밴들러(R.Bandler)와 그린더(J.Grinder)에 의해 개발된 심리학 이론으로, 신경언어프로그래밍(NLP: Neuro-Linguistic Programming)이라고 불린다.

②NLP는 우리의 행동에 직접적인 역할을 하는 신경체계(Neuro)와 신경체계에 영향을 주는 언어(Linguistic)의 상호 작용을 통하여 인간의 태도 및 행동변화를 가능케 하는 구체적이고 실제적인 기법이다.

NLP	내용
N(Neuro)	뇌와 마음에서 일어나는 현상으로 모든 인식은 오감을 통해 이루어짐
L(Linguistic)	언어와 비언어 체계를 통해 부호화, 조직화하여 의미 부여 인간은 생각과 행동을 명령하고 타인과의 소통을 위하여 언어를 사용
P(Programming)	행동이나 사고방식, 프레임을 의미 뇌에 강화되어 활성화된 회로이며 오감을 언어적 도구로 제어하는 기술

③인간은 외부세계를 오감을 통한 신경작용에 의해 인식하며 언어를 통해 의미부여가 이루어지고 패턴화되어 행동으로 드러나게 된다.

④인간은 오감 중 어떤 일에 대하여 우선적으로 사용하는 선호감각을 가지고 있으며 이 선호 감각을 이용해 사람의 심리를 제어한다

⑤NLP를 통해 고객과의 공감영역은 확장되고 좋은 인간관계를 유지할 수 있어 다양한 분야에서 활용되고 있다.

⑥NLP는 사람들의 커뮤니케이션 행동은 오감을 통해 뇌에 축적된 경험에 의해 좌우된다는 이론으로 인간의 심리를 언어를 통해 제어하는 기술로서, 이를 고객 접점에 응용할 수 있다.

제1영역
고객응대 매뉴얼

제2영역
고객불만처리

제3영역
VOC 운영실무

제4영역
매뉴얼 개발실무

2) 라포(Rapport)

①라포의 원래 의미는 다리를 놓는다는 뜻으로 조화, 결속을 의미한다.

②고객과의 신뢰관계라고 할 수 있는 라포가 커지면 커뮤니케이션이 원활해지고 설득하기 쉬워진다.

③두 사람 사이의 공감적인 인간관계나 친밀한 정도를 나타내는 심리학적 용어다.

④NLP에서는 잠재적인 수준에서 상대에게 동조해나가는 것을 라포 형성이라고 한다.

⑤라포를 형성하려면 고객에게 관심을 갖고 끊임없이 관찰하는 것에서부터 출발 한다.

라포를 형성하는 가장 기본적인 NLP기법은 아래와 같다.

- 미러링(Mirroring)
- 페이싱(Pacing)
- 백트레킹(Backtracking)
- 캘리브레이션(Calibration)

3) 미러링(Mirroring)

①용어 그대로 고객의 행동이나 어투를 거울에 비추듯이 그대로 따라 하는 기법 이다.

②이러한 미러링기법을 통해 은연중에 고객과의 호감은 물론 친밀감이 형성된다.

③고객이 하는 행동을 따라 하면서 대화를 진행하다 보면 무의식적으로 호감이나 신뢰 또는 친밀감이 전달된다.

④고객의 행동이나 자세, 어투, 몸짓, 표정, 방향 등을 일치시킴으로써 공감하고 있음은 것을 느끼게 해준다.

[예시] 고객과 미팅도중 차를 마시면 같이 따라 마시면서 고객과 자연스럽게 대화를

이어가는 행위나 고객이 어떤 불쾌한 일로 얼굴을 찡그릴 때 같이 마주보며 찡그리는 행위가 미러링 기법이며 단순히 고객의 행동을 똑같이 흉내내면 장난스럽다는 느낌을 줄 수 있으며 심하면 오히려 화를 내기도 하니 주의하여야 한다.

4) 페이싱(Pacing)

①NLP용어 중 페이싱 기법은 고객과의 공감대 형성과 신뢰를 쌓기 위한 커뮤니케이션 기법이다.

②페이싱은 NLP이론에서 라포(Rapport: 신뢰와 친근감으로 이루어진 인간관계) 형성을 위한 가장 중요한 기법이다.

③페이싱 기법이란 고객의 행동 및 말 속도 또는 정서 등에 맞추는 방법인데 고객의 신체적, 언어적, 정서적 특징을 따라 하거나 공통된 몸 상태를 만드는 일로, 고객과의 일치를 통해 동질감과 신뢰감을 쌓을 수 있다.

④백트레킹도 페이싱 기법 중에 하나이며 이렇게 고객과의 동조화를 위해서 필요한 기법에는 백트레킹 외에도 미러링(Mirroring)기법, 리딩(Reading)기법이 있다.

⑤페이싱 기법을 잘 활용하면 고객의 마음에 열게 하고 커뮤니케이션에서 신뢰관계를 구축하는 데 매우 효과적이어서 보통 마케팅 분야의 영업전략으로도 그 활용도가 높다

⑥고객 상담 시 페이싱 기법을 잘 활용하면 고객을 사용자의 페이스로 이끌 수 있으며, 나아가 의도된 대화의 목적을 이룰 수 있다.

⑦고객의 호흡과 리듬에 맞춰 배려해가면, 서서히 말하는 사람의 페이스로 이야기 할 수 있게 된다.

[예시] 고객이 말을 빠르게 하면 직원도 빠르게 말하면서 대응하는 것인데 이와 같

제1영역
고객응대 매뉴얼

제2영역
고객불만처리

제3영역
VOC 운영실무

제4영역
매뉴얼 개발실무

이 고객 응대 시 고객의 상태에 자신을 맞춘다. 예를 들어 공통점이나 유사한 점을 들어 동조화시키는 것이 가장 효과적이다.

5) 백트래킹(Backtracking)

①이야기하는 중간중간에 고객이 말한 핵심단어를 맞장구 치듯이 그대로 되풀이 하여 말하는 것을 의미한다.

②백트래킹을 시행할 경우 말하는 사람은 자신의 이야기를 경청한다는 사실에 만족감을 느낀다.

③백트래킹을 통해 효과적으로 고객에게 제대로 경청하고 있음을 느낌을 전달할 수 있으며 중요한 라포(Rapport)형성 기술 중 하나이다.

④단답형 대답을 지속할 경우 오히려 서먹한 관계를 유지하거나 고객이 자신에게 무관심하다고 생각할 가능성이 높으므로 이러한 관계를 개선하기 위해서 백트래킹 기법이 필요하다.

⑤고객이 말하는 사실 중 중요한 내용을 반복해서 반응하거나 핵심적인 말을 되풀이하는 것도 중요하지만 제대로 감정을 실어서 표현을 해주는 것이 좋다.

[예시] 고객이 "오늘은 하루 종일 은행 업무를 보느라 바빴어요"라고 할 경우 "아, 많이 바쁘셨군요."라고 하며 고개를 끄덕여주는 것이다. '오늘은 날씨가 무척이나 덥고 습해서 활동하기에 정말 힘든 하루였어요"라고 한 경우 "아! 날씨 때문에 많이 힘드셨나 보군요"라고 공감해 주는 것이다. 이렇게 구체적인 사실과 핵심적인 내용에 대해서 백트래킹 기법을 활용한다.

6) 패러프레이징(Paraphrasing)

①고객의 몸짓이나 태도를 자세히 관찰하여 고객 내면의 상태를 읽는 것을 의미한다.

②고객의 모습을 관찰하고 정보를 얻는 행위로 고객과의 공감대 형성은 물론 문제
　해결에 도움을 주는 방법이다.

③말 이외에 것으로 고객의 마음 속을 들여다보고 더 깊은 대화를 통해 라포를 형
　성하게 도와주는 기술을 NLP에서는 '관찰식별'이라고도 한다.

④전문용어로는 심리적 내면 정보 수집이라고도 하며 이를 반복함으로써 고객의
　미묘한 움직임이나 변화에서도 감정을 읽어낼 수 있다.

⑤캘리브레이션에는 시각 캘리브레이션(제스쳐, 표정, 손짓, 끄덕임, 안색, 시선
　등), 청각 캘리브레이션(음성톤, 어감, 억양, 웃음, 감탄사, 말수 등), 신체감
　각 캘리브레이션(체온, 분위기, 악수할 때 감촉, 향기 등)으로 구분한다.

[예시] 고객이 머리끝까지 화가 나 있는 상태라면, 얼굴은 붉게 달아올랐을 것이고,
　호흡은 거칠고, 목소리와 몸이 떨릴 것이다. 반대로 기분이 좋은 상태라면
　표정은 환하고 제스처 또한 크며 웃음과 함께 목소리는 커지고 명랑하고 쾌
　활한 말투가 달라질 것이다.

7) 패러프레이징(Paraphrasing)

①고객의 말을 자신이 이해한 다른 말로 요약해서 말하거나 기술하는 것이다.

②고객의 말의 핵심 내용을 간결하게 요약해서 전달해줌으로써 고객의 마음을 편
　안하게 하고 입장을 충분히 이해하고 있음은 믿음을 제공해야 한다.

[예시] 패러프레이징은 고객의 말을 정확히 이해하고 다른 말로 요약해서 전달해주
　는 기법이므로 예를 들어 '신혼여행을 1주일 넘게 다녀왔는데 무척 피곤한 상
　황에서 회사 업무에 집안 정리도 되어 있지 않아서 정말 미치겠더라구요. 그
　상황에서 지난 번 이용요금을 깜빡 해버리고 내지 않아 연체금까지 붙게 되
　어 정말 짜증나네요'라고 하는 고객에게 '아이구 저런! 신혼여행 이후 많은 일

제1영역
고객응대 실무

제2영역
고객불만처리

제3영역
VOC 운영실무

제4영역
매뉴얼 개발실무

들로 인해 경황이 없으셔서 연체가 되셨군요.'라고 표현할 수 있음. 패러프레이징을 활용할 때 가급적 고객이 사용하는 단어를 사용하는 것이 좋다.

8) 아이 억세싱 큐(Eye Accessing Cue)

①눈은 '마음의 창'으로 불리듯이 사람의 표정 중에서 결코 숨길 수 없는 부분이며 눈을 통해서도 고객이 어떤 마음 상태인지 파악할 수 있는 비언어적인 표현 중 하나이다.

②아이 억세싱 큐는 이와 같이 고객의 눈의 움직임(시선)을 분석하는 방법인데 통계적인 수치로서 시선의 방향과 마음상태의 상관관계를 정리한 것이다.

③아이 억세싱 큐는 고객의 시선 위치가 어디에 있느냐를 파악하는 것인데 가장 흔한 방법은 시선을 왼쪽/오른쪽으로 나누어 살펴보는 것이다.

④아이 억세싱 큐는 고객이 뭔가 골똘히 생각할 때 적용하기 쉽고 빠르게 정보를 캐치하기 좋은 방법이다.

[예시]

시선 방향	생각의 방향
왼쪽 위	과거에 체험한 경험을 영상으로 떠올리고 있음
오른쪽 위	체험한 적이 없는 영상을 상상하고 있음.
왼쪽 옆	과거에 체험한 소리를 기억하여 듣고 있음.
오른쪽 옆	체험한 적이 없는 소리를 상상하여 듣고 있음.
왼쪽 아래	마음속에서 대화를 하고 있음.
오른쪽 아래	신체적인 감각을 상상하고 있음.

9) 앵커링(Anchoring)

①앵커(Anchor)는 배를 정박시킬 때 배가 떠내려가지 않도록 고정시키는 닻을 의미하는데 이렇게 배를 닻으로 고정시키듯 대상자에게 미리 어떤 기준이나 이미지를 각인시킴으로써 판단의 범위를 제한하는 기법이다.

②행동경제학에서는 앵커링 효과를 기준점 휴리스틱(Heuristic)으로 설명한다.

③앵커링 효과는 정보의 비대칭과 정보 획득을 위한 시간과 비용이 제약을 받을 때 영향을 많이 받는 기법이다.

[예시] 대형 마트에서 냉장고 등을 판매할 때 정상 가격 100만원을 일부터 보이게 써놓고 그 위에 할인 가격 80만원을 제시하는 형태가 대표적이다. 또한 매장이나 접점에서 고객을 대상으로 응대를 할 때 사용하는 스크립트에는 먼저 직원이 닻을 내리도록 유도하는 것이 바람직하다. 예를 들어 "고객님, 이 상품은 어제까지 39,900원이었는데 오늘 특별히 29,900원에 판매되고 있습니다"라고 말하도록 작성하는 것이다. 고객이 가격에 대해서 말하기 전에 이미 이러한 스크립트를 작성하여 사용함으로써 고객 입장에서는 비싼 상품을 저렴하게 구입할 수 있음은 앵커링에 걸리도록 하는 것이다.

(1) 고객을 맞이하는 자세

1) 기본준비사항

①고객가치 창출, 고객 만족을 향상시키기 위한 원칙과 방향을 명시하여 고객만족 경영에 대한 기본원칙을 규정한다.

②고객만족 경영에 대한 기본원칙을 준수하고 실천하기 위한 구체적인 서비스 이행원칙 및 방법을 규정한다.

③고객을 맞이하는 자세 예시

구분	고객을 맞이하는 자세
친절, 미소	고객은 언제나 친절한 자세와 밝은 미소로 정성껏 모신다.
경청	고객의 작은 소리도 귀담아 들으려고 노력한다.
역지사지	고객의 입장에서 생각하고 감사하는 마음자세로 행동한다.
해결	고객의 불편, 불만사항을 근원적으로 해결하기 위하여 최선을 다한다.
주인정신	내가 우리 기업의 대표라는 정신으로 임한다.

④업무처리 자세 예시

구분	업무처리 자세
업무처리	▪ 투철한 서비스정신 ▪ 해박한 업무지식 ▪ 친절, 공손한 태도 ▪ 신속, 공정한 업무처리
노력	▪ 고객의 입장과 심리를 이해하려는 노력 ▪ 업무에 관한 지식을 향상시키려는 노력 ▪ 신속, 정확하게 서비스하려는 노력

마음가짐	▪ "어서 오십시오"의 환영하는 마음
	▪ "안녕하십니까?"의 밝은 마음
	▪ "예~"하는 상냥한 마음
	▪ "수고하셨습니다"라고 위로하는 마음
	▪ "미안합니다"라는 겸손한 마음
	▪ "덕택으로~"라는 겸허한 마음
	▪ "하겠습니다"의 봉사하는 마음
	▪ "고맙습니다"하는 감사의 마음

2) 표정

①표정은 첫인상을 결정짓는 요소이다.

②상황에 맞은 표정을 지어야 한다.

③고객의 얼굴을 민망할 정도로 오랫동안 주시하지 않는다.

④고객과 눈이 마주쳤을 경우 밝은 표정을 지어야 한다.

⑤눈동자의 항상 정중앙에 위치하도록 한다.

⑥곁눈질 또는 상대방을 내려보거나 올려다보지 말아야 한다.

3) 용모와 복장

①용모와 복장은 자신을 표현하는 방법으로 첫인상을 결정짓는 중요한 요소이며 상대로 하여금 신뢰를 갖도록 해 주는 중요한 역할을 하므로 항상 단정하고 청결하며 조화로워야 한다.

②사람의 몸가짐을 보고 그 사람의 품격을 미루어 짐작하기도 하며 그 사람이 속한 조직의 이미지를 결정하기도 한다. 따라서 우리기업의 이미지를 대표한다는 마음가짐으로 항상 단정하고 품위 있는 모습으로 고객을 맞이하여야 한다.

제1영역
고객응대 실무

제2영역
고객불만처리

제3영역
VOC 운영실무

제4영역
메뉴얼 개발실무

4) 바른 인사

①인사는 고객과 만나는 첫걸음이다.

②인사는 상대방에게 마음을 열고 다가가는 적극적인 마음의 표현이다.

③인사는 스스로의 가치를 높이는 것이며 고객에 대한 서비스정신의 표시이다.

④기본인사 요령

- 가슴과 등을 곧게 하고 정면으로 선다.
- 남성은 차렷 자세에서 계란 하나를 쥔 듯 주먹을 쥐고 바지 옆 재봉선에 닿도록 하며 여성은 자연스럽게 오른손이 위가 되도록 하고 두 손을 아랫배 정도에 모은다.
- 발뒤꿈치는 붙이고 남성은 30°, 여성은 15° 각도로 벌리고 양다리에 힘을 적당한 힘을 주어서 균형을 유지하도록 한다.

⑤인사의 포인트

- 밝은 표정과 명랑한 목소리로 인사한다.
- 시작과 끝에 상대방의 눈을 바라본다.
- 상대방의 이름과 호칭도 함께 부른다.
- 상대방보다 먼저 인사한다.
- 때, 장소, 상황에 맞추어 인사한다.
- 성의 없이 쳐다보며 건성으로 하는 인사 또는 하는 둥 마는 둥 말로만 하는 인사는 지양한다.

5) 호칭

①고객에 대한 호칭은 일반적으로 '고객님'이라고 부른다.

②호명 시에는 OOO 고객님으로 한다.

③남자고객인 경우 '고객님', '선생님', 호칭(직위)에 '님'자를 붙여 부른다.

④여성고객인 경우 '고객님', '사모님', '여사님'이라고 부른다.

⑤부부고객인 경우 '배우자', '남편/아내 분', '안 어른', '바깥 어른'으로 부른다.

⑥노인고객인 경우 '고객님', '할아버님', '할머님', '어르신'으로 부른다.

⑦동행자가 있을 경우에는 '같이 오신 분', '동행하신 고객님'으로 부른다.

6) 대화

①고객의 요청과 질문에 대하여는 "네! 고객님, 제가 곧 확인해드리겠습니다." 라고 말한다.

②고객에 대한 요청은 의뢰형, 긍정형으로 표현한다.

③고객의 얘기를 들을 때는 중간중간에 가벼운 목례와 함께 공감을 표현한다.

④고유명사 또는 숫자나 금액 등 중요한 사항은 복명복창하여 확인한다.

⑤대기고객에게는 "고객님, 기다려 주셔서 감사합니다." 또는 "기다리게 해서 죄송합니다."라고 표현한다.

⑥업무가 마무리될 때에는 반드시 추가 필요사항은 없는지 물어본다. (더 도와드릴 것이 있으시면 말씀해주시겠습니까?)

⑦고객응대 시에 절대로 부정형 언어표현, 명령어, 지시어는 사용하지 않는다.

⑧바람직한 대화자세와 잘못된 자세

구분	바람직한 자세
말하기	▪ 상대방이 알아듣기 쉬운 용어를 사용한다.(전문용어, 약어 사용　금지) ▪ 발음은 정확하게 밝은 목소리로 한다. ▪ 말의 속도 조절에 유념하며, 강조할 부분에는 악센트를 준다. ▪ 상대방의 관심분야에 초점을 맞추어 이야기한다. ▪ 말끝을 흐리지 않고 명료하게 전달한다.
듣기	▪ 상황에 따른 적절한 맞장구를 친다. ▪ 상대방의 말을 끊지 않고 끝까지 경청한다. ▪ 견해 차이가 있더라도 화내거나 바로 반박하지 않는다. ▪ 대화도중 가끔씩 상대방 편으로 몸을 기울여 관심을 표명한다.

구분	잘못된 자세
말하기	▪ 전문용어와 외래어를 남발한다. ▪ 자기 이야기만 일방적으로 한다. ▪ 음성이 너무 높거나 낮다. ▪ 말버릇이 좋지 않거나 과장된 몸짓으로 표현한다.
듣기	▪ 건성으로 듣고 대답이 없다. ▪ 눈을 쳐다보지 않고 무관심하다. ▪ 팔짱을 끼고 듣거나 손장난을 한다. ▪ 말을 중간에 끊거나 말참견을 한다.

7) 자세와 동작

①고객응대 시 좋은 자세는 고객에게 호감을 준다.

②보행 시 또는 착석, 기립을 할 때도 항상 고객이 우선한다.

③고객응대 시 자세와 동작은 가벼운 목례와 함께 한다.

④시선은 고객의 눈썹과 목선을 벗어나지 않는 시선처리를 함께 5초 이상 쳐다보지 않는다.

⑤앉을 때와 일어날 때는 고객보다 나중에 앉고 일어선다.

⑥물건을 전달할 때는 반드시 두 손으로 한다.

8) 고객응대를 저하시키는 언어표현

▪ "아실 만한 분이 왜 이러세요."

▪ "책임문제가 따르는 일입니다."

▪ "다른 곳에서 알아보세요."

▪ "그건 안됩니다."

▪ "다음에 다시 와보세요."

▪ "규정상 절대로 해드릴 수가 없습니다."

▪ "내 업무가 아닌데요."

▪ "제가 몇 번을 말씀 드려야 아시겠어요?"

- "모르겠습니다. 나는 모른다니까요."

- "저도 월급 받는 월급쟁이입니다."

- "한번 알아는 볼게요. 그런데 큰 기대는 하지 마세요."

- "그건 고객님 입장이죠. 우리 회사의 사정은 달라요."

- "어쩔 수 없습니다."

- "그래서 어떻게 하자는 건가요?"

- "정말 답답하네요."

- "고객님! 그렇게 이해가 안되세요?"

(2) 비대면 전화응대

1) 전화의 중요성
①비대면 접촉을 통한 첫인상을 형성한다.
②고객접촉채널 중 가장 활성화된 채널이다.
③고객 접점(MOT)업무 중 가장 많은 비중을 차지한다.
④회사의 이미지 및 신뢰도 형성의 판단기준이 된다.

2) 호감을 주는 음성표현
①친근하고 호의적이며 미소가 담긴 목소리
②자신감과 확신에 찬 목소리
③밝고 명확하며 선명한 목소리
④부드러우면서도 강약과 볼륨을 가진 목소리
⑤적당한 속도와 차분한 톤의 목소리

제1영역
고객응대 실무

제2영역
고객불만처리

제3영역
VOC 운영실무

제4영역
매뉴얼 개발실무

3) 좋은 목소리를 내는 방법

①바른 자세를 유지하라

②활기차고 생동감 있는 목소리로 말하라

③상황에 따라 음성을 다양하게 활용하라

④물을 많이 마시고 노래를 할 때처럼 말을 할 때도 준비과정을 거쳐라

⑤본래 자신이 목소리 높이대로 말하라

4) 효과적인 언어표현

①명령형은 의뢰형으로 바꿔서 표현한다.

②부정형은 긍정형태로 변경하여 표현한다.

③요조체 또는 다까체의 경우 구분해서 사용한다.

④비속어, 전문용어, 반토막 용어는 사용하지 않는다.

5) 경청의 기술

①고객의 말에 비판하거나 평가하지 않는다.

②편견을 갖지 않고 고객의 입장에서 듣는다.

③고객에게 적절한 반응을 보인다.

④주요 내용은 반드시 메모한다.

⑤이해하지 못하는 부분은 반드시 질문한다.

⑥절대 고객의 말을 가로막지 않는다.

⑦속단하지 않고 침착과 냉정을 잃지 않는다.

⑧정확한 이해를 위해 주요 내용에 대해서는 반드시 복창한다.

6) 듣기를 방해하는 행위

①몇 마디 듣고 다음 내용을 미리 속단하는 경우(문제해결 및 충고)

②응대 도중 다음에 해야 할 말을 생각하고 있을 경우(자신이 말할 내용에 대한 준비)

③특정한 정보만 듣고 다른 정보는 무시할 경우 (정보의 선택적 취사)

⑤고객의 반응을 점검하고 자신의 영향력을 점검하고자 할 경우

⑥고객의 말에 집중하지 않고 성의 없이 듣거나 지루하다는 표정을 짓는 경우

⑦고객에 대해서 어떤 선입견을 가지고 있어 고객의 말에 주의를 기울이지 않는 경우(미리 판단)

7) 맞장구 치는 법

①맞장구는 무의식적으로 대화를 원하는 방향을 이끌어내는데 효과적이다.

②고객과 응대 시 맞장구를 치는 타이밍을 맞추어야 한다.

③맞장구를 칠 때는 확실하게 그리고 짧으면서도 감정을 실어서 쳐준다.

④맞장구를 치는 시기도 중요하지만 끝내는 시기도 중요하다.

⑤맞장구는 과도하지 않게 그리고 상대가 한창 흥에 겨울 때는 잠시 멈추는 것이 바람직하다.

⑥자신이 의도하는 내용에 동조할 경우 또는 긍정적인 답변을 얻어내야 할 경우 맞장구를 친다.

(3) 비대면 기타응대

1) 온라인 응대

①고객이 궁금해 하거나 요구사항의 처리를 위해 게시판이나 SNS및 블로그 등을 운영하고 인터넷 이용에 불편함이 없도록 홈페이지를 운영한다.

②홈페이지나 기타 고객 채널을 통해 문의하는 경우 내부적으로 규정한 원칙에 따라 처리하되 부득이한 사정으로 시간을 요하는 경우에는 처리기간을 두고 답변한다.

③법령 및 자료확인, 부서 협의 등으로 처리에 시간을 요하는 경우에는 우선 전화, 인터넷 등을 통해 처리 방법을 알리고 신속히 처리한다.

제1영역
고객응대 실무

제2영역
고객불만처리

제3영역
VOC 운영실무

제4영역
매뉴얼 개발실무

2) email 응대

①짧은 문장, 논리적 내용, 명확한 표현으로 예의를 지킨다.

②메일은 최소 하루2회 이상 체크하여 신속하게 답변한다.

③내용을 짐작할 수 있는 제목을 달아준다.

④가급적 첨부파일은 많이 보내지 않는 것이 좋다.

⑤읽는 사람이 읽기 편하게 짧고 간결하게 작성한다.

⑥이모티콘 사용은 자제한다.

⑦얼굴이 보이지 않는 수단이므로 감성적 표현과 문구에 세심한 신경을 쓴다.

3) 서면(우편, 팩스) 응대

①민원서류가 접수될 경우 담당부서에 전달하여 고객이 원하는 내용을 신속, 공정, 정확하게 처리한다.

②회신 처리기한은 업무일 기준 규정한 처리시간을 원칙으로 하되 부득이한 사정으로 처리기간이 경과할 경우 그 이유, 처리과정, 처리예정 기한을 알려준다.

③처리결과는 담당자 실명으로 고객에게 회신하여 고객이 추가적으로 의문사항이 있을 경우에는 해당 담당자를 통해 확인 가능하도록 한다.

4) 서면응대 시 주의사항

①간결하고 예의 바른 언어표현을 선택한다.

②서면으로 전달되는 만큼 신중하고 정중한 어휘를 사용하여 상대방을 존중함을 표현한다.

③표현하고자 하는 내용은 최대한 구체적으로 정확하게 제시한다.

④고객이 내용을 수용할 수 있도록 감성적인 표현을 사용한다.

⑤내용상 이해할 수 없는 지나치게 복잡하고 장황한 내용은 삼간다.

⑥정확한 근거를 두지 않은 상태에서 추측성 발언은 삼간다.

⑦무시하거나 지시형 표현은 삼간다.

(4) 대면 기본응대

1) 고객을 응대할 경우

①1층과 각 층별 엘리베이터 앞에 사무실 위치도, 각 사무실 입구에는 담당자 업무가 표시된 좌석배치도, 책상 앞에는 명패를 비치하여 원하는 직원을 손쉽게 찾을 수 있도록 한다.

②고객을 맞이할 때는 먼저 자신의 이름과 직명을 밝히고 친절한 자세와 존중하는 마음으로 다른 업무에 우선하여 고객 요청업무를 최우선으로 처리하도록 한다.

③담당자를 찾는 고객에 대해서는 양해를 구한 후 담당자를 호출 또는 안내한다.

④고객과 상담할 때는 자리를 권한 후 상담을 시작한다.

⑤고객이 기다려야 할 경우 지루하지 않도록 읽을 것이나 음료를 준비한다.

⑥고객이 요청사항을 마쳤을 때에는 고객을 맞이할 때보다 더욱 정중하게 배웅하며 끝까지 밝은 표정을 유지한다.

2) 고객사를 방문할 경우

①사전에 반드시 전화로 목적을 분명히 밝히고 시간 약속을 한다.

②약속 시간을 잘 지키며 시간 지연이 불가피할 경우 사전에 전화로 양해를 구한다.

③방문한 회사의 방문규정을 준수하며 업무에 지장을 주지 않도록 한다.

④업무를 마친 후 고객에게 감사인사를 한다.

⑤방문처 고객의 요구나 의견이 있을 시 빠른 시간 내에 이를 처리하여 고객서비스에 최선을 다한다.

3) 방향안내

①고객의 바로 앞에 서지 않고 1~2보 앞에 서서 안내할 방향 쪽을 따라 안내한다.

②손바닥을 위로하고 손가락을 붙이고 엄지 손가락을 검지손가락에 대고 오른쪽 방향인 경우는 오른손으로, 왼쪽 방향인 경우는 왼손으로 가리킨다.

제1영역
고객응대 실무

제2영역
고객불만처리

제3영역
VOC 운영실무

제4영역
매뉴얼 개발실무

③반대편의 손의 위치는 아랫배 즈음에 놓는다.

④등줄기는 꼿꼿이 펴고 응대하나, 가리킬 때는 상체를 약간 숙인다.

4) 계단안내

①계단을 오르거나 내려가기 전에 고객이 당황하지 않도록 "0층입니다."라고 안내한다.

②고객이 계단의 난간(손잡이)쪽으로 걷도록 한다.

③올라갈 때에는 뒤에서, 내려갈 때에는 앞에서 걸어 고객보다 높은 위치가 되지 않도록 한다.

④안내자가 앞서는 것을 원칙으로 하되 여성(고객, 안내자 모두)인 경우에는 내려올 때 여성이 앞선다.

5) 엘리베이터 이용 시

①안내자가 없을 경우 탈 때는 "제가 먼저 타겠습니다."라고 말한 후 직원(아랫사람)이 먼저 타서 버튼을 누르고 있는 동안 고객에게 "이쪽입니다."라고 안내한다.

②내릴 때는 버튼을 누르고 있으면서 "먼저 내리십시오"라고 말하고 고객(윗사람)이 먼저 내릴 수 있도록 배려한다.

③안내자가 있을 경우 탈 때도 고객(윗사람)이 먼저 내릴 때도 고객(윗사람)이 먼저 내리도록 배려한다.

④엘리베이터 안에서 벽에 기대지 않고 잡담을 하거나 큰소리로 웃지 않는다.

(5) 비즈니스 매너

1) 좌석배치
①경치가 좋은 자리, 스크린이 잘 보이는 위치에 윗사람이 앉을 수 있게 하고 소파
    일 경우 팔걸이가 있는 자리에 윗사람이 앉도록 한다.
②손님을 안내한 후 의자가 모자라 급히 간이 의자를 준비하는 것은 피해야 한다.
    준비성이 없다고 조직가치나 신용이 떨어질 수 있기 때문이다.
③미리 인원 수를 파악하는 것이 가장 이상적이나, 파악하기 어려운 경우 보조의
    자를 미리 초청자 측의 아랫사람이 사용하도록 한다.
④상대방이 희망하는 자리가 있으면 그것을 우선한다.

2) 악수예절
①악수는 "만나서 반갑다."는 몸짓으로 악수는 자기표현이고 상대방과 뜻을 같이
    한다는 의미이다.
②손을 잡음으로써 마음의 문을 열고 상대방에 대한 인상을 느끼게 되며 본인의
    이미지도 다른 사람에게 인식시킨다.
③좋은 악수는 자신감을 나타내주고 타인에 대한 관심을 표현하는 적절한 수단이
    된다.
④오른손의 네 손가락을 모으고 엄지 손가락을 올린 채 손바닥을 펴고 서로 가볍
    게 잡는다.
⑤악수는 여성/지위가 높은 사람/연장자 순으로 청할 수 있다.
⑥상대방의 눈을 빤히 쳐다보며 다른 한 손을 주머니에 넣거나 뒷짐을 지고 있지
    않는다.

3) 명함교환_명함준비
①명함은 명함지갑에 깨끗이 준비한다.

제1영역
고객응대 실무

제2영역
고객불만처리

제3영역
VOC 운영실무

제4영역
매뉴얼 개발실무

②고객 한 사람에 대해 최저 3장정도 준비한다.

③명함은 꺼내기 쉬운 곳에 넣어둔다.

④받은 명함과 자신의 명함은 항상 구분해 둔다.

4) 명함 건내는 법

①고객보다 먼저 드린다. (고객이 2인 이상인 경우, 윗사람부터)

②고객이 보기 편한 방향으로 드린다.

③양손으로 명함의 여백을 잡고 소속과 이름을 정확하게 소개한다.

④목례를 하며 가슴선과 허리선 사이에서 내민다.

5) 명함 받는 법

①목례를 하며 양손으로 공손하게 받는다. (오른손을 받고 왼손으로 받친다.)

②동시에 주고 받을 때에는 오른손으로 주고 왼손으로 받는다.

③받은 명함은 허리 높이 이상으로 유지하고 테이블 위에 올려놓고 보면서 대화한다.

④혹시 모르는 한자는 "실례지만 어떻게 읽습니까?"하고 질문하여 바르게 읽도록한다.

6) 명함관리

①고객에게 받은 명함 안에 모든 것을 기록한다.

②처음 명함 교환 시 만난 일자, 장소, 용건 등을 메모해 둔다.

③친밀해지기 위하여, 여담으로 들은 취미나 기호 등을 메모해 둔다.

05 고객유형분석 및 유형별 응대방법

(1) 고객유형분석의 필요성

①과거와 달리 고객은 선택할 수 있는 많은 대안을 가지고 있어 고객의 요구를 충족시키지 못하는 기업은 생존 자체가 어려워진다.

②고객을 만족시키는 서비스를 제공하는 기업만이 무한 경쟁시대에서 생존할 수 있다.

③고객서비스 경쟁에서의 우위를 위해서는 고객유형에 따른 차별화된 응대가 필요하다.

④효과적인 고객분석전략을 통하여 각 유형별 고객의 요구를 충족시켜야 한다.

(2) MBTI유형 및 응대방법

1) MBTI의 이해

①MBTI(Myers-Briggs Type Indicator)는 C.G.Jung의 심리유형론을 근거로 하여 Katharine Cook Briggs와 Isabel Briggs Myers가 보다 쉽고 일상생활에 유용하게 활용할 수 있도록 고안한 자기보고식 성격유형지표이다.

②자신과 타인의 심리적 선호의 차이를 이해하고 개인적 차이가 영향을 미치는 다양한 삶의 부분에 대해 효과적으로 적응하도록 돕는 유용한 도구이다.

③MBTI의 바탕이 되는 융의 심리유형론의 요점은 각 개인이 외부로부터 정보를 수집하고(인식기능), 자신이 수집한 정보에 근거해서 행동을 위한 결정을 내리는데(판단기능) 있어서 각 개인이 선호하는 방법이 근본적으로 다르다는 것이다.

2) MBTI 유형별 특징

①MBTI는 4가지 양극적 선호경향으로 구성되어 있으며, 각 개인은 자신의 기질

제1영역
고객응대교

제2영역
고객불만처리

제3영역
VOC 운영실무

제4영역
매뉴얼 개발실무

과 성향에 따라 4가지 양극지표에 따라 둘 중 하나의 범주에 속하게 된다.

②인식과정을 감각(S : Sensing)과 직관(N : INtuition)으로 구분하여 사물, 사람, 사건, 생각들을 인식하게 될 때 나타나는 차이점을 이해할 수 있도록 해준다.

③판단과정은 사고(T : Thinking)와 감정(F : Feeling)으로 구분하여 우리가 인식한 바에 근거해서 결론을 이끌어 내는 방법들 간의 차이점을 알 수 있도록 해준다.

④이러한 기능을 사용할 때 어떤 태도를 취하는가에 따라 외향(E : Extraversion)과 내향(I : Introversion) 및 판단(J : Judging)과 인식(P : Perceiving)으로 구분하여 심리적으로 흐르는 에너지의 방향 및 생활양식들을 이해하는데 도움을 준다.

(3) DISC 유형별 응대방법

1) DISC의 이해

①1928년 윌리암 M. 마스톤 (콜롬비아대 심리학 교수)에 의해 개발되었으며, 1970년 잔 가이어 박사와 인스케이프 퍼브리싱사의 연구로 현재 모습으로 탄생되었다.

②사람은 누구나 자기 나름의 독특한 동기요인에 의해 선택적으로 행동을 취하게 된다. 우리는 그것을 행동 패턴(Behavior Pattern) 또는 행동 스타일(Behavior Style) 이라고 한다.

③인간은 환경을 어떻게 인식하고 또한 그 환경 속에서 자기 개인의 힘을 어떻게 인식하느냐에 따라 4가지 형태로 행동을 하게 된다고 한다.

④DiSC는 인간의 행동유형(성격)을 구성하는 핵심요소인 Dominance(주도형), Influence(사교형), Steadiness(안정형), Conscientiousness(신중형)으로 구분된다.

⑤DiSC행동유형을 통하여 자기이해뿐만 아니라 타인을 이해할 수 있다.

(4) 에니어그램 유형 및 응대방법

1) 에니어그램의 이해
①에니어그램의 기원은 정확히 알 수 없으나 대략 2500년 전에 시작된 것으로 추정된다.
②희랍어의 9란 숫자와 무게의 단위를 나타내는 Gram의 합성어로 인간의 기본적인 9가지 성격, 성향, 유형에 대한 이론이다.
③에니어그램의 아홉 가지 유형은 사람들이 삶에 대한 여러 가지 강박적 방어 방법을 발전시킨다는 데에 기초하고 있다.
④에니어그램은 이와 같이 기본적인 강박적 유형들로서 약육강식에서 살아 남는 9가지 인간유형을 의미한다.

(5) 고객 기본응대방법

1) 고객응대의 핵심포인트
①고객의 마음을 여는 친밀감 형성
②고객의 니즈 파악
③신속하고 정확한 응대
④친절하고 감성이 담긴 응대
⑤고객의 입장을 고려한 응대
⑥적절한 대안제시 및 명확한 문제해결

제1영역
고객응대실무

제2영역
고객불만처리

제3영역
VOC 운영실무

제4영역
매뉴얼 개발실무

2) 고객응대 시 응대자세

①무엇보다 고객 응대 시 논쟁이나 변경을 피해야 한다.

②역지사지의 태도를 가지고 성의 있는 자세로 임해야 한다.

③고객 응대 시 고객의 말에 공감 및 동조하면서 끝까지 경청해야 한다.

④신속하고 정확하게 업무를 처리해야 한다.

⑤설명을 할 때는 명확한 사실에 근거하여야 한다.

⑥고객 응대 시 잘못된 사항이 있다면 솔직하게 사과한다.

⑦고객 응대 시 감정적인 표현은 피하고 냉정하게 업무를 처리한다.

3) 고객응대 시 피해야 할 자세

①반말

②비꼬는 말

③무시하는 말

④명령하는 듯한 말투 : "~하세요.", "~적으세요." 등

⑤거절하는 말투 : "그건 안됩니다.", "곤란해요.", "이건 규정상 어쩔 수 없습니다." 등

⑥자신 없는 듯한 말투 : "글쎄요.", "잘 모르겠는데요." 등

⑦귀에 거슬리는 말버릇 : "에~", "저~", "음~" 등

⑧기운 없는 말

⑨너무 큰 목소리

⑩말꼬리를 흐리는 말투

4) 고객응대 기본 프로세스

절차	주요 내용
사전준비	▪ 상담 전 상품 및 서비스에 대한 지식, 정보에 대한 전반적인 이해 ▪ 오상담, 오안내의 위험성이 있는 내용에 대한 사전 인지 ▪ 음성, 마음가짐, 태도 및 업무지식 등 고객불신을 잠재우기 위한 준비
전화응대	▪ 기업 이미지에 맞는 인사 ▪ 고객과의 신뢰감 형성을 위한 인사말 + 소속 + 이름순으로 진행
고객 의도 파악	▪ 문제해결을 위한 고객 상황에 대한 탐색 ▪ 고객 말에 경청함으로써 신속한 니즈 파악 ▪ 필요에 따라 니즈 파악을 위한 문진 진행 (적극적 응대)
문의내용해결	▪ 고객이 원하는 정보 또는 지식 제공 ▪ 고객 눈높이에 맞는 대안제시 및 문제해결 ▪ 정중한 용어 및 표현 사용은 물론 적극적인 자세로 응대 ▪ 긍정형, 의뢰형, 청유형 표현 사용
요약, 종결 마무리	▪ 고객문의 내용에 대한 재확인 및 요약 정리 ▪ 전체 통화내용을 정리하고 끝까지 성의 있는 마무리 ▪ 추가 문의 사항 확인 (Plus one)
끝인사	▪ 고객이 먼저 끊는 것을 확인 후 전화종료 ▪ 상황에 맞는 적절한 인사 소속 이름

(6)고객유형별 응대방법

1) 거드름 피우는 고객

특징	▪ 권위적이며 자존심이 강한 스타일이다. ▪ 자기 자랑이 심하고 거만하며 직원 보다 책임자에게만 접근하려 한다. ▪ 직원의 상품설명에 대하여 부정적 반응을 보이며 설명을 들으려 하지 않는다. ▪ 돈이 좀 있으면 티를 내는 소위 뽐내는 고객을 말한다. ▪ 의외로 단순하여 일단 호감을 얻게 되면 여러 면으로 득이 될 경우가 많다.

제1영역
고객응대 실무

제2영역
고객불만처리

제3영역
VOC 운영실무

제4영역
매뉴얼 개발실무

응대 요령	■ 정중한 태도로 응대한다. ■ 자존심이 강한 스타일이므로 고객이 틀린 이야기를 하더라도 곧바로 부정하거나 쳐 주려 하지 말고 욕구가 채워질 수 있도록 추켜 세운다. ■ 자기 과시욕이 채워질 수 있도록 고객의 특이사항을 찾아내어 칭찬한다. ■ 고객의견에 맞장구 친다.

2) 빨리 몰아치는 고객

특징	■ 일 처리가 조금만 늦어도 '빨리빨리'해달라고 재촉이 심한 고객이다. ■ 이런 고객은 "언제 되느냐?" , "어디까지 처리된거냐?" 라고 독촉한다. ■ "이렇게 해라" , "저렇게 하라"고 업무지시까지 한다. ■ 다른 고객을 응대하는 사이에 끼어든다. ■ 이것 저것 한꺼번에 이야기 한다.
응대 요령	■ 정중함보다는 신속함을 보여준다. ■ "글쎄요?" , "아마…" , "저…"하는 식으로 애매한 말은 삼간다. ■ 말은 '시원시원'하게, 행동은 '빨리빨리' 응대하여야 하며 늦어질 것 같을 때에는 늦 어지는 사유에 대해서 분명히 말해주고 양해를 구한다. ■ 동작뿐만 아니라 "네! 빨리 처리하여 드리겠습니다." 등의 표현이 필요하다. ■ 언짢은 내색을 보이거나 원리원칙만 내세우지 않는다.

3) 의구심이 많은 고객

특징	■ 뻔히 알 수 있는 사실에도 질문을 되풀이 한다. ■ 여러 상품과 비교되길 원한다. ■ 금전적인 부분과 제품 및 서비스 제공 여부에 대해서 민감하다. ■ 질문에 충분히 설명하였음에도 조금 더 생각해보겠다고 하는 경우가 많다. ■ 지나치게 자세한 설명이나 친절도 때로는 의심을 한다.
응대 요령	■ 답답해 하거나 짜증내지 않으며 자신감 있게 설득한다. ■ 의견을 들어주고 상품에 대한 장점을 추가적으로 설명한다. ■ 분명한 증거나 근거를 제시하여 설명한다. ■ 상급 책임자에게 응대케 하는 것도 도움이 된다. ■ "조금 전에 말씀 드렸잖아요." , "의심이 많으시네요."라는 말은 삼간다.

4) 온순, 얌전, 과묵형 고객

특징	▪ 속마음을 헤아리기 어려운 고객이다. ▪ 직원에게 정중하게 접근한다. ▪ 조금 불만스러운 것이 있어도 내색을 잘 하지 않는다. ▪ 말이 없는 대신 오해도 잘한다.
응대 요령	▪ 되도록 예의 바르게 응대한다. ▪ 말씨 하나하나 표현에 주의한다. ▪ 다른 고객을 대하는 모습도 영향을 줄 수 있으므로 언행에 주의한다. ▪ 일은 정확하게 처리하며 정중하고 온화하게 응대하여야 한다.

5) 전문가처럼 보이고 싶어하는 고객

특징	▪ 자신을 과시하는 유형으로 유창하게 말하려고 한다. ▪ 모든 것을 다 알고 있는 전문가 인 것처럼 행동한다. ▪ 자신만의 확신이 강하여 설득하기 어렵다. ▪ 권위적인 느낌으로 상대의 판단에 영향을 미치게 한다. ▪ 겉으로는 겸손한 듯 행동하지만 내면에 강한 우월감을 가지고 있다.
응대 요령	▪ 고객의 말을 경청하고 칭찬과 감탄사를 사용하여 적극적으로 호응한다. ▪ 직접적인 표현보다는 고객 스스로가 문제점을 느낄 수 있도록 한다. ▪ 대화 중 "고객님은 잘 모르시겠지만…"의 표현은 삼간다. ▪ 전문성을 강조하지 않고 문제를 해결하는 것에 초점을 맞춘다.

6) 쉽게 흥분하는 고객

특징	▪ 상황을 처리하기 위해서는 자신이 생각한 방법밖에 없다고 믿고 타인이 제안을 받아들이지 않는다. ▪ 욕과 함께 목소리는 크게 하면 일이 더 빨리 해결되는 줄 아는 고객이다. ▪ 상대방이 말을 하는 도중에 끼어드는 일이 많다.

제1영역
고객응대 실무

제2영역
고객불만처리

제3영역
VOC 운영실무

제4영역
매뉴얼 개발실무

응대 요령	▪ 상담자가 미리 겁먹고 위축되지 않도록 한다. ▪ 상담자 본인이 아닌 회사에 항의하고 있다는 점을 생각하고 논쟁을 하거나 마주 화내는 일이 없도록 해야 한다. ▪ 부드러운 분위기를 유지하며 정성스럽게 응대하되 음성에 웃음이 섞이지 않도록 유의한다. ▪ 고객이 흥분 상태를 인정하고 직접적으로 진정할 것을 요청하기 보다는 고객 스스로 감정을 조절 할 수 있도록 유도하는 우회화법을 활용한다. ▪ 상담자 자신의 목소리를 작게 낮추고 말을 천천히 이어감으로써 상대방으로 하여금 자기의 목소리가 지나치게 크다는 사실을 깨닫게 하여야 한다. ▪ 그래도 상대방이 언성을 높일 때에는 책임자에게 전달 또는 잠시 뒤 다시 통화를 유도하는 등으로 상대방의 기분을 전환시킨다.

7) 깐깐하고 날카로운 고객

특징	▪ 과묵하고 예의도 밝아 직원을 깍듯이 대하나 직원의 잘못은 꼭 짚고 넘어간다. ▪ 자존심이 매우 강한 조심스러운 고객이다. ▪ 보상보다는 잘못된 사항에 대한 시정요구가 많다. (시간 및 비용 초래)
응대 요령	▪ 정중하고 친절히 응대하되 만약 고객이 잘못 지적 시 반론을 펴지 않는다. ▪ 자존심이 강하므로 "지적해 주셔서 감사합니다."하고 수용하는 자세를 보인다. ▪ 고객의 말이 정당할 경우 즉시 사과한다. ▪ 공격을 받았을 때는 일단 경청한다.

8) 과도한 요구를 하는 고객

특징	▪ 원칙에 어긋나거나 터무니 없는 요구를 한다. ▪ 제품이나 서비스에 대한 가격 및 추가혜택을 요구하는 경우가 많다. ▪ 싸움을 걸기 위해 일부러 무리한 요구를 하는 못된 고객도 있지만 자신의 입장만을 생각할 뿐이기 때문에 그 요구가 무리하다는 것을 알지 못한다.
응대 요령	▪ 고객의 입장을 충분히 이해하고 있음을 알려준 후 납득할 수 있게 설명한다. ▪ 회사 상황을 이해시키면서 이야기 하되 규정 등을 강조하지 않는다. ▪ 답답하고 짜증이 난다고 해서 "모르는 소리하지 마세요"라는 식으로 면박을 주거나 무안을 주는 일이 있어서는 안된다.

9) 빈정거리거나 무조건 반대하는 고객

특징	▪ 대부분 열등감이나 허영심이 강하며 자부심이 강한 것이 특징이다. ▪ 직원에게 빈정거리거나 말을 끝까지 듣지 않으며 비꼬는 말투를 사용한다. ▪ 논리 정연하게 설명하거나 'Fact'중심으로 설명하면 화제를 돌린다. ▪ 특정 말투 또는 단어 등에 대해서 꼬투리를 잡는 경우가 많다.
응대 요령	▪ 기본적인 응대를 하되 고객의 행위를 우회적으로 인식할 수 있도록 해야 하며, 필요에 따라 응답에 가벼운 농담형식으로 대응하는 것이 효과적이다. ▪ 고객의 빈정거림을 적절히 받아들이면서 대화의 초점이 궤도에서 벗어나지 않도록 하고 자존심을 존중해주면 만족해하거나 타협을 보이는 경우가 많다. ▪ 이러한 고객의 경우 역질문함으로써 고객의 의도를 파악하는 것이 중요하다. ▪ 역질문을 통해 고객의 의도를 표면화하는 것은 좋은데, 감정조절에 실패하지 않도록 주의한다.

10) 공격적이고 안하무인인 고객

특징	▪ 자신의 생각만이 옳고 다른 사람들의 말을 잘 들으려 하지 않는다. ▪ 처음부터 직원에게 질문공세 및 큰 소리를 통해 분위기를 제압하려 한다. ▪ 관련응대를 하려면 이야기를 끊거나 자신의 주장만 옳다고 일방적인 주장만 되풀이한다. ▪ 거만하고 도발적인 언어 사용 및 안하무인적인 성격의 고객이다.
응대 요령	▪ 경청을 하게 되면 화가 줄고 이성적인 상태로 되돌아와 문제 해결이 쉽다. ▪ 회사 규정 설명 및 기준을 들어 설득하면 기준이상의 보상 후에도 2차 불만 야기하니 주의한다. ▪ 고객 성향 상 직원들의 내면화가 필요하며 논쟁 또는 감정적 대응은 금물이다. ▪ 감정 소진 후 어느 정도 안정 시 주요 'Fact'에 대해서 조심스럽게 언급한다. ▪ 응대 도중 고객 방해 시 양보하는 등 편안한 분위기를 유도한다. ▪ 고객 흥분 상태 인정 및 고객이 스스로 감정을 조절할 수 있도록 유도하는 우회화법을 활용한다.

제1영역
고객응대실무

제2영역
고객불만처리

제3영역
VOC 운영실무

제4영역
매뉴얼 개발실무

11) 과장이 심하거나 있지도 않은 사실을 지어서 하는 고객

특징	▪ 있지도 않은 일 또는 자신이 겪은 일에 대해서 침소봉대하는 경우가 많다. ▪ 자신의 주장을 합리화하기 위해 있지도 않은 일을 있다고 우기는 경우가 많다. ▪ 대부분 이러한 고객들은 심한 콤플렉스의 소유자일 확률이 높다.
응대 요령	▪ 응대 도중 고객의 이력을 반드시 확인 필요하다. ▪ 원칙적인 방법과 철저하고 객관적인 근거를 제시하면서 응대한다. ▪ 기본적인 응대 스크립트나 말로 설명해서는 쉽게 해결되지 않은 경우가 많다. ▪ 정면 맞대응 또는 부정적인 반응 시 마찰을 초래한다. ▪ 우회적인 방법으로 고객이 스스로 사실을 말하게 함으로써 문제 해결하는 방법이 최선이다. ▪ 응대 도중 메모는 필수이며 정황적 증거를 확보하는 것도 중요하고 고객의 말에 변경 사항이 있으면 적절히 대처할 수 있도록 해야 한다.

12) 동일한 말을 계속적으로 반복하는 고객

특징	▪ 상대방의 입장은 고려치 않고 같은 말을 계속해서 반복한다. ▪ 상담이 지루해지고 육체적, 감정적 소모가 심해 원활한 상담이 어렵다. ▪ 대부분 이러한 고객들은 심한 콤플렉스의 소유자일 확률이 높다.
응대 요령	▪ 무조건적인 동조보다는 핵심파악이 선행되어야 한다. (메모 병행) ▪ 문제해결에 대한 결론 도출 시 지속적이고 일관된 응대를 해야 한다. ▪ 결론 없이 끝날 경우 2차 불만으로 이어질 경우가 많으니 신속한 결단을 통해 문제를 해결하는 것이 바람직하다. ▪ 회피 또는 해결관련 결과 및 입장을 바꾸면 부담이 가중되므로 주의한다.

(7) 연령별 응대방법

1) 어린이
①가급적 이야기하듯이 응대하며 말을 알아들을 수 있을 정도로 천천히 또박또박 설명한다.
②보통 단락을 설명할 때 10~15초 정도 간결하게 말을 하고 이해여부를 확인하면서 응대한다.
③응대는 나이와 상관없이 제공되므로 어리다고 무조건 반말을 하는 것은 바람직하지 않다.
④큰 소리로 말하거나 어린아이 취급하는 것은 금물이며 상황에 따라 어린이의 눈높이에 맞는 시선처리 및 언어를 사용한다.

2) 청소년, 대학생 등 신세대층
①사고가 빨라 긴 문장이나 설교조의 응대는 삼가고 단문식의 응대가 바람직하다
②웬만한 일들은 인터넷이나 앱으로 해결하는 연령대이므로 신속하게 해당 내용에 대한 답변 및 결론을 제공한다.
③유형화 또는 일반화하여 응대하기 어려우므로 개인적인 성격을 살피면서 응대한다.
④해당 연령층의 고객은 조목조목 잘 따지고 부당한 취급을 받으면 다혈질로 변하므로 주의한다.
⑤원론적인 이야기를 통해 논리를 펴거나 훈계조의 어투는 오히려 불만을 야기하므로 주의한다.
⑥명확한 잘못 또는 실수 및 부주의로 인해 고객불만이 발생하였을 경우 설득이나 회피보다는 신속하게 사과한다.
⑦자아성향이 강하므로 존칭은 꼭 사용하고 응대를 할 때 적절한 쿠션어 및 호응어를 활용한다.

⑧정보에 민감하고 의사결정이 빠르므로 신속하고 정확한 서비스 제공은 물론 상황에 따라 명확한 증거 또는 근거를 제시한다.

3) 장년층

①사회에 진출하여 경제력은 물론 나름대로 논리나 주관이 확실한 사람들이므로 경청을 통해 요구사항이 무엇인지를 정확히 파악하는 것이 중요하다.

②사회경험이 있어 현실적이므로 추상적인 말보다는 직접적이고 가시적인 내용을 제시하는 것이 바람직하다.

③정보공유능력이 뛰어나고 참여의식이 투철한 연령대여서 공정한 서비스와 응대가 이루어질 수 있도록 해야 한다.

④고객반론을 하거나 정보 제공 및 영향을 미치고자 할 때는 귀납적인 방식보다는 연역적인 방식에 의거하여 응대 또는 상담을 해야 한다.

⑤특히 20대 후반부터 30대 초반의 여성고객의 경우 사용하는 단어나 표현을 꼬투리 잡는 경우도 많으니 각별히 주의하여 응대하여야 한다.

⑥다양한 지식으로 중무장하고 클레임을 통해 보상을 받아내는 연령층이 많아 각별히 응대에 유의하여야 한다.

⑦아무래도 스트레스를 많이 받는 연령층이어서 공감과 함께 명확한 근거에 의한 칭찬이나 인정을 동반하면 응대하기 쉬운 편에 속하는 연령층이므로 적절한 칭찬과 인정을 병행하여 응대한다.

4) 중년층

①40대 후반에서 60대 초반의 연령대에 위치한 고객으로 이들 대부분은 좋고 싫음의 판단기준이 아니라 옳고 그름을 삶의 판단기준으로 삼는 경우가 많다.

②응대 시 예의나 공손한 태도가 매우 중요한 요소이므로 특별히 신경 써서 응대한다.

③해당 고객 응대 시 옳지 않은 논리를 펴더라도 즉각적인 반론을 제기하기 보다는

104

충분히 경청을 한 뒤 반론을 제기하는 것이 바람직하다. (Yes~ but기법 활용)

④중년층의 경우 응대 태도 및 예절과 함께 가장 중요한 것은 공감이므로 적절한 공감표현을 병행하면서 응대를 해야 한다. (그렇습니다. / 충분히 공감합니다. / 아! 그러시군요 / 저라도 그랬을 겁니다 등)

⑤대부분 자녀를 키우는 연령대여서 특히 공감표현과 함께 상황에 따라 친절하고 친근감 있는 응대 및 호응을 해주는 것이 바람직하다.

5) 노년층

①노년층의 경우 나이를 많아 이해도가 떨어지는 경향이 있으니 천천히 이해하기 쉽게 응대한다.

②응대 시 많은 인내가 필요하며 재차 질문을 해도 짜증내지 않고 친절하게 응대한다.

③연령이 많다고 함부로 노인 취급을 하거나 소홀하게 응대하면 민원으로 이어질 확률이 높다.

④관심과 애정이 필요한 연령대이므로 감성적인 표현이나 태도를 병행하는 것이 바람직하다.

⑤어려운 전문용어를 사용하기 보다는 쉬운 용어 및 표현과 함께 천천히 그리고 시끄럽지 않게 응대한다.

01. 서비스의 개념에 대한 설명으로 옳지 않은 것은?

①생산과 동시에 전달되는 관계로 저장이 불가능하다.

②제공된 후 그 품질을 판정할 수 있으며, 좋고 나쁨에 대한 판단은 주관적이다.

③노동 집약형이며 대량 생산이 가능하다.

④전달 과정에 고객이 참여함으로 인간적인 교류가 필요하다.

02. 서비스의 특성 중에 하나인 '소멸성'에 대한 설명으로 옳지 않은 것은?

①서비스는 재고로 보관하거나 재판매 할 수 없다.

②과잉생산에 따른 손실과 과소생산으로 인한 기회상실 가능성이 높다

③서비스는 즉시 사용하지 않으면 사라진다

④표준화가 어렵고 변동적이며 고객의 주관적인 판단이나 평가에 의존한다.

해설: 표준화가 어렵고 변동적인 것은 '이질성'이며 고객의 주관적인 판단이나 평가에 의존하는 것은 '무형성'이다.

03. 고객만족의 효과라고 보기 어려운 것은?

①만족한 고객은 경쟁사 대비 높은 가격을 유지해도 해당기업의 제품을 지속적으로 이용한다.

②긍정적 구전은 기업에 이익을 가져오지만 부정적 구전은 기업에 큰 손해를 입힐 수 있다.

③신규고객을 중심으로 다양한 프로모션 및 이벤트 유지를 통해 유치비용이 높인다.

④행동을 예측하는 가장 중요한 결정요인인 고객태도 및 구매의도에 영향을 미친다.

04. 아래 박스에서 설명하고 있는 용어로 적절한 것은 무엇인가?

> - 상품/서비스의 구매 전, 후 상황에서 느끼는 포괄적인 감정
> - 단순한 가치나 효용을 제공하는 것을 넘어 만족을 주는 것
> - 고객의 사전기대치와 사후만족도에 대한 차이로 결정

①고객가치
②고객만족
③고객감성
④고객경험

05. 서비스 품질 측정모델 중 'SERVPERP모델'에 대한 설명으로 알맞은 것은?

①서비스품질은 고객의 기대와 서비스 제공에 따른 경험 간의 차이로 정의한다.
②기대가치를 먼저 측정한 후 경험가치를 측정하여 격차를 이용하여 서비스 품질을 평가한다.
③성과항목만으로 품질수준을 측정하는 것이 다른 측정항목에 비하여 우수하다고 주장한다.
④제품이나 서비스의 품질 속성의 성능점수와 고객 만족 사이의 관계를 이해하는 프레임워크로 사용된다.

해설: 나머지 3가지 예시는 SERVQUAL 모델에 대한 설명이다.

06. 효과적인 언어표현에 대한 방법을 설명한 것 중 바르지 않은 것은?

①명령형은 의뢰형으로 바꿔서 표현한다.
②부정형은 긍정형태로 변경하여 표현한다.
③요조체 또는 다까체의 경우 구분해서 사용한다.
④상황에 따라 비속어, 전문용어, 반토막 용어를 사용한다.

07. 아래 설명하고 있는 것은 고객심리 중 어떤 유형에 속하는 것인가?

홈쇼핑에서 '수량이 얼마 남지 않았습니다, "거의 다 매진되어 수량이 없네요, "많은 분들이 선택하셨습니다'라고 표현한다. 또한 어버이날에 인터넷에서 건강보조식품을 보고 주문하는 고객에게 '지금 많은 고객들의 주문이 폭주하여 해당 OO제품은 거의 매진되고 몇 개 남지 않았습니다'라고 표현하는 것이 이에 해당된다.

①스놉 효과(Snob effect)

②넛지 효과(Nudge effect)

③밴드왜건 효과(Bandwagon effect)

④프레이밍 효과(Framing effect)

해설: 스놉 효과는 특정 상품을 소비하는 사람이 많아질수록 그 상품에 대한 수요는 줄어드는 현상을 말한다.

08. 고객심리에 근거한 서비스 자세로 바르지 않은 것은?

①고객은 언제나 환영받기를 원하므로 밝은 미소로 대한다.

②자신 스스로 중요한 사람으로 인식되고 싶어하므로 겸손한 태도를 유지한다.

③타 고객과의 비교를 통해 손해를 보고 싶어하지 않으므로 공정한 서비스를 제공해야 한다.

④독점하고 싶은 심리가 있으므로 모든 고객을 대상으로 공평하게 서비스를 제공해야 한다.

09. 고객에게 양해를 구할 경우 꼭 양해의 표현을 함으로써, 고객이 받는 불편에 대해 사전에 양해를 구해 고객의 마음을 완화시키는 것을 무엇이라고 하는가?

①쿠션언어

②아론슨 화법

③공감표현

④부메랑 기법

해설: 아론슨 화법은 부정과 긍정의 내용을 혼합해야 하는 경우, 선 부정, 후 긍정으로 말하는 기법

10. 설득 커뮤니케이션 중 아래 설명하고 있는 것은 어떤 유형의 커뮤니케이션인가?

- 목적달성을 위한 조직적 행동으로 개인보다는 집단을 대상으로 함
- 다른 집단 구성원들의 태도를 형성, 통제, 변화시키려는 것에 목적이 있음.
- 정해진 상황에서 원하는 반응을 다른 집단으로부터 얻고자 하는 활동

①선전
②PR
③광고
④보도

11. 카노모델 중 아래 설명하고 있는 것은 어떤 품질 요소에 해당하는 것인가?

충족되면 만족감을 주지만 충족되지 않더라도 크게 불만족이 없는 품질요소
자동차의 자동주차 기능이나 후방 인식 센서를 통한 주차의 편리함을 강조한 기능

①본원적 품질요소
②일원적 품질요소
③무관심적 품질요소
④매력적 품질요소

해설: 일원적 품질요소는 충족이 되면 만족감을 주지만 충족되지 않으면 고객의 불만을 야기하는 품질요소이다.

12. 고객구매 심리과정 단계가 바르게 연결된 것은?

(가)연상	(나)욕망	(다)흥미	(라)비교, 검토
(마)신뢰	(바)행동	(사)관심	(아)만족

① (사) – (다) – (나) – (가) – (라) – (마) – (바) – (아)

② (사) – (다) – (가) – (나) – (라) – (마) – (바) – (아)

③ (사) – (다) – (나) – (가) – (라) – (마) – (바) – (아)

④ (사) – (다) – (가) – (라) – (나) – (바) – (마) – (아)

13. 전화응대의 기본자세를 설명한 것 중 바르지 않은 것은?

① 통화 중 타인과 상의할 일 발생 시 상대방에게 들리지 않도록 송화기를 가리고 말한다.

② 벨이 울리면 2~3번(10초 이내) 수화기를 든다.

③ 중요한 내용은 복창(인명, 지명, 연락처)하고 고객에게 확인한다.

④ 바쁜 경우 소속과 이름을 밝히지 않아도 무리가 되지는 않는다.

14. 커뮤니케이션 요소를 설명한 것 중 바르지 않은 것은?

① 메시지는 의사소통의 핵심 과정이다.

② 수신자는 송신자가 보낸 메시지를 받는 사람이다.

③ 해독화는 송신자가 전달코자 하는 메시지 내용을 수신자가 이해할 수 있도록 바꾸는 과정이다.

④ 잡음은 메시지를 전달하는데 잡음이 되는 것이다.

해설: 해독화 : 수신자의 사고과정에 대한 기술적 용어로 수신자로부터 받은 메시지의 의미가 이 과정을 거쳐 해석

15. 거만한 고객의 특징 중 적절하지 않은 것은?

①의외로 단순하여 일단 오감을 얻게 되면 여러면으로 득이 될 경우가 많다.

②돈이 좀 있으면 티를 내는 소위 뽐내는 고객을 말한다.

③직원의 상품설명에 대해 부정적인 반응을 보이고, 다 알고 있다는 듯 설명을 듣지 않는다.

④이것 저것 한꺼번에 이야기하며 당장 해결을 요구하는 고객이다.

해설: 거만한 고객(①, ②, ③), 빨리빨리형 고객(④)

16. 고객 커뮤니케이션 요소 중 아래 설명하고 있는 것을 순서대로 나열한 것은?

> 커뮤니케이션 요소 중 (가)은(는) 송신자가 전달하고자 하는 메시지 내용을 수신자가 이해할 수 있도록 바꾸는 과정(글, 말, 눈짓, 표정, 제스처 등)을 의미하고 (나)은(는) 수신자가 이해한 내용을 다시 전달하는 반응으로 송신자의 의도대로 전달되었는지를 확인하는 과정을 의미한다.

①(가)- 메시지 (나)- 피드백

②(가)- 암호화 (나)- 해독화

③(가)- 암호화 (나)- 피드백

④(가)- 메시지 (나)- 해독화

17. 대인 커뮤니케이션에 대한 설명으로 바르지 않은 것은?

①둘 이상 소수 개인이 자유롭게 상호작용하는 행위 또는 과정을 말한다.

②언어적 상징과 함께 목소리, 표정, 제스처 등 다양한 비언어적 상징을 이용한다.

③소수 개인 간에 이루어지는 조직적이고 공식적인 상태에서 자유롭게 정보교환을 한다.

④커뮤니케이션을 통해 주고받는 정보의 양이나 특성에 따라 각 영역이 변화한다.

해설: 소수 개인 간에 이루어지는 비조직적이고 비공식적인 상태에서 자유롭게 정보교환을 한다.

18. 조직 내 커뮤니케이션에 대한 설명으로 바르지 않은 것은?

①참여자들이 커뮤니케이션을 통해 공동의 목표를 성취하고자 하는 특성을 지닌다.

②상향적 커뮤니케이션은 하급자가 상급자에게 성과, 의견, 태도 등을 전달하는 과정이다.

③하향적 커뮤니케이션은 상급자가 하급자에게 전달되는 조직의 위계, 명령, 지시를 포함한다.

④수평적 커뮤니케이션은 부서가 아닌 동료만 해당하며 상호작용적 커뮤니케이션을 의미한다.

19. E메일 응대에 대한 설명으로 바르지 않은 것은?

①짧은 문장, 논리적 내용, 명확한 표현으로 예의를 지킨다

②과도한 이모티콘이나 감정표현은 자제한다.

③얼굴이 보이지 않는 수단이므로 감성적 표현과 문구에 세심한 신경을 쓴다

④가급적 첨부파일은 보내지 않는 것이 좋다.

20. 쉽게 흥분하는 고객을 응대하는 것으로 바르지 않은 것은?

①본인이 아닌 회사에 항의하는 점을 생각하고 논쟁 또는 감정적으로 대응하지 않는다.

②고객의 흥분 상태를 인정하고 목소리는 크게 하되 말은 천천히 이어간다.

③고객 스스로 감정을 조절할 수 있도록 유도하는 우회화법을 활용한다.

④언성을 높일 때에는 책임자에게 전달 또는 잠시 뒤 다시 통화를 유도한다.

21. 아래 직원이 사용하고 있는 커뮤니케이션 화법은 무엇인가?

> 고객 : 서류를 발급받으러 왔는데요?
> 직원 : 네, 고객님 제가 도와드리겠습니다. 혹시 어떤 서류를 발급받으러 오셨나요?
> 고객 : ○○○○증을 발급받으려고 하는데요..
> 직원 : 아! 그러시군요. 먼저 처리하던 일을 처리한 후 서류를 발급해 드릴테니 죄송하지만 잠시 기다
> 려주시겠습니까?

①레어드 화법

②쿠션 화법

③부메랑 화법

④맞장구 화법

해설: 쿠션 화법은 상대방이 불쾌감을 덜 느끼게 하면서 자신의 의사를 전달하는 표현기법이다.

22. 심리유형론을 근거로 하여 보다 쉽고 일상생활에 유용하게 활용할 수 있도록 고안한 자기보고식 성격유형지표는?

①MBTI

②DISC

③Enneagram

④NLP

해설: 에니어그램(Enneagram)은 사람들이 어린 시절의 삶에 대한 여러 가지 강박적 방어 방법을 발전시킨다는 데에 기초하고 있다.

23. 아래 설명은 고객심리 중 어떤 유형에 속하는 것인가?

- 가격이 비쌀수록 오히려 수요가 늘어나는 비합리적 소비현상
- 가격이 오르는 데도 일부 계층의 과시욕이나 허영심 등으로 인해 수요가 줄어들지 않는 현상

① 스놉 효과(Snob effect)

② 프레이밍 효과(Framing effect)

③ 베블렌 효과(Veblen effect)

④ 파노플리 효과(Panoplie effect)

해설: 파노플리 효과는 특정 제품을 소비하면 그 제품을 소비하는 집단과 같아진다는 환상을 가지게 되는 심리현상을 의미한다.

24. 고객과 전화응대 시 맞장구 치는 방법에 대한 설명으로 옳지 않은 것은?

① 고객과 응대 시 맞장구를 치는 타이밍을 맞추어야 한다.

② 맞장구를 치는 시기도 중요하지만 끝내는 시기도 중요하다.

③ 맞장구는 과도하지 않게 그리고 상대가 한창 흥에 겨울 때는 잠시 멈추는 것이 바람직하다.

④ 자신이 의도하는 내용에 동조하지 않아도 맞장구를 치며 감정을 싣지 않는 것이 바람직하다.

해설: 맞장구도 커뮤니케이션이므로 감정을 싣지 않으면 자신의 감정이나 의도를 제대로 전달하기 어렵다.

25. 최근 고객 서비스 트랜드 변화에 대한 설명으로 바르지 않은 것은?

①재택 근무가 일상화되고 고객 서비스를 위한 디지털 전환이 가속화되고 있다.

②키오스크나 SNS, 챗봇 등을 통한 고객 셀프 서비스 및 인공지능 기반의 고객 참여를 통해 이전과는 다른 서비스를 제공하고 있다.

③코로나 이후 대면을 더욱 확장하고 비대면 중심의 서비스로의 전환이 갈수록 축소되는 것이 하나의 변화라고 할 수 있다.

④고객 데이터를 기반으로 고객의 선호도는 물론 잠재적인 니즈를 파악하여 최적화된 맞춤화 서비스를 제공하는 활동이 가속화되고 있다.

26. 코로나 이후 비대면 서비스에 대한 설명으로 바르지 않은 것은?

①대고객 서비스 트렌드는 급작스러운 사회 변화에 대응해 소비자들이 안심하고 소비할 수 있도록 하는 데에 초점을 맞추고 있다.

②기업들이 대면접촉을 최소화하는 비대면 중심의 서비스로의 전환을 가속화하고 있다.

③플랫폼 기반의 비대면 방식이 확산되고 있으며 기술을 발전으로 인해 고객에 최적화된 서비스로 진화를 거듭하고 있다.

④코로나 이전의 비대면 서비스과 이후의 서비스는 고객의 라이프 스타일에 크게 영향을 주지 않아 서비스에 큰 변화를 주지 못하고 있는 실정이다.

27. 포스트 코로나 이후 고객의 소비 트렌드에 대한 설명으로 바르지 않은 것은?

①안전에의 욕구로 인해 집이 업무, 휴식, 여가는 물론 경제활동의 허브(Hub)로 부상하고 있다.

②이용의 편의성과 경제성으로 인해 비대면보다는 대면 쇼핑을 통한 소비가 확산되고 있다.

③고객 자신이 직접 관여할 수 있는 상품이나 서비스에 많은 관심과 소비를 하는 패턴이 확산하고 있다.

④라이프 스타일의 변화로 인해 시간과 비용을 절약해주는 구독서비스가 확대되고 있다.

28. 비대면 서비스의 특징에 대한 설명으로 바른 것은?

①서비스 공급자와 수요자가 직접 대면하지 않고 거래가 가능한 방식의 서비스이다

②데이터에 기반한 맞춤형 서비스 제공이 가능하지만 불필요한 감정소비는 여전히 문제점으로 지적된다.

③플랫폼에 기반한 서비스 업종은 전통적인 오프라인 서비스에 비해 서비스 품질이 낮은 수준을 보이고 있다.

④코로나 이후 비대면 서비스는 중장년 세대보다 MZ세대를 중심으로 확대가 본격화 되었다는 사실이다.

해설: ②비대면은 대면보다 감정소비가 덜하다.

29. 행동경제학에 대한 설명으로 바르지 않은 것은?

①행동경제학은 인간의 직감에 의한 선택이나 의사결정을 통해 착각이나 오류를 살펴봄으로써 실질적인 인간의 행동을 고찰한다.

②인간의 실제 행동을 심리학, 사회학, 생리학적 견지에서 바라보고 그로 인한 결과를 규명하려는 경제학의 한 분야이다.

③기존 경제학이 풀지 못했던 인간의 비합리적인 행동이나 의사결정에 대한 의문점을 해결하려는 학문이라고 할 수 있다.

④인간은 지극히 이성적으로 생각하고 경제를 한다는 가정하에 실제적인 인간의 행동을 연구하여 어떻게 행동하고 어떤 결과를 초래하는지 규명하기 위한 경제학이다.

해설: 행동경제학은 인간이 비합리적으로 경제활동을 한다는 가정하에 어떤 과정을 거쳐 경제활동을 하는지를 연구하는 활동이다.

30. 명백한 사실(Fact)이 존재함에도 불구하고 단순히 자신의 고정관념이나 관습에 의해서 불완전하면서도 비합리적인 판단을 하는 것을 무엇이라고 하는가?

①휴리스틱(Heuristic)
②바이어스(Bias)
③신드롬(Syndrome)
④스키마(Schema)

해설: 스키마(Schema)는 심리학에서는 보통 계획이나 도식(圖式)을 의미한다.

31. 행동경제학 중 휴리스틱에 대한 설명으로 바르지 않은 것은?

①휴리스틱(Heuristic)이란 명백한 사실(Fact)이 존재함에도 불구하고 단순히 자신의 고정관념이나 관습에 의해서 불완전하면서도 비합리적인 판단을 하는 것을 의미한다.
②시간이나 정보가 충분하여 합리적인 판단을 할 수 있을 때 또는 합리적이고 체계적인 의사결정이 필요한 상황에서도 신속하게 사용하는 어림짐작의 기술을 의미한다.
③의사결정을 할 때 문제의 복잡성으로 인해 결정하기 쉽지 않거나 시급한 의사결정이 필요하나 자원(비용)을 최소화하기 위해 사용되는 고찰 또는 과정을 의미한다.
④휴리스틱은 시간이 없을 때 큰 노력없이 직관에 의해서 결정을 하기 때문에 어느 정도 만족스러운 결과를 주기도 하지만 말도 안되는 실수나 결과를 초래하는 원인이 되기도 한다.

32. 어떤 상품이나 서비스에 대해 고객의 수요가 많아지게 되면 그러한 고객의 경향에 따라 해당 상품이나 서비스의 수요가 증가되는 현상을 무엇이라고 하는가?

①밴드왜건 효과(Band wagon effect)
②세부묘사 효과(Unpacking effect)
③에펠탑 효과(Eiffel tower effect)
④후광 효과(Halo effect)

33. 아래 예시는 로버트 치알디니의 '설득의 법칙' 중 어느 법칙에 해당하는 것인가?

일반적으로 사람들은 자신의 신념이나 의지, 태도 등을 일관되게 유지해야 한다는 심리적 압박에 따라 자신의 입장을 정당화하는 방향으로 맞춰 나간다는 법칙이다. 따라서 상대방을 상황에 개입시키고 특히 작문형식으로 기록을 남기도록 한다. 한 번 개입이 되면 강한 외부 압력이 없어도 상대방은 자기 자신의 행동에 대해서는 전적으로 책임지려는 심리가 있다. 예를 들어 저렴하게 물건을 구입해 놓고 매우 만족한 상태에서 다른 채널에서는 자신이 구입한 금액보다 훨씬 저렴한 것은 보고 자신이 구입한 제품보다 용량이나 품질이 안 좋을거라고 스스로 자신을 설득하는 행위가 이에 해당한다.

①상호성의 법칙

②사회적 증거의 법칙

③호감의 법칙

④일관성의 법칙

34. 여성과 남성의 심리학적 특성을 반영한 응대에 대한 설명으로 바르지 않은 것은?

①남성고객에게는 간략하게 정리하고 요약해서 응대하는 것보다 구체적이고 장황한 설명이나 미사여구를 적절히 활용하는 것이 훨씬 효과적이다.

②여성고객의 경우 디테일한 묘사와 다양한 표현 및 감성적인 메시지를 전달해야 효과적이다.

③여성고객은 정서적인 관계나 분위기를 중시하고, 상대방이 공감해 주는 것을 좋아하는 특성이 있으므로 이를 고려하여 응대한다.

④남성고객을 대상으로 제품 및 서비스의 효용과 기능을 설명할 때 구체적인 증거나 자료를 제시하는 것이 효과적이다.

35. 행동경제학에서는 기준점 휴리스틱으로 설명하며 정보의 비대칭과 정보 획득을 위한 시간과 비용이 제약을 받을 때 영향을 많이 받는데 주로 대상자에게 미리 어떤 기준이나 이미지를 각인시킴으로써 판단의 범위를 제한하는 기법을 무엇이라고 하는가?

①패러프레이징(Paraphrasing)

②백트래킹(Backtracking)

③앵커링(Anchoring)

④페이싱(Pacing)

36. 백트레킹(Backtracking)에 대한 설명으로 바르지 않은 것은?

①이야기 중간중간에 고객이 말한 핵심단어를 맞장구 치듯이 되풀이하여 말하는 것을 의미한다.

②백트래킹을 사용하면 말하는 사람은 자신의 이야기를 경청한다는 사실에 만족감을 느낀다.

③고객에게 제대로 경청하고 있음은 느낌을 전달할 수 있으며 중요한 라포(Rapport) 형성 기술 중 하나이다.

④고객의 몸짓이나 태도를 자세히 관찰하여 고객 내면의 상태를 읽음으로써 관계를 개선하기도 한다.

해설: 고객의 모습을 관찰하고 정보를 얻는 행위로 고객과의 공감대를 형성하는 것은 패러프레이징이다.

37. 현상유지편향(Status Quo Bias)에 대한 설명으로 바르지 않은 것은?

①변화보다는 현상유지를 선호하는 의사결정에서 나타나는 지각적 편향을 의미한다.

②기존에 성립된 행동이 있으면 특별한 혜택이나 이득이 주어지지 않으면 변화 및 변경하지 않으려는 현상을 의미한다.

③현상유지편향을 적극적으로 활용하는 방식이 특정항목을 지정하지 않으면 자동적으로 선택이 되는 디폴트 옵션(Default option)이다.

④고객을 응대할 때 디폴트 옵션을 반영하려면 고객이 선택하고 있는 느낌이 아닌 직원의 추천에 의해서 자연스럽게 받아들이게 할 때 효과가 크다.

38. 여성과 남성의 심리학적 특성을 반영하여 고객을 응대할 때 주의하여야 할 사항으로 바르지 않은 것은?

①보통 남성고객에게는 길고 장황한 설명이나 미사여구보다는 간략하게 정리하고 요약해서 응대하는 것이 훨씬 효과적이다.

②여성고객은 결과 지향적이므로 응대를 하는 과정에서 적당한 은유와 함께 감정적이고 감성적인 표현 위주로 응대하는 것이 바람직하다.

③남성고객의 경우 사실전달 위주로 응대하고 특히 숫자에 민감하고 이성적이며 논리 중심으로 접근하는 것이 바람직하다.

④여성고객의 경우 디테일한 묘사와 감성적인 표현 및 메시지를 위주로 전달해야 효과적이다.

해설: 여성고객의 경우 과정 지향적이므로 정서적이고 적절한 공감위주로 응대하는 것이 바람직하다.

39. 페이싱(Pacing) 기법에 대한 설명으로 바르지 않은 것은?

①고객의 몸짓이나 태도를 자세히 관찰하여 고객 내면의 상태를 읽어 고객과의 공감대 형성은 물론 문제해결에 도움을 준다.

②페이싱은 NLP이론에서 라포(Rapport) 형성을 위한 가장 중요한 기법이다.

③고객의 행동 및 말 속도 또는 정서 등에 맞춤으로써 고객과의 일치를 통해 동질감과 신뢰감을 쌓을 수 있다.

④페이싱 기법은 고객과의 공감대 형성과 신뢰를 쌓기 위한 커뮤니케이션 기법이다.

해설: 고객의 몸짓이나 태도를 관찰해 내면의 상태를 읽어내는 것은 패러프레이징 기법이다.

40. 라포(Rapport)에 대한 설명으로 바르지 않은 것은?

①라포를 형성하려면 고객에게 관심을 갖고 끊임없이 관찰하는 것에서부터 출발한다.

②고객과의 신뢰관계라고 할 수 있는 라포가 커지면 커뮤니케이션이 원활해지고 설득하기 쉬워진다.

③라포는 경청을 통해서 은연중에 고객과의 호감은 물론 친밀감이 형성된다.

④NLP에서는 잠재적인 수준에서 상대에게 동조해나가는 것을 라포 형성이라고 한다.

≪ 정답 ≫

제 1영역 실전예상문제

문항	1	2	3	4	5	6	7	8	9	10
정답	③	④	③	②	③	④	③	④	①	①
문항	11	12	13	14	15	16	17	18	19	20
정답	④	②	④	③	④	③	④	②	④	①
문항	21	22	23	24	25	26	27	28	29	30
정답	①	①	③	④	③	④	②	③	④	①
문항	31	32	33	34	35	36	37	38	39	40
정답	②	①	④	①	③	④	④	②	④	③

1. 고객불만 및 소비자 행동의 이해

2. 고객불만의 발생원인 및 대응방안

3. 고객불만 처리 프로세스

4. 고객불만 사전예방활동 및 사후관리 프로세스

5. 블랙컨슈머의 이해

6. 체계적인 블랙컨슈머 대응전략 및 방향성

7. 고객 서비스 회복 결정요인 및 회복 전략

CS 클레임 관리사

제2영역

고객불만처리

고객불만은 제품 또는 판매·상담과정, 구매 후처리 과정에서 발생한 불편이나 문제에대한 불만의 표시이며 개인과 조직의 문제점 및 취약점을 개선하여 발전할 할 수 있는 기회를 주는 중요한 현상이다.

(1) 고객불만의 이해

1) 고객불만의 정의

① 고객불만은 컴플레인 또는 클레임이라는 단어로 사용되고 있다.

② 컴플레인(Complaint)은 사전적인 의미로 '불평하다', '한탄하다' 등의 불편을 표현한다는 의미이다.

③ 클레임(Claim)은 사전적 의미로 '요구하다', '청구하다' 라는 의미로 고객의 손해에 대한 권리 및 금전적 배상을 요구하는 것을 말한다.

④ 일반적으로 고객이 불만족스러울 경우 '컴플레인을 제기한다', '클레임을 건다' 라고 사용되고 있다.

⑤ 고객불만은 제품 또는 판매 · 상담과정, 구매 후처리 과정에서 발생한 불편이나 문제에 대한 불만의 표시이다.

⑥ 고객불만은 개인과 조직의 문제점 및 취약점을 개선하여 발전할 할 수 있는 기회를 주는 중요한 현상이다.

2) 고객불만의 가치

① 고객불만을 제기하는 고객은 기업에 애정을 갖고 있는 좋은 고객이다.

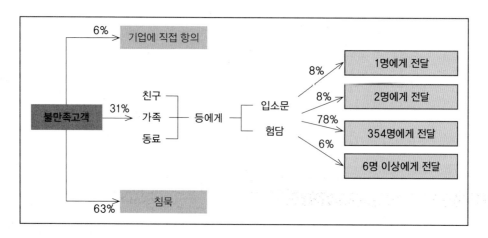

[고객 불만의 확산 경로]

미국 펜실베이니아대 와튼스쿨(Wharton School)이 캐나다의 컨설팅업체인 베르데그룹(Verde Group)과 공동 조사한 '2006 불만고객 연구보고서'에 따르면 회사에 불만을 토로하는 고객은 단지 6%에 불과하다고 조사되었다. 고객불만은 제품이나 기업활동의 문제점을 조기에 파악하고 개선할 수 있도록 도움을 준다.

②고객은 무료 모니터 요원이다.

최근 많은 기업들이 서포터스 또는 미스터리 쇼핑 등의 다양한 모니터링 제도를 운영하고 있다. 고객불만은 기업의 인력이나 비용을 들이지 않는 무료 모니터 요원이다.

③새로운 아이디어를 제공한다.

고객불만은 고객들이 제품에 대한 불편사항을 제기하여 수정하게 함으로써 새로운 제품을 탄생시키는 아이디어를 제공한다.

④우리 기업의 무료 홍보요원이 될 수 있다.

고객이 만족스럽게 잘 처리할 경우 충성고객이 되어 기업의 제품을 홍보할 수 있는 바이럴 마케팅의 우수한 방법이 될 수 있다.

3) 고객불만 분류

①기초적 일반 불만
- 일반적인 고객불만의 원인인 기업의 제품이나 고객의 오해, 직원의 서비스 태도 등에 대한 불만을 제기
- 고객의 문제 해결 및 사과를 요구

②상투적 억지 불만(블랙 컨슈머)
- 무료이용이나 상품권, 금전 보상 등의 불순한 목적으로 불만 제기
- 금전적 보상이나 제품 이용의 혜택을 요구

③기업을 위한 불만
- 기업에 애정을 가지고 진심을 담아 불만을 제기
- 기업의 서비스 개선 및 제품 개선을 요구

제1영역
고객응대 실무

제2영역
고객불만처리

제3영역
VOC 운영실무

제4영역
매뉴얼 개발실무

(2) 소비자 불평행동의 이해

1) 소비자불평 행동의 정의

①소비자불평행동은 불만족에 기인하여 발생하는 고객의 행동을 말한다. 여러 학자들이 정의한 내용은 다음과 같다.

구분	내 용
Rogers, Ross & Williams(1992)	소비자 불평행동은 고객 불만족에서 기인하는 행동이나 행동의 조합
Singh(1988)	소비자 불평행동은 구매 경험에 관한 어떤 부정적인 커뮤니케이션을 내포하며, 그 경험에 대한 불만족을 지각 했을 때 일어나는 일련의 모든 행동적 및 비행동적인 측면
Landon(1980)	소비자 불평은 불만족의 인식에서 야기되어 불평행동이 행동적인 반응과 비행동적인 반응으로 구분되어 나타나는 일련의 현상

2) 소비자불평 행동의 유형

①소비자 불평행동의 유형을 여러 학자들이 정의한 내용은 다음과 같다.

구분	내 용
Krafel(1985)	소비자가 경제적 보상이나 자존심 회복을 위하여 불평행동을 할 때 불평행동은 불평행동의 전략, 불평내용, 불평행동의 유형, 불평행동의 결과와 같이 디른 요소로 나타난다. -불평행동의 전략은 불만족할 때 불평행동을 계획하는 단계와 관련 있으며 스스로 상황을 파악하고 불평행동의 필요성 여부를 결정하게 된다. -불평행동은 공급자가 제시한 영수증이나 계약서 등에 의하여 개인적 주장이나 법적 대응하는 것을 말한다. -불평행동의 유형은 공격적일 수도 있고 온건한 주장일 수도 있다. -불평행동의 결과에 따라 또 다른 행동을 결정하게 되는데, 이전단계에서 만족스러운 결과를 보상 받으면 다음단계의 전이가 더 이상 일어나지 않는다.

128

Day(1980)	보상추구(Redress Seeking),불평(Complaining),개인불매행동 (Personal Boycott)3가지 범주를 제시 −보상추구란 제조업자들에게 불평, 혹은 법적 행동 등과 같이 판매업자에게 직.간접적으로 특정한 조치들을 요구하기 위한 행동이다. −불평은 특정 조치를 요구하기 위한 행위 이외의 목적으로 불만족을 전파하는 것으로, 자신의 미래행동에 영향을 주기 위해서 혹은 다른 사람들의 구매행동에 영향을 주기 위하여 행하는 것이다. −개인 불매행동은 문제가 된 제품, 브랜드, 상점, 그리고 제조자에 대한 구매를 중지하는 것을 말한다.
Day와 Landon(1977)	공적인 행동과 사적인 행동으로 구분. −공적인 행동은 직접적으로 배상을 요구하는 것과 단체나 기관에 사실을 알리거나 법적으로 문제시 하는 것, −사적인 행동은 구매를 중지하거나 주위의 사람들에게 구매 중지를 제안하는 것

②소비자불평 행동의 3가지 유형

- 기업에 직접 항의 및 배상을 요구한다.

- 기업이 아닌 친지, 가족, 친구 등 지인에게 불만을 이야기하며 구매중지나 보이콧 등의 행동을 취한다.

- 소비자 단체나 정부 기관, 인터넷커뮤니티 등의 자신과 관계없는 삼자에게 불평을 토로하며 불만을 해소하거나 배상을 요구한다.

고객불만의 발생원인 및 대응방안

(1) 불만 및 불평행동 발생의 원인 및 특징

1) 고객불만 발생의 원인

고객불만의 원인은 제품이나 서비스의 결함, 소비자 단체 기능강화, 업체간 과열 경쟁, 기업의 개선 노력 부족, 소비자 의식개선, 기타 사유가 존재한다.

구분	내용
기업원인	경쟁사 대비 수준 이하의 서비스, 제품이나 제도, 프로세스의 결함, 서비스 장애 발생·A/S등의 서비스 이용불편, 교환 환불 지연, 업무처리 부서간의 연계 시스템 문제
고객원인	고객의 오해, 고객 우월주의로 인한 지나친 기대, 고객의 부주의
직원원인	업무처리 미숙, 서비스마인드 결여(불친절), 예의 없는 태도, 책임회피, 규정만 내세운 안내, 충분한 설명 미흡, 약속 미이행, 의사소통 미숙, 직원의 용모 및 복장 불결

①고객불만의 원인은 사소한 것에서부터 발생하는 것이 대부분이므로 기본에 충실하여야 한다.

②직원의 용모나 복장이 불량한 경우에 발생한다.

③직원들의 퉁명스러운 말투 및 언행을 통해서도 발생한다.

④약속한 서비스가 지연되거나 회복이 더디게 진행될 경우에도 발생한다.

⑤계약 및 거래 시 약속한 행위나 서비스가 이행되지 않았을 경우에 발생한다.

⑥애초에 고객이 기대했던 수준에 미치지 못하는 서비스가 제공되었을 때 발생한다.

⑦직원의 실수와 무례한 태도로 인해 불만이 발생한다.

2) 소비자 불평행동의 4가지 원인(Tax & Brown 1998)

원인	내용
보상의 획득	소비자는 경제적 손실을 만회하거나 해당 서비스를 다시 제공받기 위해 불평을 한다.
분노의 표출	일부 소비자는 자존심을 회복하기 위해서 또는 자신의 분노와 좌절을 표출하기 위해서 불평을 한다. 서비스 규정이 규정 위주이고 불합리한 경우 직원의 불친절로 인하여 자존심과 공정성에 대해 부정적 영향을 미칠 수 있다.
서비스 개선에 대한 도움	소비자가 특정 서비스에 깊이 관여하여 서비스 개선을 위해 자발적으로 기여하고자 적극적으로 피드백을 준다.
다른 소비자를 위한 배려	일부 소비자는 다른 소비자를 위해 자신의 불만을 제기한다. 다른 소비자가 같은 문제를 경험하지 않기를 원하며, 문제점을 제기하여 서비스가 개선되기를 바란다.

3) 불만이 발생해도 고객이 불만을 제기하지 않은 이유

①불만제기 하기가 귀찮거나 불만을 어디에 제기해야 할 지 몰라서

②제기해도 해결될 것 같지 않아서

③귀찮고 손해보고 다시는 거래하지 않으면 된다는 생각을 가져서

④고객불만 사안에 따라 시간이 경과되면 증거가 없어지므로

⑤불쾌한 것은 빨리 잊고 싶어하는 성향 때문에

⑥고객불만 제기 시 더 큰 불이익을 당할 우려 때문에

⑦악성 고객이라는 나쁜 이미지가 형성될 것이라는 우려 때문에

4) 최근 국내 고객불만의 특징

①고객불만 건수의 증가 문제가 아닌 해결하기 어려운 고객불만건이 증가하고 있다.

②단순한 고객불만이 아닌 복합적인 요인이 얽힌 고객불만건이 증가하고 있다.

③고객불만이 갈수록 극으로 치닫는 원인은 기업과 고객 사이의 신뢰가 무너졌기

제1영역
고객응대실무

제2영역
고객불만처리

제3영역
VOC 운영실무

제4영역
매뉴얼 개발실무

때문이다.

④단순한 사과만으로는 문제 해결이 어려운 고객불만 건이 증가하고 있다.

⑤고객불만 발생 후 기업의 설명이나 변명을 극도로 꺼려한다.

⑥표면적인 사과 및 대응논리가 아닌 명확한 원인규명 또는 사후 재발방지를 요구한다.

⑦고객불만 발생 시 정식적인 문서작성을 통한 커뮤니케이션 요구는 물론 녹취, 녹화, 인터넷 또는 SNS에 공개하겠다는 협박까지 한다.

⑧기능적으로 업무를 처리하는 일선 접점직원과의 대화가 아닌 책임자와의 대화를 요구한다.

⑨문제발생 시 기업의 접점채널을 활용하지 않고 직접적으로 공공기관에 해당사항에 대한 불만을 토로하거나 신고한다(미래부의 신문고, 소비자보호원, 소비자 보호관련 NGO 등)

⑩문제 해결에 소요되는 시간이 길어지고 접점직원의 심적 부담은 가중된다.

5) 국내 기업의 고객불만 처리의 문제점

①고객접점 중심의 외형적인 면에 치중

②도급업체에게 클레임 업무 전가로 인한 현업 부서의 무관심 유발 및 자체 처리 능력 감소

③VOC전담 부서 및 전문가 부재

④VOC 시스템의 부재 또는 체계적인 활용 미흡

⑤고객불만 유형별 대응 매뉴얼의 부재

⑥접점 직원의 고객불만 처리에 따르는 권한위임의 부재

⑦획일적인 CS교육 및 평가 체계의 부재

6) 최근 소비자 불평 행동의 특징

최근 인터넷을 기반으로 한 스마트 기기 보급 및 소셜미디어(SNS)가 확산되면서

고객불만을 제기하는 통로가 다양해졌다. 특히 소셜미디어의 가입자가 많아 고객들이 표출한 불평의 내용들이 빠르게 확산되고 있다.

또한 SNS를 통한 쉬운 불만 표출로 과거 대비 고객불만의 비율도 증가하였으며, 고객들이 온라인, 집단화 한다는 점도 최근 나타나는 특징이다.

①불만대상 품목의 다변화 – 스마트 폰, 디지털서비스, 콘텐츠, 기기비중의 불만 확대

②온라인 불만 플랫폼의 확산 – 인터넷, SNS(트위터, 페이스 북 등), 유튜브 등이 불만표출의 채널로 급부상

③불만소비자의 온라인 집단화 – 인터넷 기반의 거대한 가입자를 기반으로 유사 불만 소비자들이 커뮤니티로 집결하여 소비자 분쟁의 파급력 확대

④1인 영향력의 증대 – 온라인 빅마우스, 소셜테이너의 확산, 단순 불만을 넘어 특정 기업을 공격하는 디지털 저격수의 등장

(2) 고객불만 대응방안

1) 고객불만 분류별 응대 프로세스

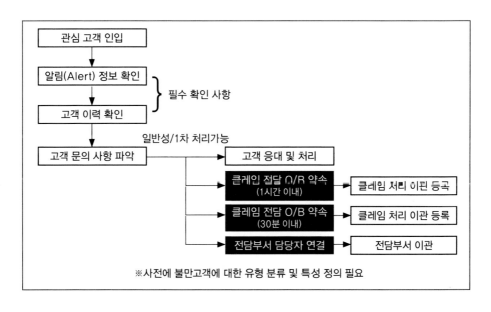

제1영역
고객응대 실무

제2영역
고객불만처리

제3영역
VOC 운영실무

제4영역
매뉴얼 개발실무

①기업의 접점 채널로 유입된 불만 고객의 분류를 응대 프로세스에 적용하여 운영할 필요가 있다.

②불만고객에 대한 이력 관리를 통해 적절한 응대가 이루어져야 하며 특히, 불만 고객의 인지 정보를 확인하는 것은 매우 중요한 과정이다.

③고객의 인지정보와 고객불만 이력 확인을 통해 불만 고객을 분류할 수 있고 분류된 고객의 유형별로 각호에 해당하는 과정을 이행해야 한다.

④일반문의 고객의 경우 고객의 문의 사항에 대해 신속하고 정확한 정보와 서비스를 제공하고 이행 결과는 고객관리시스템의 상담정보에 인입 유형과 결과에 대한 VOC코드를 기록 후 저장한다.

⑤불만고객 응대의 경우 불만고객으로 판별된 경우에는 요구사항에 대한 적절한 안내를 할 수 있는 전담 조직과 담당자가 별도로 연락을 취할 것을 안내하고 통화 종료 즉시 이관 프로세스에 의거하여 고객불만 이관 등록을 해야 한다.

2) 불만 고객 분류별 대응 및 처리 지침

①모든 불만고객의 처리는 립 서비스 또는 공감적 경청을 통한 고객의 기분이나 상황을 고려한 케어(Care)에 집중한다.

②만약 불만고객이 금전적 보상을 요구할 경우 기업의 과실이 명백하고 약관에 준하는 보상 범위에 대해서는 1차 접점 직원이 직접 처리하는 것이 바람직하다. 그렇지 않을 경우 초동 대응의 미숙함으로 인해 오히려 고객불만을 가중시킬 수 있다.

③약관상 명시된 손해배상 기준을 초과하는 과도한 보상을 요구하거나 또는 손해배상 기준이 없는 경우 및 고객 과실임을 입증하지 못하는 경우 사안이 복합적인 강성 민원의 경우에는 전담 조직으로 이관하여 처리한다.

④전담조직으로 이관 후에도 보상 처리 기준이 최대 조정 범위를 초과하는 경우나 복합적인 성격의 불만인 경우 법무팀 및 유관부서와의 협의를 통해 법리적 검토는 물론 사안별로 대응 지침을 논의한다.

134

⑤최종적으로 협의가 종료되면 이를 악성 이용고객에게 통보하거나 직접적인 대면을 통해 의사를 전달하며 의사가 명확히 전달되고 고객이 받아들이면 합의서 작성은 물론 해당 자료나 증거를 압수하거나 파기한다.

⑥모든 접점 직원들을 대상으로 악성 불만고객에 대한 응대자세 관련 지침 및 가이드 제공한다.

⑦콜센터로 해당 불만고객의 콜이 인입되었을 경우 통화 대기 중 불만이 증폭되어 논점을 벗어나 불친절 등의 불필요한 자극을 제공하기 때문에 상담 중 고객 대기는 5초를 초과해서는 안된다.

⑧직접적인 콜 인입보다는 직통 전화번호는 전담부서 전화번호를 안내하고 직접 해당 악성 이용자에게 전화를 하는 편이 바람직하다.

⑨통화는 비대면 접촉이기 때문에 묵음이 발생되면 경청하지 않는 것으로 오해를 받을 수 있는 여지를 제공하므로 주의하여야 하며 특히 상담 중 보류 기능 사용은 절대 금지하고 필요 시 대기 기능을 사용한다.

⑩상담 중 처리가 어려울 경우에는 즉시 전담 부서 혹은 담당자에게 이에 대한 내용을 정리하여 전달하는 것을 원칙으로 하나 직접적인 호전환보다는 불만고객의 전화번호를 기록해서 전담 부서가 충분한 검토를 할 수 있는 시간적 여유를 확보하는 것이 중요하다.

⑪재통화 약속 시 30분 이내로 시간을 엄수하여 처리 과정을 피드백 해야 한다. 처리 시간이 지연되면 심리적 변화로 인해 무리한 요구를 할 경우가 발생할 수 있으므로 주의한다.

⑫불만고객과의 통화 시 직접적으로 의사 결정할 수 있는 사안이 아니라면 양해를 구하고 재통화 약속 후 내부적인 검토 후 재연락하는 것이 바람직하다.

⑬악성 이용자와 현장에서 직접 대면할 경우 녹취 및 증거자료를 반드시 확보하여야 하며 재접촉 또는 문제 해결 시 객관적인 자료로 활용한다. (향후 법징 자료 또는 참고자료로 활용 가능)

⑭불만고객에게도 지속적으로 심리적 안정감을 제공하여 2차 불만의 확산을 방지

하고 불필요한 갈등을 제거한다. (진행상황 안내)

⑮불만 강성고객의 경우 의도적이거나 우연적인 문제행동을 정당화하므로 대응이 끝난 후에도 상황에 따라 해피콜 혹은 문자메시지와 같은 수단을 이용하여 사후 고객 관리하는 것이 바람직하다.

3) 논리적인 고객불만에 대한 대응방법

①단순한 불만을 토로하는 것이 아닌 논리적인 방식에 의한 고객불만이 가장 다루기 힘들다.

②논리적인 고객불만에 대한 응대는 다루기 힘듦으로 다양한 대응기술이 필요하며 전담조직 구성원뿐만 아니라 일반 직원에 대해서도 고객불만 대처 능력을 향상시킬 수 있는 교육이 필요하다.

③논리적인 고객불만을 제기하는 고객에는 두루뭉술하거나 정확하지 않거나 부적절한 설명은 오히려 불만을 가중시키므로 고객불만의 내용을 정확하게 이해하여야 한다.

④고객이 주장하는 고객불만의 내용을 명확하게 파악하고 구체적으로 정리한다.

　※파악해야 할 내용 :

- 고객불만의 대상 및 경중(輕重)
- 고객의 주장에 근거가 되는 사실(Fact)이나 정황
- 고객 요구사항 파악 (보상, 교체, 환불, 사과, 수리, 회수, 판정, 교환 등)

⑤상호간에 의심이나 추가적인 문제가 발생하지 않도록 한다.

⑥추가적인 사안 발생을 방지하기 위해 매체가 가지는 특성을 고려하여 증거를 확보한다.

　※매체별 증거 내용

- 콜센터의 경우 녹취 내용 및 대응 이력
- 오프라인에서 작성된 문서의 경우 관련 내용 누락에 주의하고 원본 확보
- 오프라인의 경우 녹화(CCTV) 및 녹취 자료 확보

⑦고객불만 대응 시 판단하기가 애매하고 불확실한 사항에 대해서는 즉각적인
　답변은 삼간다.

⑧고객불만 판단하기 애매하고 불확실한 사항은 시간 간격을 두고 재통화 또는
　재논의한다.

4) 온라인 불만대응 방법

①제품과 서비스에 대한 인터넷상의 고객 의견에 대해 지속적으로 점검한다.

②회사로 접수되는 불만건 외 SNS를 통해 토로되는 불만건을 능동적으로 찾아 해
　결한다.

- 고객이나 언론이 문제를 제기하기 전에 능동적으로 문제를 찾아 해결해야
　한다.

③기업 블로그를 만들어 고객들과 친밀한 대화를 나눠야 한다.

④소비자의 문의, 불만, 제안 등의 행동에 맞춰 즉각적으로 대응한다.

- 문의 : 질문에 대한 답변 및 추가 문의 확인
- 불만 : 고객의 문제를 이해하고 해결하기 위해 노력
- 제안 : 제품과 서비스에 대한 제안에 감사하고 검토 후 후속조치

⑤위기관리 해결을 위해 최고경영자의 적극적 지원이 필요하다.

⑥친절한 태도로 즉시 사과한 후 고객의 의견이 서비스와 제품을 개선하는데 어떻
　게 활용할지 설명한다.

⑦고객의 의견을 개진할 수 있도록 적극적이고 다양하게 소통 경로를 확대한다.

⑧지속적인 문의가 발생한다면 FAQ 또는 안내자료를 서비스 이용 초기화면에 추
　가한다.

제1영역
고객응대 실무

제2영역
고객불만처리

제3영역
VOC 운영실무

제4영역
매뉴얼 개발실무

5) 고객불만 대응 기법

① HEAT 기법

H : Hear them out 고객의 말을 모두 듣는다. 중간에 가로막지 않고 적극적인 경청을 한다.

E : Empathize 공감한다. 고객의 불편을 공감해준다.

A : Apologize 사과한다.

T : Take responsibility 책임지고 해결책을 검토한다.

②MTP기법

M : Man 고객을 응대하는 사람을 바꿔준다.

T : Time 응대하는 시간을 바꿔준다.

P : Place 응대하는 장소를 바꿔준다.

(1) 고객불만 처리 프로세스 및 지침

1) 일반적인 고객불만 처리 프로세스

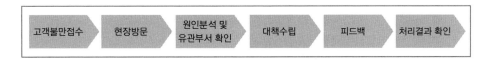

①고객불만 접수
- E-mail, 인터넷 홈페이지, 전화, 방문, 우편 등을 통한 고객불만 접수

②현장방문
- 현장 매니저 및 CS팀 책임자의 신속한 현장 방문을 통해 현상파악

③원인분석 및 유관부서 확인
- 고객불만 내용 및 피해사항에 대한 현장(대리점, 직영점, AS센터, 콜센터 등) 등 관련부서의 원인 파악 및 개선방안 요청
- 고객불만은 대체적으로 복합적인 원인에 의한 현상으로 발생하는 경우가 많아 고객의 의견을 청취 시 처음부터 끝까지 적극적인 경청이 필요

④대책수립
- 원인분석을 통해 회사의 귀책사유, 고객의 고의/과실여부, 약관/법규 등에 따른 및 대책 수립

⑤고객피드백
- 불만처리 결과 피드백 및 소비자 분쟁해결 기준에 의한 고객보상

⑥처리결과 확인 (해피콜)
- 재발방지 교육 및 처리 결과에 대한 해피콜

2) 불만고객처리 기본 운영 설차 및 각 단계별 주요 지침

일반적으로 고객불만은 아래와 같은 프로세스를 거쳐 일관된 응대가 가능하도록 절차는 물론 각 단계별 규정 및 지침을 마련하는 것이 바람직하다.

제1영역
고객응대실무

제2영역
고객불만처리

제3영역
VOC 운영실무

제4영역
매뉴얼 개발실무

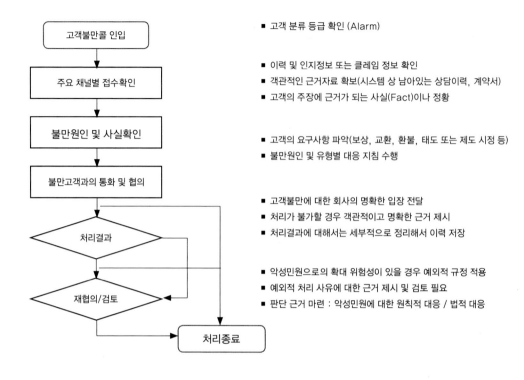

프로세스	주요 지침
고객불만콜 인입	■ 고객 분류 등급 확인 (Alarm)
주요 채널별 접수확인	■ 이력 및 인지정보 또는 클레임 정보 확인 ■ 객관적인 근거자료 확보(시스템 상 남아있는 상담이력, 계약서) ■ 고객의 주장에 근거가 되는 사실(Fact)이나 정황
불만원인 및 사실확인	■ 고객의 요구사항 파악(보상, 교환, 환불, 태도 또는 제도 시정 등) ■ 불만원인 및 유형별 대응 지침 수행
불만고객과의 통화 및 협의	■ 고객불만에 대한 회사의 명확한 입장 전달 ■ 처리가 불가할 경우 객관적이고 명확한 근거 제시 ■ 처리결과에 대해서는 세부적으로 정리해서 이력 저장
처리결과	
재협의/검토	■ 악성민원으로의 확대 위험성이 있을 경우 예외적 규정 적용 ■ 예외적 처리 사유에 대한 근거 제시 및 검토 필요 ■ 판단 근거 마련 : 악성민원에 대한 원칙적 대응 / 법적 대응
처리종료	

3) 불만고객처리(책임자 또는 본사 요구) 응대 절차 및 각 단계별 주요 지침

고객불만처리 중 책임자 통화 또는 본사 연결을 요청하는 건에 대해서는 아래와 같은 프로세스를 거쳐 일관된 응대가 가능하도록 절차는 물론 각 단계별 규정과 지침을 마련하는 것이 바람직하다.

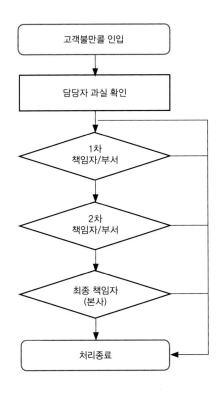

- 이력 및 인지정보 또는 클레임 정보 확인 (담당자 과실 확인)
- 고객의 주장에 근거가 되는 사실(Fact)이나 정황 확인
- 과실 확인 시 정중한 사과 및 고객 Care 진행
- 책임자 통화 요청 시 주요 사항 정리 후 재통화 약속 후 종료

- 해당 불만고객과의 발신통화(Outbound) 진행
- 과실에 대한 책임자로서의 정중한 사과 및 재발 방지 약속
- 상황에 따른 적절한 보상 제공 (감성적인 접근 필요)
- 최종 책임자 통화 요청 고객 : 사안 정리 후 해당 부서 이관

- 해당 불만고객과의 발신통화(Outbound) 진행
- 2차 책임자의 권한과 역할 부각을 통해 문제 해결 의지 보임
- 과실에 대한 책임자로서의 정중한 사과 및 재발 방지 약속
- 적절한 보상 제공 및 문제 해결 시까지 지속적인 F/up 진행

- 해당 불만고객과의 발신통화(Outbound) 진행
- 과정 지연에 대한 명확한 사과와 함께 사안별 해결 방안 제시
- 권한 내 고객요구 사항에 대한 불만처리
- 보상, 교환, 환불, 태도 또는 제도 시정 등에 대한 약속
- 악성고객 : 법무팀 또는 외부 자문업체 협의를 통한 법적 대응

- 개선 VOC 선정 및 개선을 위한 주요 개선 안건 마련
- 향후 대응 방안 및 기준 마련 : 원칙적 대응 / 법적 대응 / 기타

4) 고객불만 처리지침

①불만고객 응대 전 미소를 지어본다. (감정 없는 얼굴과 무표정은 고객불만을 악화시킴)

②본인 소개 및 어떤 도움이 필요한 지를 물어본다.

③고객응대가 시작되면 우선 고객의 말을 가로막지 말고 어떤 문제인지를 경청해서 듣는다.

④흥분하지 말고 고객의 불평을 듣는다. (고객이 화를 내는 대상은 회사라는 점을 인식할 것)

⑤고객불만사항에 대해서는 진심으로 사과한다. (핑계 및 지속적인 사과가 아닌 대안제시)

⑥반드시 고객의 이름을 불러주고 고객의 입장을 고려하여 응대한다.

⑦상세한 질문을 통해 세부 불만사항을 파악한다. (부메랑 기법을 적절히 활용)

제1영역
고객응대 실무

제2영역
고객불만처리

제3영역
VOC 운영실무

제4영역
매뉴얼 개발실무

⑧고객이 사용하는 단어나 표현을 다시 활용하여 고객의 불만을 재확인한다.

⑨본인의 이름을 다시 알려주고 상황에 따라 전화번호 등 연락처를 알려준다.

⑩마지막으로 고객방문(고객전화)에 대해 감사의 말을 전한다.

5) 고객불만 처리 시 주의사항

①첫 응대가 문제 해결의 핵심이므로 고객에게 정성을 다하고 관심을 적극적으로 표현한다.

- "고객님 얼마나 놀라셨어요. 많이 당황하셨겠습니다.
- "아~ 네 그렇군요. 고객님께 이런 불편을 드려 뭐라고 사죄말씀을 드려야 할는지요."
- "저에게 자세히 말씀해 주세요. 제가 해결해 드리겠습니다."

②불만에 대해 적극적인 자세로 임하고 있다는 믿음을 심어준다.

- "이렇게 관심 가지고 직접 말씀해 주셔서 감사합니다."
- "원인파악을 위해 00 일 이내에 신속하게 알려 드리겠습니다."
- "문제점은 반드시 개선되도록 최선을 다하겠습니다."
- (기술적인 답변) "어려운 답변을 드려야 되겠습니다만, ~ 한 원인으로 발생된 점 깊은 양해하여 주시면 감사하겠습니다."

③변명보다는 고객의 입장에서 신속, 정확하게 처리해야 하며 무리한 YES 보다 신속한 사후처리 약속 및 대안제시가 바람직하다.

- 무리한 YES : 진실왜곡 → 약속불이행 → 고객불만증폭 → 회사 이미지 실추
- 사과 및 대안제시 : 정중한 사과 →배려와 이해→ 신속한 대안제시→고객만족

④까다로운 고객일수록 요구를 정확히 이해할 것 (모든 고객이 보상만을 요구하지 않음)

- "예, 고객님의 문제를 어떻게 하면 해결할 수 있을지 방법을 찾아보겠습니다."
- "일반적인 것은 아니지만 처리할 수 있는 방법을 찾아보겠습니다."
- "다른 부서의 도움이 조금 필요합니다만 제가 끝까지 책임지고 처리하도록 하겠습니다."

⑤고객의 상황에 맞는 소재를 찾아 교감 및 커뮤니케이션 한다.
- 대형뉴스, 취미, 가족이야기 등의 관심사로 긴장감을 해소하고 상호 교감 탐색
- 성별, 연령, 집안환경 등의 개인적인 이야기로 인간적 공감대 형성

⑥고객불만사항에 대해서는 즉각적이며 완벽하게 일을 처리한다.
- "만사 제쳐놓고 고객님의 문제를 1순위로 처리 하겠습니다."
- "고객님과의 약속은 꼭 지키겠습니다."
- (문제해결 후 해피콜을 통해) "저희 서비스로 번거롭게 해드려서 죄송합니다. 이번 일로 불편 했던 점이 있다면 사과 드리고 고객만족을 위해서 최선을 다하겠습니다."
- "더욱 저희 서비스에 대해 관심 가져 주시고 많은 격려와 질책 부탁 드립니다."

6) 협력회사의 불만처리 프로세스 정립

현장(대리점, 직영점, AS센터, 콜센터 등), 협력회사에서도 불만처리 프로세스를 정립해야 한다.

①고객불만 접수 및 관리자 확인
②고객불만 확인 및 협력업체 처리권한 확인
③협력업체 처리 불가시 고객사 협의 및 이관
④불만접수 및 처리대장 관리 및 고객사 보고
⑤민원사례 공유 및 재발방지 교육
⑥우수고객 전환을 위한 노력

(2) 고객불만처리 방법 및 자세

1) 불만 처리시 고객의 요구사항

①보다 신속한 처리 요구

②처리기한의 명시 요구

③불만야기 당사자에게 직접 사과 요구

④물질적인 보상 요구

⑤불만 고객의 연속적 사후관리 요구

2) 고객불만 처리에 필요한 역량 및 능력

①업무처리 및 수행을 위해 필요한 기본 지식 및 정보

②고객의 어려움 또는 불편함 또는 상황에 공감할 수 있는 공감능력

③고객만족(CS)관련 마인드 (고객중심적 사고)

④업무수행을 위한 컴퓨터(디지털 디바이스) 활용능력 및 법률 지식

⑤빠르고 변화무쌍한 고객 고객불만 전개에 대처할 수 있는 논리적 사고력

⑥업무 프로세스 및 고객과의 커뮤니케이션 능력

⑦어려운 상황 하에서도 고객의 불만을 긍정적으로 해결할 수 있는 감성역량

⑧기본적인 고객 응대스킬 및 문제해결 능력 등

3) 불만처리 시 적극적 경청

①고객의 요구사항을 확인할 수 있다.

②오해와 실수를 예방할 수 있다.

③불만해소를 위한 단서를 얻을 수 있다.

④고객과의 신뢰 형성으로 우호관계를 형성 할 수 있다.

경청유형	유형별 경청 방법
집중하여 경청하기	–고객의 말을 요약, 확인하여 끝까지 경청한다. – "네, 잘 들었습니다. 고객님께서 몇 가지 중요한 점을 말씀해 주셨는데요. 제가 정확히 이해하고 있는지 확인해 보겠습니다. 고객님 말씀은 ~~ 이죠?"
복창하며 경청하기	– 고객의 이야기를 들으며 대화에서 중요한 단어나 표현하고자 하는 문장을 복창하며 되물어 준다. – "네 급하다는 말씀이시죠?", "00까지 배송을 원한다는 말씀이시죠?"
공감하며 경청하기	– 고객의 입장에서 경청하는 것으로 적극적인 맞장구와 고객의 입장을 이해한다는 표현으로 고객의 감정공유를 통해 고객에게 심리적인 안정 및 개방적인 의사소통을 하고자 함을 확신 시켜 주는 것이다. – "네~ 맞습니다", "그러셨군요", "많이 불편하셨겠습니다." 등

4) 불만고객 응대 시 피해야 할 자세

①고객과 함께 흥분하기 예]"고객이라고 너무 함부로 말하시는 거 아니에요!!"

②고객의 말과 행동을 의심하기 예]"고객님이 그렇게 우기시니 한 번 확인해볼게요."

③책임회피하기 예]"제가 할 수 있는 부분은 아닌 것 같은데요."

④고객무시하기 예]"확인해보니 고객님이 잘못 알고 계신 것 같은데요."

⑤사과만 되풀이하고 대안제시 하지 않기 예]"죄송합니다"외에는 어떤 말도 하지 않음

⑥지속적이고 반복적인 질문만 하기

예]"그러니까 ~~~하셨다는 말씀이시죠?"

⑦암묵적으로 거절하기

예]"고객님 죄송합니다"라고 말하지만 표정이 일그러지거나 짜증내는 말투를 구사함

⑧고객이 잘못했음을 증명하기 예]"고객님. 제 말이 맞지 않습니까?", "고객님 말이 틀리잖아요!"

제1영역
고객응대 실무

제2영역
고객불만처리

제3영역
VOC 운영실무

제4영역
매뉴얼 개발실무

피해야 할 언어표현	효과적인 언어표현
· "고객님 잘못이잖아요." · "그렇게는 안됩니다." · "고객님이 먼저 그러셨잖아요?" · "그런 항의는 고객님이 처음입니다." · "고객님이 실수하신 거 아니에요?" · "알만한 분이 그러시면 안되죠." · "규정상 그런 건 안되요. " · "계속 말씀하세요, 그래서 뭘 원하시나요?" · "뭔가 잘못 알고 계신 것 같은데요." · "어디 가서 제발 이러지 마세요." · "그런 것은 없습니다."	· "바쁘신데 직접 연락 주셔서 감사합니다." · "불편을 드려 정말 죄송합니다." · "네 고객님 마음은 충분히 이해합니다." · "정말 죄송합니다. 제가 바로 도와 드리겠 습니다." · "그 점에 대해서는 제가 대신 사과 드리겠 습니다." · "고객님의 불편이 없도록 최대한 노력하겠 습니다." · "최대한 빠른 처리 할 수 있도록 노력하겠 습니다." · "바로 해결해 드리지 못해 죄송합니다." · "차후에 더 좋은 서비스로 다시 모시고 싶 습니다." · "고객님의 소중한 의견 감사합니다. " (꼭 건의 하겠습니다.)

5) 고객 불만유형에 따른 처리방법

①직원(고객사, 협력사)불친절

처리지침	처리답변 예시
고객의 직원 불친절에 대한 내용을 경청한 후 즉시 사과한다.	-"고객님 저희 직원의 태도로 불편을 드려 죄송합니다. 회사를 대신해 제가 다시 한번 사과 드리겠습니다."
해당 직원의 CS 교육 시행을 약속한다.	-"고객님께서 말씀해주신 내용은 해당 직원 뿐만 아니라 전 직원의 교육을 통해 동일한 사례가 반복되지 않도록 하겠습니다. 저희 회사를 아껴주시는 마음 진심으로 감사드립니다.

② 규정 또는 방침에 불만

처리지침	처리답변 예시
고객불만의 원인을 파악하고 규정에 대한 배경설명 등으로 이해를 돕는다.	-"고객님께서 불편하신 점은 충분히 이해합니다만 이 제도는 0000을 위해 만들어진 상품으로 0000은 혜택을 받으실 수 없습니다. 너그럽게 양해 부탁드립니다."
전화상으로 처리가 어렵거나 본인 권한 밖의 업무는 담당자에게 이관한다.	-"고객님 제 설명이 부족하셨다면 담당직원이 직접 연락드릴 수 있도록 하겠습니다. 통화할 수 있는 연락처와 시간을 말씀해 주시겠습니까?"

③ 정보제공 미흡 또는 오안내 / 약속 불이행

처리지침	처리답변 예시
고객이 주장하는 내용에 대해 경청한 후 미흡한 부분이나 오안내로 판단되는 경우 먼저 사과 후 다시 한번 더 확인(검토)하여 답변 드리겠다고 안내	-"고객님 불편을 드려 죄송합니다. 궁금하신 내용을 다시 한번 말씀해주시면 제가 확인(검토)하여 안내해 드리겠습니다."
고객이 요구하는 내용을 정확하게 파악한 후 응대한다.	-"고객님께서 문의해주신 내용은 관련 규정이 여러 번 변경되어 미처 파악하지 못한 것 같습니다. 차후에는 이러한 사례가 반복되지 않도록 하겠습니다. 다시 한번 죄송합니다."
문의 내용에 대해 정확히 답변이 어려울 경우 시간을 갖고 추후 연락한다.	-"고객님께서 말씀하신 내용을 정확하게 확인해서 다시 전화 드리겠습니다. 통화할 수 있는 연락처와 시간을 말씀해주시겠습니까?

제1영역
고객응대 실무

제2영역
고객불만처리

제3영역
VOC 운영실무

제4영역
매뉴얼 개발실무

| 직원의 오안내 또는 약속 미이행으로 인한 물질적인 피해(연체료 등)는 해당부서와의 협의를 통해 보상한다. | –"저희 직원의 실수로 고객님께 발생한 연체료는 해당부서와의 확인을 통해 다음달 요금에서 감액 조정 해 드리겠습니다. 차후에는 이러한 사례가 반복되지 않도록 다시 한번 약속 드리겠습니다." |

④ 회사 전반에 대한 불만

처리지침	처리답변 예시
고객의 회사에 대한 관심에 감사한다.	–"고객님! 저희 회사를 위해 좋은 말씀을 해주셔서 진심으로 감사드립니다."
고객의 제언이나 아이디어를 경청하여 개선 및 건의에 대해 약속한다.	–"좋은 말씀(제안) 감사드립니다. 해당부서에 꼭 말씀 드려서 향후 제품에 대해서는 반영될 수 있도록 노력하겠습니다. 감사합니다.
즉시 해결 할 수 있는 문제는 처리 후 재방문하여 우호고객으로 전환한다.	–"고객님 좋은 제안 감사드립니다. 해당 부서로 요청하여 즉시 반영하도록 하겠습니다. 앞으로도 지속적인 관심과 사랑 부탁드리겠습니다."

⑤ 이유 없는 욕설 및 언어폭력

처리지침	처리답변 예시
고객의 입장에서 경청한 후 동감한다.	–"고객님께서 말씀해주신 내용을 충분히 이해하였습니다." –"제가 고객님이라도 화가 났을 겁니다." –"최대한 빨리 처리될 수 있도록 도와 드리겠습니다."
정중히 욕설 및 언어폭력을 자제해 줄 것을 요구한다.	–"죄송합니다만 계속해서 심한 말씀을 하시면 상담진행이 어렵습니다. 욕설은 자제해 주시기 바랍니다."

지속적으로 욕설 등을 할 경우 강하게 대응한다.	–"고객님 계속 욕설을 하고 계셔서 더 이상 상담이 어렵습니다. 정중하게 말씀해 주시기 바랍니다." –"죄송합니다만 더 이상 상담진행이 어렵습니다. 이후에도 동일한 내용에 대해서는 상담하지 않을 예정입니다. 이만 전화를 끊겠습니다. 죄송합니다." –"죄송합니다. 지금처럼 성희롱 등 수치심을 일으키는 욕설을 계속 하시면 더 이상 상담진행이 어렵습니다. 고객님의 말씀은 언어폭력으로 법적인 처벌의 대상이 될 수 있습니다."

⑥ 무조건 관리자 연결 요구

처리지침	처리답변 예시
원칙적으로 업무는 업무담당자가 처리한다는 것을 설명한다.	–"고객님께서 관리자와 연결을 원하시지만 요청해주신 내용은 실제 업무를 담당하고 있는 부서에서 처리하고 있습니다. 그래서 우선적으로 고객님의 요청업무를 담당하고 있는 제가 관련 규정에 따라 처리해 드리겠습니다."
다시 한번 해당부서 처리를 권유한다.	–"고객님께서 말씀하신 사항은 관리자가 연결된다 하더라고 다시 해당 민원 담당부서로 연결됩니다. 제가 바로 도와드리겠습니다."
지속적으로 관리자 연결 요청하는 경우 비서실에 해당 내용을 전달 후 연결한다.	–"고객님. 잠시만 기다려 주시겠습니까? 관리자 비서실로 연결 해 드리겠습니다."

⑦ 무조건 업무 책임자 연결 요구

처리지침	처리답변 예시
고객이 업무책임자와 통화하고자 하는 사유를 파악한다.	–"고객님 죄송합니다만 어떤 사유로 책임자와 통화를 원하시는지 여쭤봐도 되겠습니까?"
정식으로 불만을 접수하여 처리할 사항인지 확인한다.	–"고객님께서 불편하셨던 내용을 말씀해 주시면 신속하게 처리될 수 있도록 제가 업무처리절차에 대해 도와 드리겠습니다."

제1영역
고객응대 실무

제2영역
고객불만처리

제3영역
VOC 운영실무

제4영역
매뉴얼 개발실무

업무처리와 관련하여 발생한 사안에 대해 이의제기 시 정중하게 사과한다.	–"제가 고객님께 불편을 드린 것 같습니다. 앞으로 이러한 일이 발생하지 않도록 시정하겠습니다. 정말 죄송합니다."
정중하게 사과하였음에도 지속적으로 업무 책임자를 요구할 경우 관리자와 상의하여 답변한다.	–"고객님 시간이 조금 지연될 수 있습니다. 잠시만 기다려 주시겠습니까? 업무책임자가 고객님께 직접 전화 드릴 수 있도록 하겠습니다. 성함과 연락처를 말씀해 주시겠습니까?"

⑧ 자신의 입장만 반복

처리지침	처리답변 예시
고객의 입장에서 내용을 경청 후 공감을 표현한다.	–"고객님께서 말씀해주신 내용을 충분히 이해하였습니다. 제가 고객님이었더라도 화가 났을 겁니다."
고객과의 대화 중에 고객의 말을 중간에 자르고 개입할 필요가 있을 경우 먼저 사과와 양해를 구한다.	–"고객님 말씀도중 죄송합니다만 같은 말씀을 계속 반복하시고 제가 말씀 드릴 수 있는 기회를 주지 않고 계십니다. 그러면 제가 도움 드리기가 어렵습니다. (잠시 기다린 후) 그럼 제가 말씀 드려도 되겠습니까?"
지속적으로 동일한 애용을 반복하여 더 이상 상담이 어려운 경우에는 강하게 대응하거나 녹취한다.	–"고객님께서 말씀해 주신 내용은 충분히 이해하였습니다. 지금부터 동일한 내용에 대해서는 응답하지 않을 예정입니다. 기다리는 다른 고객님을 위해서 그만 전화를 끊겠습니다. 죄송합니다."
전화 종료, 녹음 고지 후 동일 내용을 주장하는 경우 무응답 할 수 있으나 끊어서는 안된다.	–"(녹취하는 경우) 고객님께서 주장하는 내용에 대해서는 제가 충분히 답변을 드렸음에도 같은 내용을 일방적으로 30분 이상 말씀하고 계십니다. 이는 정상적인 직무수행에 많은 지장이 초래되어 지금부터 통화내용을 녹음하겠습니다."

⑨ 전화내용에 대한 꼬투리를 잡으려고 하는 경우

처리지침	처리답변 예시
고객의 문의에 대해서는 짧고 정확하게 언급한다.	−"네, 고객님께서 문의하신 내용에 대해서는 지금까지 답변 드린 내용이 모두 맞습니다."
지속적으로 반복 확답 요구 시 시간을 가지고 재확인 및 검토한 후 대응한다.	−"고객님께서 확인을 요청하셔서 문의하신 내용에 대해 다시 한번 확인한 후 답변 드리겠습니다 통화할 수 있는 전화번호를 말씀해 주시겠습니까?"
'그것도 모르느냐,' '너 거기 앉아서 뭐 하느냐'라고 질책하는 경우 변명하지 말고 우선 모르는 부분에 대해 솔직하게 시인한다.	−"고객님께서 문의하신 내용은 아직 제가 확인하지 못한 부분입니다. 다시 한번 확인(검토)하여 말씀 드리겠습니다. 죄송합니다."

(1) 고객불만관리를 위한 사전예방 활동

기업은 고객불만이 발생하여 이를 해결하려는 노력과 비용보다 고객 불만을 사전에 예방하는 것이 유리하며 고객과의 신뢰, 기업의 이미지 제고, 비용적 측면을 고려한다면 위기 상황에 대한 정확하고 신속한 대응, 재발방지를 위한 시스템 및 교육 반영, VOC 반영, 효과적인 고객 정보 제공, 협력업체와의 협업 등이 함께 유기적으로 운영될 수 있도록 제도적 장치를 마련하고 실행해야 한다.

- 고객불만 예방을 위한 활동계획 수립 및 실행
- 위기관리 및 고객불만 대응절차 수립 및 실행
- 고객불만에 대한 사후관리 및 재발방지 대책수립 및 실행
- 제품 · 서비스 기획 시 고객참여 및 고객의견 반영
- 협력업체와 고객 권익증진 협업 시스템 운영

1) 고객불만의 사전예방

고객불만 사전예방을 위한 제품 구매 단계로 구분하여 구축 및 실행

단계	내용
제품생산단계	· 철저한 품질 관리 : 파손, 불량, 변질, 포장 등 · 제조일 및 유통기한 · 정확한 계량 · 신선도 유지 및 오염 방지 · 균일한 품질 생산
구매/판매단계	· 직원들의 고객응대 매뉴얼 수립 · 호객 및 강매금지 · 제품에 대한 정확한 업무습득 및 설명 · 고객응대에 필요한 호응어 및 언어표현 습득 · 고객과의 약속기일 엄수 · 현장(대리점 및 매장 등) 시설물 및 안전점검 · 엘리베이터, 에스컬레이터 점검 및 주의 · 홍보 장치나 시설물 점검

배송단계	· 제품의 취급/보관 기준 수립 및 실행 · 파손 방지 : 전자제품, 주방용품 등 안전한 포장 유지 · 약속시간 엄수
사후관리 단계	· 불만처리기준 수립 및 실행
단계별 피드백	· 고객불만 발생시 각 단계별 재발방지를 위한 대책 반영

[단계별 고객불만 예방]

2) 위기관리 대응절차 수립 및 실행

기업관점뿐만 아니라 소비자 관점에서도 위기를 관리해야 한다. 고객의 안전, 위해, 유해 측면에서 위기가 발생하거나 다수 고객과의 약속 불이행, 고객 재산이라고 볼 수 있는 개인정보의 취급, 보호 등이 기업의 큰 위기라고 볼 수 있다.

①고객불만 위기에 대한 기업들의 대처방안

구분	내용
현장직원에게 재량권 부여	· 메리어트 호텔과 리츠칼튼 호텔은 프론트 데스크 직원이 매니저의 승인 과는 별개로 매월 $2,000 상당의 재량권을 부여함과 동시에 고객 클레임을 즉시 해결할 수 있도록 시행
소셜미디어 모니터링 및 즉시대응	· 홍콩의 인터콘티넨탈 호텔도 트위터 및 페이스북 등 소셜네트워크 전담팀을 운영하여 사전에 투숙고객이 제공한 페이스북과 트위터 아이디 등을 24시간 모니터링 하여 투숙기간 동안 불만내용이 포착될 경우, 신속하게 문제를 해결
고객 맞춤형 서비스 제공	· 리츠칼튼에서는 전 직원이 고객의 기호와 정보를 고객기호카드에 기록하여 고객의 취향에 맞는 개별 서비스를 제공한다. 특정 도시의 리츠칼튼에 투숙했던 고객이 알레르기가 있는 손님이라면, 해당 호텔에서 글로벌 고객 통합시스템에 고객 특이사항을 입력한다. 글로벌 고객 통합 시스템을 통해 모든 리츠칼튼에서는 예약자 명단확인과 함께 고객파일을 열어 고객의 기호를 사전 파악이 가능하여 알레르기 고객에게 무자극 샴푸를 제공할 수 있음

②위기 대응 매뉴얼 수립

위기 대응 매뉴 얼의 개념	▪ 위기 대응 매뉴얼이란 체계적인 훈련유도와 통제를 위해 위기 상황에서 발 생 가능한 실제 양상과 유사하게 작성되는 시나리오를 지칭한다. ▪ 매뉴얼에서는 예상되는 위기 상황에서 요구되는 조치와 현조 범위를 고려 하여 각 부서간 행동해야 할 사항을 알기 쉽게 나열한다. ▪ 위기 상황의 특성과 대처할 가용 능력 검증 및 취약 사항의 보완을 통하여 지속적으로 수정될 수 있으며, 실제 상황이 발생하였을 때를 대비하여 정 해진 절차에 따른 행동요령을 제시하여야 한다.
위기대응 매뉴 얼의 대상	▪ 제조물 책임 사고, 매스미디어 노출, 개인정보 유출, 대량 판매상품의 사 고(품절, 배송지연, 표시광고 위반 등), 화재, 정전 등
위기대응 매뉴 얼의 내용	▪ 매뉴얼의 내용은 위기 상황에 대응할 임직원이 쉽게 알 수 있고 실제 상황 에서 어떤 행동을 해야 하는지 알 수 있도록 구체적으로 표현되어야 한다. ▪ 업무별 담당부서를 구체적으로 명기한다. ▪ 담당업무를 처리할 시한을 밝혀야 한다. ▪ 작성해야 할 보고서에는 고객에게 공시할 예문을 첨부해야 한다. ▪ 사안별 주관부서와 협조 부서를 명확히 구분한다.

(2) 고객불만관리를 위한 사후관리 활동

고객의 불만예방을 위한 사전 예방 활동을 시행함에도 불구하고 발생한 고객불만
은 신속하고 정확하게 처리하고 체계적인 분석을 통해 개선활동을 전개해야 한다.
고객불만은 내부 접수뿐만 아니라 외부기관에 접수된 것도 포함하여야 하며 고객
불만에 대한 모니터링 및 고객만족도를 연계하여 개선하여야 한다.
사후관리를 위한 요건은 아래와 같다.

①고객불만처리 · 사후관리를 위한 활동계획 수립 및 실행
②유형별 고객 불만사항, 처리내용, 결과 등을 공유

③외부기관에 접수된 고객불만을 처리하는 내부 프로세스 마련

④고객불만을 통해 개선과제 발굴 및 개선활동 실행

⑤고객불만처리에 대한 고객만족도 모니터링 시행

⑥온라인 모니터링 · 불만관리 프로세스 수립 및 실행

⑦블랙컨슈머 관리 기준 수립 및 실행

1) 신속하고 정확한 소비자 불만처리 · 사후관리를 위한 활동

①고객불만의 유형별 · 중요도별 분류

분류	내용
유형별 분류	주문, 상품, 상담, AS, 채널, 기타로 구분하고 대/중/소로 세분화하여 기업의 규모와 특성에 따라 분류하여야 한다.
중요도별 분류	고객불만의 중요성, 시급성, 파급성에 따라 중요도를 분류하여야 한다.(안전사고, 리콜, 대량 품절/배송지연, 대외민원 등)

②고객불만의 유형별, 중요도별 대응 절차(규정화)

- 고객불만 유형별 대응 절차 수립 및 운영
- 고객불만의 유형별 대응 절차의 수립은 최고경영자의 고객중심경영 의지와 방침이 반영되어야 한다.

2) 유형별 고객불만사항, 처리내용 · 결과 등의 전사원 공유

고객불만의 유형별, 처리내용과 결과에 대한 공유는 주기별, 대상별로 구분하고 관리하여야 한다. 아래에 제시된 내용은 고객불만의 유형별, 처리내용, 결과에 대하여 주기별, 대상별로 구분하고 운영하는 사례이다.

제1영역
고객응대 실무

제2영역
고객불만처리

제3영역
VOC 운영실무

제4영역
매뉴얼 개발실무

3) 외부기관에 접수된 고객불만 처리

외부기관에 접수된 고객불만의 취급과 처리는 고객, 외부기관, 기업 모두의 입장에서 매우 중요하다. 고객이 외부기관에 민원을 접수하는 경우는, 기업과 고객불만에 대한 처리가 원만하게 되지 않았거나 외부 기관에 접수된 민원이 어떤 경로로 유입되었는지에 대한 분석과 검토에 적극적이어야 한다.

4) 고객불만을 통해 개선과제 발굴 및 개선활동 프로세스

고객불만에 대한 사후관리 및 재발방지 대책은 개선과제 발굴부터 개선대책 수립 및 유효성 확인, 표준화까지 진행하여야 한다.

①개선발굴과제 선정 : 고객불만의 중요도, 시급성, 파급성 등을 고려한 개선과제 발굴 요구

②원인 분석 : 특성요인도 등의 원인분석 방법을 이용한 고객불만 유형별 원인 분석 수행

③임시 대책 수립 및 조치 : 환불, AS(수리, 재작업), 교환, 폐기 등 임시 조치
  예) 퀵 가이드를 통한 사용방법 안내 등 임시대책

④개선 대책 수립 : 원인분석을 통한 근본 대책, 재발방지 대책, 유지관리 대책을 수립하고 개선을 진행하여야 한다.

⑤표준화 : 개선대책 수립과 유효성 확인에 따른 사내 규정 표준화
  예) 검사기준 개정, 상담 매뉴얼 개정 등

5) 만족도 모니터링

①고객만족도 조사

고객만족도 조사를 위해서는 조사의 목적, 설계(대상, 지역, 자료수집방법, 표본 추출 방법, 표본 크기, 조사기간 등), 항목(주문, 상품, 프로모션, 배송, 상담서비스, 고객불만 처리, 고객관리 등) 등에 대한 명확한 사전 기획이 필요하며 우수기업 및 경쟁사와의 비교, 개선의 제안 등을 최고경영자에 보고하고 전

사적으로 공유하여야 한다.

②고객불만처리에 대한 만족도 조사

고객불만처리에 대한 만족도 조사를 위해서는 고객만족도 조사와 마찬가지로 목적, 설계(대상, 지역, 자료수집방법, 표본 추출 방법, 표본 크기, 조사기간 등), 항목(주문, 상품, 프로모션, 배송, 상담서비스, 고객불만 처리, 고객관리 등)등에 대한 명확한 사전 기획이 필요하다.

③기업 자체 지표관리

▪ 미스터리 쇼핑

고객 또는 관리감독 직원이 고객으로 가장한 채 매장(대리점, 직영점, AS센터, 콜센터 등)에 방문해 직원의 서비스 수준 또는 고객의 입장에서 현장의 서비스 개선점을 평가하는 제도로서 고객응대의 이행수준 확인, 업무 완결성 및 신속성 확인, 업무 환경 수준 확인 들을 통한 CS 이행수준 분석을 거쳐 개선 방향을 도출하고 고객서비스 정책에 반영한다.

▪ 상담품질 평가

상담원의 상담서비스 품질을 측정, 평가하여 우수자에 인센티브를 부여하고 미진자에 대해서는 재교육을 진행한다. 평가주기(월), 방법(녹취 시스템 활용), 대상(상담원 자격부여자), 횟수 등으로 기획하여 운영한다.

▪ 상품평

상품을 직접 구매한 고객이 가격, 품질, 배송, 서비스, 기타 의견 등을 등록하면 기업이 상품평에 대한 모니터링을 수행하고 개선한다.

6) 온라인 모니터링 프로세스 수립

'아줌마 입소문'보다 무서운 것은 '온라인 입소문'이라는 말이 있다. 온라인의 파급력은 구전의 속도보다 걷잡을 수 없이 빠르다. 정보의 대상도 불특정 다수이므로 블로그, SNS 등의 온라인 모니터링 프로세스를 수립하여 실행하여야 한다.

①하루 방문자가 만 단위를 넘어가는 일부 파워 블로그나 우수 콘텐츠로 영향력이 있는 블로그의 포스팅 내용을 정기적으로 모니터링 한다.

②포털 사이트 악성 댓글에 대해 지속적인 관리 및 적극적인 대응이 필요하다.

③기업 블로그나 SNS에 올라온 고객질의에 사실에 근거한 친절한 설명으로 답한다.

7) 블랙컨슈머 관리 기준 수립 및 실행

온-오프라인 블랙컨슈머를 단계별로 관리할 수 있는 기준을 수립하여야 한다. 특히 최근 온라인의 블랙컨슈머로 부상하는 블로거들은 양면성을 가지고 있다. 냉철한 분석과 사실을 근거로 한 좋은 콘텐츠를 만드는 선의의 블로거가 있는 반면 방문자수와 인기를 믿고 낮은 지식으로 비판하기 바쁜 낮은 공명심의 블로거도 있다.

[예시1] 사실이 아닌 내용으로 식당을 비난할 경우

1단계 : 블로거와 접촉해 오해를 푼다. (블로거를 현장으로 초대하여 정확한 사실확인)

2단계 : 다른 목적으로 지속적인 비난을 할 경우 명예훼손과 업무방해죄 등으로 고소할 수 있는 단계별 프로세스를 제작한다.

[예시2] 블랙컨슈머 대응 기준

기본 응대 Process

	1단계	2단계	3단계	4단계
악성민원제기	일반상담원 응대 (법적조치 고지)	2차상담연결 (ARS법적조치 시사)	법적조치에 대한 사전경고	악성민원인 법적조치

처리 Process	■ 악성민원에 대해 일반 상담원 응대시 대상고객에 대해 법적조치를 받을 수 있음을 사전 충분히 고지 ■ 민원전담상담실(2차상담)에 이관된 악성민원 전화 인입시 상담전 ARS안내멘트에 법적조치 가능성을 시사하는 내용 고지 ■ 고소·고발전 당사자에게 사법처리를 피할 수 있는 기회를 제공하기 위해 사전 경고 ■ 법적조치 대상자를 선정하여 자문 법무사와 충분한 실무적 협의를 거쳐 법적 절차 이행
협의사항	■ 악성민원을 담당하는 전문조직(민원전담 상담실)을 운영 ■ 자문 법무사 선정 및 법적절차 이행여부 협의 ■ ARS시스템 개발

블랙컨슈머 응대 Flow

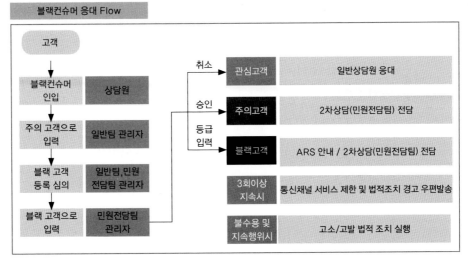

[콜센터 블랙컨슈머 대응 매뉴얼]

(3) 고객불만 처리 후 사후관리 방법

①불만고객 대상 모니터링 및 불만처리에 대한 평가가 이루어져야 하며 관련 VOC표출 고객에 대한 처리결과에 대해서는 해피콜을 시행한다.

②다발 민원, 이슈민원과 같은 불만유형별 분석 및 대응책을 마련하기 위해 관련 부서의 정기적인 워크숍 및 조직별 정기 VOC분석 및 개선안을 도출하는 프로세스를 운영한다.

③관련 부서가 모여 월별 특이 사항이나 주요 민원 대응방안, 민원 대응 계획 등에 대한 논의가 이루어져야 한다.

④정기적으로 특정 이슈나 어젠다(Agenda)를 도출해 해당 고객군에 대한 주요 VOC를 집중적으로 분석함으로써 전사 공유는 물론 대응책을 마련하여야 한다

⑤고객을 대상으로 주요 VOC를 분석하는데 나이는 물론 성별, 평균 가입자당 수익율, 가입기간, 고객불만 유형 및 주 이용 채널, 업무 유형에 따른 다발 민원 등 다양한 민원 요소들을 체계적으로 분석한다.

⑥불만처리 결과에 대해서는 불만을 제기한 고객에게 만족도 검사를 통해 효과에 대한 검증을 실시하는데 SMS만족도 조사를 시행함과 동시에 관련 데이터를 분석함으로써 개선 방안을 도출한다.

⑦불만고객(해당 업체에 불만을 제기하거나 불만 표출의 가능성이 있는 고객 포함)관리는 주로 KPI반영 및 해피콜 등 사후관리지침을 마련하여야 한다.

⑧핵심평가(KPI)항목 중에는 대외 기관 접수 건이나 사후관리 미흡으로 인한 접수 건에 대해서도 종합적으로 평가를 진행히여야 하며 불만건에 대해서는 의무적으로 해피콜을 포함하여 사후관리진행을 지침으로 운영하는 것이 바람직하다.

⑨사후관리 지침에는 사안별로 다르기는 하지만 주로 D+1 이내 형태의 관리가 이루어질 수 있도록 KPI지표를 마련하여 운영하며 고객 사정으로 인해 연락이 안 될 경우 3회까지 시도 후 문자 발송을 남기도록 지침을 운영한다.

⑩다발민원, 주요 이슈 민원을 포함한 대내외민원을 유형별로 분석하여 대응책 마련을 위한 프로세스 운영에 반영하여야 하며 내부적으로 중점실행 과제화하여 운영한다.

⑪VOC 과제별로 획기적이고 과감한 VOC 개선 영역, 획기적인 VOC감소 영역, 지속적인 감소 영역을 선정하고 관리함으로써 고객불만에 체계적으로 대응하여야 한다.

(1) 블랙컨슈머의 이해

1)블랙컨슈머의 정의

①블랙컨슈머(black consumer)란 악성을 뜻하는 블랙(black)과 소비자란 뜻의 컨슈머 (consumer)를 합친 신조어다.

②기업을 상대로 구매한 상품이나 서비스에 대하여 보상금 등을 목적으로 의도적으로 악성 민원을 제기하는 소비자를 의미한다.

③블랙컨슈머 행동과 유사한 개념으로 쓰이는 소비자 불량행동과 관련한 연구는 활발히 진행되어 왔다.

④대부분의 선행연구들은 악성고객과 블랙컨슈머에 대한 별다른 구분을 두지 않고 소비자의 우연하고 의도적인 행동을 모두 불량행동으로 규정하고 있다.

⑤블랙컨슈머는 악의적인 행동을 통해 기업에게 금전적, 정신적으로 피해를 줌은 물론 다른 소비자의 손실을 초래한다.

⑥엄밀히 말하자면 블랙컨슈머는 콩글리쉬이며 실제 블랙컨슈머는 미국에서 점차적으로 영향력 있고 우수한 교육을 받았으며, 기업가적인 마인드로 무장하고 문화적으로도 뚜렷이 구분이 되는 흑인 소비자를 의미함.

⑦우리가 흔히 사용하는 블랙컨슈머라는 용어는 아직까지 사회적으로 합의된 명확한 정의가 존재하지 않는다.

⑧악성고객의 행위 또는 행동에 대한 개념적 정의 또한 언론 매체나 기업, 학계에서도 통일되어 사용되지 않고 있다.

2)블랙컨슈머와 관련된 용어

①악성고객과 유사한 개념으로 사용되는 학문적 용어로는 '소비자 문제행동'이 있다.

②소비자의 과도하고 적절하지 않은 불만제기 행동을 의미하며 이를 각 분야에서는 다양한 용어로 사용하고 있다.

③블랙컨슈머, 소비자의 불평, 불량행동(Abnormal Consumer Complaints), 악덕소비자, 소비자의 부적절한 불만행동, 소비자 문제행동, 비윤리적 소비자 불만행동, 악성 민원인, 악성 이용자 등 다양한 용어가 있다.

④2012년에 국립국어원에서는 '블랙컨슈머(Black consumer)'를 갈음할 순수 우리말을 정하기 위해 누리꾼들의 제안를 검토하였다.

⑤검토한 결과 가장 많은 지지를 얻은 '악덕소비자'가 '블랙컨슈머(black consumer)'의 대체하는 순 우리말로 결정이 된 바 있다.

3) 블랙컨슈머의 판단기준

①국내 기업에서도 블랙컨슈머에 대한 정의가 명확하지 않는 경우가 있으며 블랙컨슈머에 대한 정의는 물론 이들을 구분하는 기준은 있어야 한다.

②블랙컨슈머를 판단하는 기준이 없으면 클레임고객과의 구분도 쉽지 않을 것이고 정당한 클레임 고객과의 구분이 명확하지 않아 선의의 고객에게 피해를 입힐 수 있다.

③블랙컨슈머는 일반적으로 아래와 같은 6가지의 특성을 가지고 있다.

특성	내용
고의성	▪ 고객행동이 '계획적인 것'인지에 대한 여부 ▪ 고객이 자신의 행위로 인해 어떠한 결과가 발생할 것이라는 것을 인식하였음에도 불구하고 그러한 행위를 하는 성질 ▪ 자신에게 유리한 방향으로 유도하기 위해 사전에 계획한 의도 및 정황 포함
기만성	▪ 남을 속여 넘기는 성질을 의미하며 이러한 성질이 의도적으로 드러났는지 여부 ▪ 보통 기만은 숨김과 보여줌의 교묘한 기술로 정의되는데 자신의 잘못을 감추고 상대방을 속이려는 의도를 가졌는지 여부
상습성	▪ 어떠한 특정한 행위가 단순히 한 번에 그치지 않고 반복적으로 일어나는 특성 ▪ 과정 또는 결과로서의 교환, 환불, 보상 행위가 반복되는지 여부
억지성	▪ 정상적인 방법으로는 잘 안될 수 있는 일을 무리하게 해내려는 특성 ▪ 무지 또는 비양심에 기인함 ▪ 고객의 억지 주장이나 생떼의 형태로 발현

과도성	■ 정상적인 정도에서 '벗어난' 또는 '지나침'을 의미함 ■ 흔히 과도한 보상이나 부당한 요구형태로 발현
비윤리성	■ 고객으로서 마땅히 행하거나 지켜야 할 도리를 지키지 못하는 비윤리적 특성 ■ 타인의 아픔이나 공감능력이 없는 미성숙함 ■ 폭언, 폭행, 성희롱, 과도한 보상 요구의 형태로 발현

(2) 블랙컨슈머의 발생원인

1) 블랙컨슈머의 발생원인 및 추세

①블랙컨슈머의 발생 원인은 매우 다양하며 개인적인 성향이나 소비자의 부당한 요구를 수용하면서 발생한다.

②그 밖에 기업의 부적절한 대응, 기업의 불명확한 고객 정의, 소비자 주권 의식의 확대, 다양한 고객 채널의 확대, 왜곡된 고객의 권리 및 요구, 정보 공유 및 확산, 친절을 강요하는 서비스 패러다임, 악성 이용자의 처벌에 대한 법이나 제도 미흡 등이 주요 발생원인이라고 할 수 있다.

③최근에는 인터넷의 발달뿐만 아니라 SNS의 확산에 의해서도 블랙컨슈머가 발생하고 있으며 무엇보다 장기간 경제상황의 악화와 개인적인 성향에 의해서도 블랙컨슈머가 증가하고 있다 .

④블랙컨슈머는 복합적인 상황에 의해서 발생하는 것이 최근의 추세라고 할 수 있으며 또한 갈수록 지능화, 집단화, 조직화, 전문화되고 있다.

⑤블랙컨슈머를 소비자 문제행동 원인으로 본다면 소비자 측면, 사업자 측면, 정부 기관 측면, 사회적 요인 등 4가지로 분류할 수 있다.

2) 4가지 측면의 블랙컨슈머 발생원인

- 소비자 측면

  ①소비자의 서비스 및 상품에 대한 높은 기대 수준

  ②소비자의 개인적인 성향

  ③지식의 부족 및 정보의 비대칭성

  ④왜곡된 소비자의 권리 의식('고객은 왕이다')

- 기업 측면

  ①부정확한 정보 제공

  ②제품 하자 및 불친절한 서비스 제공

  ③블랙컨슈머에 대한 부적절한 대응

- 정부(공공기관) 측면

  ①관련 정책 및 법규의 미비

  ②소비자 교육 및 계몽의 부족

  ③상담기관의 부적절한 태도

  ④상담 전문가 부족 및 비체계적인 대응

- 사회적 요인

  ①매스미디어의 영향

  ②인터넷 발전 및 SNS 활성화

  ③경제 상황의 악화

  ④사회에 대한 불신 팽배

  ⑤소비자 권리의 신장

3) 블랙컨슈머를 CS가 아닌 위험관리 차원에서 접근해야 하는 이유

①선량한 고객 불만과 블랙컨슈머의 불만은 의도나 목적 측면에서 본질적으로 다름

②소비 트랜드의 변화는 물론 블랙컨슈머의 갈수록 교묘해지는 수법

③기업 이미지나 생산성에 직간접적인 피해를 주며 어떤 형태로는 리스크가 큼

④무조건 참는 기존 대응방식보다는 문제해결과 관련한 구체적인 대응 지침 요구 (인식의 변화)

⑤회사 내부에서 명확한 지침을 제공하지 않을 경우 공공기관에 신고하는 등의 적극성 증가

⑥고객과의 소통 도구가 확산됨에 따라 잘못된 리뷰나 소문에 대한 검증이 어려움.

⑦소비자 보호 중심의 정부 정책의 강화

⑧블랙컨슈머 대응에 있어 더 큰 문제를 양산하는 친절 중심의 CS중심의 문제해결

⑨블랙컨슈머 대응에 따른 불필요한 비용의 증가 및 손실 발생

⑩다른 고객들에게 제공되어야 할 서비스가 제한적으로 운영될 가능성 증가

⑪비대면 접촉의 증가 및 경제 상황의 악화 등 경영환경의 변화

(3) 블랙컨슈머의 유형에 대한 이해

1) 블랙컨슈머의 유형에 대한 연구

①블랙컨슈머의 유형은 연구대상과 학자에 따라 명칭은 물론 내용에 있어 매우 다양한 형태로 나타난다.

②Zemke와 Anderson(1990)에 의하면 서비스를 제공하는 접점에서 종업원을 대상을 대상으로 실시한 면접에 의하면 실무자 입장에서 역기능적 행동을 하는 고객을 이기적인 고객 신경질적인 고객, 오만한 고객, 욕설하는 고객, 그리고 공짜를 요구하는 고객의 다섯 가지로 분류하였다.

③Bitner(1994)의 경우 음주형, 폭력형, 규칙위반형, 상식에 어긋나거나 지나치

166

게 까다로워 만족시키기 어려운 고객으로 분류하였다.

④Hoffman과 Bateson(1997) 다른 고객이나 종업원보다는 자신을 먼저 생각하는 이기주의형(EgocentrIIc edgar), 자신의 입장을 관철시키기 위해 소리를 지르거나 욕설을 퍼붓는 고함형(HysterIIcal harold), 거만한 태도로 일관하는 전제주의형(DIIctatorIIal dIIck), 종업원이나 다른 고객에게 욕설을 퍼붓는'욕설형(Bad mouth betty), 그리고 서비스 비용을 지불하지 않는 무임승차형(FreeloadIIng Freda)로 분류하였다.

⑤Huefner와 Hunt(2000)의 경우 고객의 불량행동을 파괴, 절도, 악성 구전, 위협행동, 비용유발, 더럽히기 등의 6가지 유형으로 구분하였고 Lovelock(2001)과 이유재(2002)는 '도둑형', '규칙위반형', '호전형', '내분형', '파괴형', '신용불량형' 등 6가지 유형으로 구분하였다.

연구자	용어정의	불량행동 유형
Mill & Bonoma(1979)	일탈고객행동	절도 사기 물건파손 가격조작
Fullerton & Punj(1993,2004)	고객이상행동	파손 폭력 위협 사기
Zemke & Anderson(1990)	고객불량행동	이기적 신경질적 욕설 오만 공짜 요구
Bitner, Boom, and Mohr(1994)	문제고객	음주형 폭력형 규칙위반형 비협조형
Hoffman & Bateson(1997)	비협조적 고객	이기주의형 욕설형 고함형 전제주의형 무임승차형
Huefner & Hunt(2000)	고객보복	파괴 절도 부정적 구전 위협행동 비용발생 더럽히기
Lovelock(2001) 이유재(2002)	불량고객	도둑형 규칙위반형 호전형 내분형 파괴형 신용불량형
Harris와 Reynolds(2003)	역기능적 고객행동	중독 및 강박적 소비 파괴 보복 저항 폭력
정규엽과 이승헌,심성우(2006)	고객불량 행동	물리적 행동의도 무례함과 법정 대응 의도 가격보상의도

| 서주희, 송인숙(2006) | 소비자 문제행동 | 억지주장 무례한 언행 부당한 금전적 보상 요구 |

⑥국내에서는 백병성, 박현주(2009)는 억지주장형, 무례한 언행형, 부당한 요구형, 협박/위협형, 업무방해형 등 5가지 유형으로 구분하였고 서주희, 송인숙(2006)은 억지주장, 거짓말, 부당한 금전적 보상요구, 무례한 행동 등 4가지 유형으로 구분하였다.

⑦이경아(2009)의 경우 업무방해, 의심, 억지주장, 부당한 보상요구, 무례한 언행, 협박, 위협 등 6가지로 구분하였다.

⑧국내 외 다양한 선행연구를 바탕으로 정리해보면 블랙컨슈머의 경우 아래와 같이 5가지 유형으로 구분할 수 있다.

유형	주요 내용
억지 주장, 허위 사실 유포	상품이나 서비스 구매 또는 구매 중 불만족이 발생하였을 경우 그것이 소비자의 귀책사유인지 아니면 기업의 귀책사유인지 명확하지 않은 상황에서 인터넷이나 소셜네트워크서비스(SNS)를 통해 근거 없는 유언비어나 허위사실 및 악성 댓글을 달거나 유포함으로써 기업의 이미지에 악영향을 끼치며, 시장에서 불신을 조장하거나 질서를 혼란스럽게 해 사회적 비용을 유발함
사기 및 공갈, 협박,	상품 및 서비스를 구매하지도 않았고 문제가 발생한 직접적인 원인을 기업측에서 제공하지 않았음에도 불구하고 협박을 통해서 경제적 보상을 얻어내는 행위로 이는 블랙컨슈머라기보다는 범죄에 해당함
터무니없는 보상요구	상품 및 서비스 구매 중 또는 구매 후 발생할 수 있는 불만족에 대해서 소비자단체 또는 기업체에서 정해놓은 보상 규모나 기준을 무시하고 과도한 보상만을 요구하는 행위로 제품 개발 및 서비스 비용의 증가는 물론 선의의 고객에게 피해 유발
폭언(욕설), 폭행(상해)	상품 및 서비스 구매 후 발생할 수 있는 불만족에 대해서 상식선을 넘어선 거친 말이나 행동을 일삼는 유형으로 금전적인 손해는 없으나 접점 직원들에게 정신적인 피해 및 근무 의욕 저하 유발

	상품 및 서비스 구매 중 또는 구매 후 발생할 수 있는 불만족에 대해서 지속적인
업무방해	방문 및 반복 통화는 물론 홈페이지나 SNS 등을 통한 지속적인 민원 제기를 통
	해 업무를 방해하는 행위로 접점 직원들에게 정신적 피해 및 근무 의욕 저하 유
	발과 함께 부정적 기업 이미지 양산

2) 블랙컨슈머의 유형

①최근의 악성 민원은 환불 보상 등의 금전적 대가 요구, 회사 공개사과 등의 무리
한 요구, 반복적인 전화 및 욕설, 장기간 통화, 협박, 인터넷 및 SNS 채널에 허
위 사실 유포, 업무 방해 등의 형태로 나타나며 1가지 형태를 가지고 악성 민원
을 제기하는 것이 아닌 복합형태로 나타난다.

②대한 가정학회지에 실린 '구매과정에서의 판매자에 대한 소비자들의 태도와 유
형'에서는 소비자의 판매자에 대한 상호작용에 대한 유형을 크게 주장형, 공격
형, 주권형, 포기형으로 분류하였다.

③전 연령층을 대상으로 조사한 결과 공격형, 주장형, 포기형, 주권형 순으로 소
비자 문제행동이 빈발하다고 결론을 지었으며 이는 소비자 입장에서는 불만이
발생하였을 경우 자신의 욕구를 우선 시하거나 욕구가 충족되지 않았을 경우 포
기하려는 극단적 상호작용을 보이는 것을 의미한다.

④최근에는 다양한 사회적 환경의 변화와 소비자 주권에 대한 인식의 변화는 물론
소비자 채널의 확장을 통해 더욱 다양한 형태의 문제행동 소비자(악성 이용자)
의 문제행동이 갈수록 교묘해지고 있다.

3) 최근 블랙컨슈머의 특징과 경향

①최근 블랙컨슈머의 행동은 타의 추종을 불허할 정도로 갈수록 교묘하고 대범해
지고 있으며 규모가 과거에 비해 점점 커지고 있는 것이 특징이라고 할 수 있다.

②일반적으로 생계형 블랙컨슈머는 개인이 혼자서 움직이는 경향이 많았으나 최
근에는 조직적이고 체계적으로 움직여 부당한 이익을 취하는 조직형 블랙컨슈
머 집단이 등장하고 있다.

제1영역
고객응대 실무

제2영역
고객불만처리

제3영역
VOC 운영실무

제4영역
매뉴얼 개발실무

③소극적인 대응으로 일관하던 대기업이 더 이상 수세적인 입장이 아닌 적극적인 대처로 입장을 전환하면서 대기업이 아닌 중소기업으로 이동하고 있다.

④단순히 불만을 제기함으로써 프로세스나 직원들의 태도의 변화를 요구하는 수준이 아닌 정신적인 피해보상은 물론 고소, 고발을 통해 자신이 피해액보다 과도한 보상을 요구하는 경우가 증가하고 있다.

⑤최근 들어 국내 기업들이 국내 소비자와 해외 소비자들을 대상으로 제품이나 서비스에 대해 가격 차별화 정책을 쓰면서 해외 업체들을 대상으로 한 블랙컨슈머가 기승을 부리고 있다.

⑥국내 업체가 아닌 해외업체들을 대상으로도 악성 행동이나 민원을 제기하여 혜택이나 보상을 갈취하는 일들이 빈번이 발생하여 한국 고객은 받지 않겠다는 업소가 생겨나고 있다.

06 체계적인 블랙컨슈머 대응전략 및 방향성

(1) 블랙컨슈머 대응전략

①블랙컨슈머 대응을 위한 전담팀 구성 및 운영

②블랙컨슈머 리스트 작성과 전산 시스템 등록 및 관리

③블랙컨슈머 유형별 매뉴얼 및 대응 지침서 마련 및 운영

④블랙컨슈머 예방을 위한 선제적 대응 강화

⑤철저한 상품 및 서비스 품질관리 및 모니터링 강화

⑥접점 직원 대상 스트레스 해소 및 보호 방안 마련 및 시행

⑦법적 책임에 대한 검토 및 대응 체계 마련

⑧기타 규정이나 이용약관에 분쟁이 발생할 경우 제 3의 기관 의뢰 및 참여' 조항 삽입

⑨피해 보상 규정에 대한 명확한 근거 및 기준의 수립 [과실여부 판단기준 및 지침 반영]

⑩접점직원에 대한 철저한 교육 훈련 및 적절한 권한위임 제공

(2) 접점에서 블랙컨슈머 대응지침

1) 초기에 신속하게 대응해야 한다

①신속한 초기 대응이 문제 발생건의 70%를 해결할 수 있으며 문제 해결의 관건

②문제발생 시 신속하게 정황을 포착하거나 증거를 확보하면 향후 문제를 쉽게 처리할 수 있고 피해를 최소화시킬 수 있다.

③초기 대응이 부실할 경우 발생원인도 모른 체 2차 피해를 당할 우려가 발생한다.

④단순한 해명이나 변경 또는 무성의한 태노가 오히러 문제를 어렵게 만든다.

⑤초기 대응 우수 사례와 최악의 사례 학습 및 공유

제1영역
고객응대 실무

제2영역
고객불만처리

제3영역
VOC 운영실무

제4영역
매뉴얼 개발실무

2) 동일한 맞대응은 자제한다

①블랙컨슈머에 대해 맞대응은 하는 것은 오히려 사태를 어렵게 만들 위험성이 크다.

②또 다른 민원제기의 위험성이 존재하며 2차 불만으로 이어지는 경우가 많다.

③블랙컨슈머의 경우 일부러 욕설이나 모욕을 주고 도발을 유도함으로써 제 2의 민원 제기를 유발하는 경우가 많다.

④즉각적인 대응은 자제하고 블랙컨슈머에게 존댓말을 사용하거나 최대한 예의를 갖춘다.

⑤감정이 격화되지 않도록 냉정하고 차분한 응대로 일관해야 한다.

⑥직접적인 표현보다는 우회적인 표현을 사용하여 감정적 대립을 최소화한다.

3) 필요 이상의 저자세나 굽신거림은 피한다.

①친절한 응대와 적극적 경청 등 성의 있는 태도 유지는 기본

②필요 이상의 저자세 또는 굽신거림은 오히려 블랙컨슈머에게 유리한 위치를 내주는 행위

③블랙컨슈머의 불합리하고 몰상식한 행동 및 권위를 인정한다는 선입견을 심어줄 우려가 있다.

④저자세나 굽신거림은 전문적인 업무처리를 방해하고 비전문가임을 스스로 인정하는 행위

⑤블랙컨슈머가 말하는 내용을 충분히 이해하고 정해진 매뉴얼대로 처리하는 것이 바람직하다.

4) 보상기준의 경우 명확하고 절대적인 원칙을 가지고 대응할 것

①블랙컨슈머에 대해서는 사전에 정한 명확한 보상기준에 의해 업무를 처리하는 것이 바람직하다.

②고객의 악성 행동에 따라 보상 기준을 다르게 정하는 것은 오히려 역효과 발생

③내부적으로 리스크를 감안한 블랙컨슈머에 대한 보상 기준 마련(직무, 직책별 보상가이드)

④상습, 반복제기자의 경우 별도 코드 부여 및 특별 관리

⑤보상이전에 악성행동에 대한 부당함 설명과 함께 납득에 대한 설득도 필요

⑥보상체계는 블랙컨슈머의 유형 및 행위에 따른 탄력적인 운영 고려

⑦보상은 설득 및 회유 → 서비스 대체 → 소액 보상 제시 → 적정 규모 보상 제시

⑧필요에 따라 법무팀의 협조를 통해 법적 대응도 고려

⑨무조건 보상이 아닌 명확한 근거에 의한 보상 진행

⑩시행착오를 통해 나온 결과를 공유하고 보상이나 대응체계의 기준 마련

⑪별도의 합의서를 마련하는 것도 고려

5) 과격한 언행이나 폭력의 경우 녹취 또는 CCTV녹화 등 증거를 확보할 것

①초기 대응 증거 자료 확보를 위해 통화내용은 반드시 녹음을 해두어야 한다.

②적법한 조치 및 해명, 설득에도 불구하고 지속적인 언행이나 폭력의 위험성 존재 시 활용

③향후 블랙컨슈머의 악의적 유포 및 협박 시 유용한 자료로 활용 가능

④내방고객의 경우 CCTV 설치 또는 녹취가 가능한 장소로 이동유도

⑤콜센터의 경우 녹취가 가능하지만 일반 접점의 경우 녹음, 녹취 장비 설치해서 대응

⑥녹취, 녹화가 어려울 경우 목격자 탐색도 한 가지 방법이다.

⑦사전에 녹취 및 녹화에 대한 사항은 사전에 고지의 필요성이 있음을 유의해야 한다.

6) 시간적 간격을 두거나 장소를 변경하는 등의 분위기 전환을 시도할 것

①블랙컨슈머에 대한 즉각적인 대응은 오히려 일을 크게 벌이는 일이므로 조심스런 대응 필요

제1영역
고객응대 실무

제2영역
고객불만처리

제3영역
VOC 운영실무

제4영역
매뉴얼 개발실무

②비대면 접촉 시 사실확인은 물론 처리에 대한 내부적인 검토를 이유로 추후 접촉 및 연락 안내

③내부적으로 시간적인 여유 확보를 통한 대응 방안 모색 및 검토

④대면 접촉의 경우 즉각적인 대응보다는 사전에 학습한 매뉴얼에 의한 대응 필요

⑤장소나 시간을 적절히 변경함으로써 주도권 확보는 물론 분위기 전환 시도

⑥폭력 및 폭언의 위험성이 있을 경우 건장한 남성 또는 연장자 등 제 3자를 내세워 대응

⑦정상적인 대응이 어려울 경우 실무 담당자나 책임자가 해결토록 이관한다.

7) 인터넷이나 SNS 유포 협박에 흔들리지 말 것

①인터넷은 물론 SNS 유포에 대한 협박은 블랙컨슈머가 가장 일반적인 사용하는 수법

②불명확 또는 있지도 않았던 사실을 매체를 통해 유포 및 통보하는 것만으로도 협박 죄 성립

③사실을 유포할 경우에도 명예훼손죄가 적용된다는 사실인지

④금전적인 대가 요구 시 공갈죄 성립

⑤증거가 될 만한 자료(게시물, 녹취 자료 등) 확보

(3) 욕설 및 폭언 고객대상 삼진아웃제 단계별 조치

①단계별로 악성 고객에 대해서는 삼진아웃제를 시행하는 것이 바람직하다.

②처음서부터 욕설 및 폭언을 일삼는 고객은 물론 악성 이용자에 대한 폐해에 대한 캠페인 및 안내활동을 통해 사전 경고 없이 전화를 종료하는 지침을 마련한다.

③욕설 및 폭언을 일삼는 고객에 대한 응대 지침과 관련하여 1차적으로 구체적인 단계별 조치 사항(상담사 멘트 및 IVR을 활용한 멘트 안내)을 지속적으로 안내한다.

④2차적으로 고객과의 통화가 녹음되고 있음을 안내 후 해당 행위에 대한 자제를

요청한다.

⑤마지막 3단계 조치로는 언어폭력에 대한 법적 처벌 가능성을 알리고 통화를 종료하는 등의 구체적인 지침을 안내하여 적극적인 대응을 한다.

단계	조치	주요 멘트
1단계	고객 상황 및 기분에 대한 사전적인 케어(Care)와 함께 욕설 및 폭언 시 1차 경고	고객님의 입장이나 상황은 충분히 이해되고 공감하고 있습니다만 지금의 상태로는 문제해결이 어려우니 주의 부탁 드립니다.
2단계	1차 경고 후에도 지속적인 욕설 및 폭언 시 상담진행 불가 안내와 함께 상담강제종료에 따른 욕설 및 폭언에 대한 2차 경고	고객님, 앞서 말씀드렸다시피 고객님의 감정이 격한 상태에서는 상담 진행이 어려우며 이러한 상황이 지속되면 통화도중 임의 종료가 될 수 있으니 다시 한 번 자제를 부탁드립니다.
3단계	2차 경고 후에도 지속적인 욕설 및 폭언 시 상담종료	고객님, 두 차례에 걸쳐 욕설 및 폭언 자제를 요청 드렸으나 고객님께서 수용하지 않아 부득이하게 도움 드리기 어렵습니다. 죄송하지만 통화를 먼저 종료하도록 하겠습니다.

[욕설 및 폭언 고객대상 삼진아웃제 단계별 조치 및 주요 멘트 예시]

(4) 블랙컨슈머 현장 대응 실무

1) 블랙컨슈머의 협박에 대처하는 법

①목적이나 의도가 무엇인지 파악할 것

②자신의 책임이나 권한을 사전에 고지할 것

③감정적으로 표현하는 것이 아닌 감정을 적절하게 '전달'할 것 (적절한 표현이나 단어 선택)

제1영역
고객응대 실무

제2영역
고객불만처리

제3영역
VOC 운영실무

제4영역
매뉴얼 개발실무

④블랙컨슈머의 대화 흐름이나 분위기에 이끌려 다니지 말 것

⑤회사의 규정과 절차에 입각하여 단호하게 대응할 것

2) 현장에서 증거를 확보해야 하는 이유

①블랙컨슈머의 유리한 주장을 미연에 방지

②고소, 고발 시 범죄를 입증하는데 중요한 정황적 증거가 됨

③블랙컨슈머의 협박 및 위압 방지 효과

④객관적인 사실과 구체적인 피해 정보 확보 (객관적인 맞대응 가능)

⑤내부 교육 교재는 물론 대응 지침 마련 시 활용

3) 현장에서 증거 수집 관련 지침

현장에서 증거를 수집 및 확보하는 것은 사후 대처를 위해서 매우 중요한 활동이며 현장에서 증거를 수집하는 방법은 아래와 같다.

①동료가 주위 동료나 직원들에게 상황을 전파 및 공유

②동료 직원의 경우 사후 상황과 관련하여 증거 확보

③CCTV촬영이 가능한 구역 내에서 블랙컨슈머 응대

④고객을 특정할 수 있는 자료 확보

⑤현장에서 상황을 증명할 수 있는 물증 또는 증인 확보

4) 블랙컨슈머 대상 보상 관련 대응 원칙

①보상을 할 경우 원칙에 따라 한계선을 설정

②금전적인 중심의 접근을 통한 해결은 피함

③동업타사 또는 동일 업종과의 비교를 통한 기준 마련

④보상 시 차별적 보상이나 특별 대우가 아닌 사회적 기준과 잣대에 근거한 공정한 기준 마련

⑤객관적인 사실과 정보에 근거하여 보상 관련 대응(이용약관, 보상규정, 소비자
  원 피해 구제 등)
⑥과도한 보상에 대한 사전 예방 (보험 가입 외)

5) 정신적인 피해보상에 대응 지침

①재산상 손해와 다르게 정신적 피해보상에 대한 객관적인 기준이 없음

②정신적 피해는 사람마다 모두 다르므로 그 크기를 구체적으로 입증할 수 없음

③전문가들도 정신적인 피해보상에 대한 명확한 기준을 제시하지 못함

④기준이 명확하더라도 정신적인 손해라는 것을 입증하기는 더욱 어려움

⑤지속적인 정신적인 피해보상 요구 시 다양한 채널을 통한 분쟁 해결 노력

⑥보상 시에도 금전적인 보상을 최소화

⑦정신적인 피해 보상 요구 시 구체적인 증거(진단서, 소견서 등)를 제시하도록
  요구함

6) 블랙컨슈머 법적 대응 시 사전에 알아야 할 사항

①법적 대응에 대한 해석은 사람마다 다르다

②법적인 대응이 최선의 대응책은 아니다

③법적 대응에 대한 기준이 애매모호한 경우가 많다

④법적 대응으로 인한 사업상 리스크를 감수해야 한다

⑤사전적 대응 및 명확한 체계와 지침이 선행되어야 한다

⑥법률 전문가 또는 법률 서비스 전문업체의 도움을 받는다.

⑦법적 대응을 하려면 상황과 특성을 고려하여 면밀히 준비한다.

제1영역
고객응대실무

제2영역
고객불만처리

제3영역
VOC 운영실무

제4영역
매뉴얼 개발실무

(5) 블랙컨슈머에 대한 법적 조치

블랙컨슈머의 행위가 불법적인 경우 법적 대응이 가능하며 법적 조치는 크게 민사적인 조치와 형사적인 조치 2가지로 나누어 조치한다.

1) 법적 조치 전 사전 주의사항
①법적 대응방안이 최선의 대응책은 아니다.
②법적 대응에 대한 해석은 사람마다 달라질 수 있다.
③내부 전략 및 프로세스 구축은 물론 내부 자원에 대한 교육 및 훈련이 선행되어야 한다.
④법무팀이나 전문가에 도움을 받아 대응한다.
⑤'펙트(Fact)'가 명백한 사안에 대해서는 즉각 고발 조치한다.
⑥법적 조치 전 반드시 증거물(녹취, 녹화, 물리적인 증거 등)을 확보한다.

2) 민사적인 조치
①재산에 대한 압박을 가하는 손해배상 청구 형태
②위법행위를 통해 손해를 입힌 경우로 손해가 발생한 것에 대한 책임을 지고 손해배상한다.
③원칙적으로 손해배상은 금전적인 배상을 의미
④손해가 발생했다고 무조건적인 배상을 의미하진 않는다.
⑤가해자에게 과실이 있는 경우에민 피해자에게 손해배상을 할 책임이 발생
⑥과실 없이 발생한 손해는 가해자가 물어줄 법적 책임은 없다. (천재지변 또는 기타 원인불명에 의해 발생한 손해)

3) 형사적인 조치
①형법상 범죄행위가 되는 경우 고소 및 고발을 취하는 형태

②사회질서를 파괴한 데 대한 제재 성격

③징역형, 벌금형, 금고형 등을 받을 수 있다.

④기업입장에서는 범죄행위로 인해 피해를 입었다면 고소가능하나 최종적인 조치 수단이므로 신중한 접근 필요가 있다.

⑤블랙컨슈머의 행위가 범죄구성요건에 해당하면 형법에 따라 처벌이 가능하다.

⑥블랙컨슈머에 대한 형사처벌 사례 :

　폭행죄, 협박죄, 명예훼손죄, 모욕죄, 신용훼손죄, 업무방해죄, 통신비밀보호법, 사기죄, 공갈죄, 배임 수재죄, 경범죄 등

4) 폭언, 욕설, 협박, 업무방해 및 성희롱에 따른 대응방안 및 적용 법률

①악성 고객에 의한 언어폭력 및 성희롱의 경우 위험 수위에 다다른 만큼 상담사 및 접점 직원에 대한 보호가 절실함으로 적용법률에 대한 검토는 물론 몇 가지 가이드를 가지고 체계적인 접근이 필요하다.

②폭언, 욕설, 협박, 업무방해 및 성희롱을 일삼는 것은 물론 기타 비상식적인 행동과 과도한 요구를 하는 고객을 대상으로는 '법적 조치를 받을 수 있다'는 것을 사전에 충분히 고지하여야 한다.

③사전에 충분한 증거자료(녹취, 녹화, 메일, 증인 등)를 확보하고 이러한 증거자료 확보를 위한 구체적 방안 및 조치 방법에 대해서 전문가 자문을 의뢰하여 적극적으로 대응한다.

구분	적용법률
폭언, 욕설, 협박, 업무방해 (동일사안 반복 통화 및 폭언)	−공무집행방해죄(형법 제136조) : 5년 이하 징역이나 천만 원 이하의 벌금 −협박죄(형법 제283조) : 3년 이하 징역이나 500만원 이하의 벌금 −업무방해죄(형법 제314조) : 3년 이하 징역이나 1,500만원 이하의 벌금 −경범죄처벌법(제3조 제40호) : 10만원 이하의 벌금, 구류 또는 과금 −정보통신망법(제74조) : 1년 이하의 징역이나 천 만원 이하의 벌금 −모욕죄(형법 제311조) : 1년 이하의 징역이나 200만원 이하의 벌금

성희롱 및 나체 노출	−통신매체이용 음란죄(성폭력범죄의 처벌 등에 관한 특례법 제 12조) : 2년 이하의 징역이나 5백 만원 이하의 벌금 −강제추행죄(형법 제 298조) : 10년 이하의 징역 또는 1,500만원 이하의 벌금 −공연음란(형법 제 245조) : 1년 이하의 징역 또는 5백만원 이하의 벌금
공갈 및 폭행	−공갈죄(형법 제 350조) : 10년 이하의 징역 또는 2천만원 이하의 벌금 −폭행(형법 제 260조) : 2년 이하의 징역 또는 5백만원 이하의 벌금, 구류
기타	−이물질 삽입 거짓 신고(식품위생법 제 98조) : 1년 이하 징역 또는 300만원 이하의 벌금 −재물손괴(형법 제 366조) : 3년 이하의 징역 또는 700만원 이하의 벌금 −주거침입(형법 제 319조) : 3년 이하의 징역 또는 500만원 이하의 벌금

5) 법적 대응이전 취할 수 있는 조치_내용증명

①내용증명은 어떠한 내용의 우편물을 수신인에게 분명히 전달하였다는 것을 국가기관인 우체국에서 증명해주는 제도이다.

②현장에서 악성 민원이 발생했을 때 원활한 해결이 되지 않을 경우 '악성행동 관련 공문'을 내용증명으로 보낼 수 있다.

③내용증명은 특별한 효력 발휘는 없으나 소송 제기 시 중요한 정황적 증거가 된.

④블랙컨슈머에 대한 적법한 절차에 따른 소송제기 가능성을 암시하는 일종의 선전포고이다.

⑤사전에 구두 또는 서면을 통해 녹취, 녹음을 한다는 사실을 고지한다.

⑥소송제기가 아니더라도 블랙컨슈머에게 심리적인 압박을 줄 수 있다.

⑦내용증명을 받지 못했다고 집아뗼 경우를 대비해 배달증명도 함께 보내는 것이 바람직하다.

⑧배달증명은 등기우편물의 배달일자 및 받는 대상자를 배달 우체국에서 증명하여 보낸 사람에게 알려주는 서비스이다.

6) 내용증명에 포함되어야 할 사항들

①객관적인 사실에 근거한 블랙컨슈머의 행위

②블랙컨슈머가 주장하는 내용에 대한 회사의 구체적인 입장

③향후 구체적인 조치(불이익 및 구체적인 범죄 행위 적시)

④향후 적법한 절차를 거친 소송 가능성 제기

⑤회사의 구체적인 요구사항

   -해당 행위에 대한 중지 요청

   -회사의 잘못을 입증할 수 있는 구체적인 증거 제시

   -손해액을 요구할 경우 구체적인 액수와 함께 근거 제시 등

(6) 블랙컨슈머에 대한 선제적인 대응방안

1) 선제적인 대응이 필요한 이유

①인터넷이나 SNS의 확대보급 및 보편화로 인해 정보의 공유는 물론 확산속도가
   갈수록 빨라지고 그라운드스웰(Groundswell) 현상이 발생한다.

②그라운드스웰은 '먼 곳의 폭풍에 의해 생기는 큰 파도'를 의미하며 기업 외부에
   서 발생한 일이나 흐름이 큰 파도가 되어 기업에 밀어닥치는 현상을 뜻한다.

③그라운드스웰 현상이 일반화됨에 따라 고객불만을 잘못 관리할 경우 기업 이미
   지 훼손은 물론 경영상의 막대한 손해가 발생한다.

④인터넷 또는 SNS 상에 기업을 비방하는 리스크 버즈(Risk buzz)가 확대되어 위
   기상황으로 발전하는 크라이시스 버즈(Crisis buzz)로 전환되는 사례가 자주
   발생한다.

⑤고객불만으로 인한 리스크를 예방하거나 최소화하기 위해 선제적인 대응이 중
   요하다.

제1영역
고객응대 실무

제2영역
고객불만처리

제3영역
VOC 운영실무

제4영역
매뉴얼 개발실무

2) 선제적인 대응방안

①사전에 블로그나 카페는 물론 SNS유포되는 사안에 대한 신속한 모니터링 및 조치

②접점에 있는 담당직원에게 충분한 임파워먼트(Empowerment)를 제공

③사전에 불만요소에 대한 모니터링 및 실시간 공유(메일, 홍보자료, 홈페이지, SNS 등)

④VOC사전 예보제를 통한 리스크 최소화

⑤사전에 블랙컨슈머의 타깃이 될 만한 고객불만요소의 지속적인 모니터링 및 개선 활동 강화

⑥발생 가능한 고객불만 유형에 따른 대응 매뉴얼 구축은 물론 사전 교육 및 훈련 진행

⑦정기적인 블랙컨슈머에 대한 연구 및 전문가 양성을 통한 초기 대응력 강화

⑧블랙컨슈머에 대응하기 위한 전담팀 구성 및 빅데이터 활용

⑨사전에 고객이력 및 고객 성향(고의성, 습관성, 억지성 등)을 종합하여 분석 후 대응책 마련

(7) 블랙컨슈머 응대기법

블랙컨슈머(욕설 및 폭언이나 과격하게 화를 내는 고객)에 대한 응대는 보통 E.A.R기법이나 B.I.F.F기법을 활용한다.

1) E.A.R기법

E.A.R기법이란 Empathy(공감), Attention(경청), Respect(존중)을 앞 글자를 따서 만든 것인데 E.A.R기법은 몹시 흥분하거나 감정조절이 제대로 되지 않는 고객들을 진정시키고 차분히 응대할 수 있도록 해준다. 블랙컨슈머의 경우 장황하게

또는 침소봉대하여 끊임없이 말하려는 경향이 강하다. 중요한 것은 공감, 경청, 존중의 응대기술을 적절히 활용함으로써 장시간 얘기하는 것을 줄일 수 있다.

① 말 그대로 블랙컨슈머 응대 시 그들의 심정이나 상황을 이해하려고 노력하는 공감(Empathy)과 함께 경청 및 경청(Attention)을 하고 동시에 존중(Respect)하는 태도 및 자세를 통해 흥분한 고객을 진정시키는데 큰 효과를 거둘 수 있다.

② E.A.R기법은 감정을 동반한 개인의 경험과 밀접한 관련을 가지고 있으며 보통 블랙컨슈머의 폭언이나 욕설 또는 난폭한 행동에 당황한 직원들로 하여금 자괴감 또는 무력감을 느끼게 하기 보다는 이러한 기법을 활용하여 적극적으로 대응할 수 있도록 해준다.

③ 먼저 공감(Empathy)을 한다는 것은 그들이 느끼고 있는 고통이나 좌절을 느낄 수 있다는 것을 의미한다.

④ 이성적인 논리로써 민원 대응이 아닌 심정이나 상황을 공감하거나 이해하려고 노력한다.

⑤ 경청(Attention)하는 행위는 블랙컨슈머 문제를 해결하는데 중요한 역할을 한다.

⑥ 보통 경청하는 이유는 질문을 하기 위한 것은 질문을 함으로써 감정이 아닌 이성적인 상태로의 전환이 가능하다.

⑦ 대개 블랙컨슈머의 경우 존중받지 못하는 사람이 많은데 블랙컨슈머라고 해도 존중을 받아야 할 특성을 인정함으로써 진정시킬 수 있다.

2) E.A.R기법 활용 시 주의사항

① 일반적으로 악성민원을 제기하는 사람들은 거짓말하는 것에 대해 과도할 정도로 민감하므로 거짓말을 하지 말아야 한다.

② 공감할 것이 없다면 고객의 행위 중 존중해야 할 무엇인가를 찾아 공감해준다.

③ 고객이 부정적인 감정에 휩싸여 있을 때 반응하는 기술이므로 필요에 따라서 응대 내용을 요약한다.

제1영역
고객응대실무

제2영역
고객불만처리

제3영역
VOC 운영실무

제4영역
매뉴얼 개발실무

④단순히 화가 난 상황에 공감하고 경청하는 것이지 그들의 주장이나 의견에 대해 공감하거나 동의하는 것이 아니다라는 점을 명확히 한다.

⑤이들을 대응할 때는 단순히 이들에 대해서 심정적으로 이해하고 있으며 도움이 되길원한다는 자세만 유지하여야 한다.

3) B.I.F.F기법

흥분한 고객을 진정시키고 잘못된 정보에 대해서 효과적으로 대응할 수 있게 해주는 기법으로 보통 B.I.F.F기법은 과도하게 감정적으로 흥분해서 화를 내는 사람들을 다루는데 사용한다. 직접 대면채널 또는 이메일이나 사회 관계망 서비스(SNS)를 통해 문제 해결에 대한 의지나 목적이 없이 직원들에게 공격적인 성향을 보이는 경우가 많다.

①흥분한 고객들을 대상으로 짧게 물어보고 짧게 대답하며(Brief) 정보위주로 대응하고(Informative) 친근감을 유지하며(Friendly) 자신의 언행에 대해서 확고한 자세를 유지할 것(Firm)이 주요 골자라고 할 수 있다.

②균형 잡힌 기법 활용을 통한 불필요한 감정적 대응을 제거한다.

③ 감정을 상하지 않게 함으로써 이성적인 접근을 통한 문제해결이 가능하다.

④일반적으로 응대하기 까다로운 블랙컨슈머가 스스로 자신을 존중한다는 느낌을 받거나 격한 감정이 진정됨은 물론 스스로 중립적인 정보나 사실에 초점을 맞춘 경우 갈등이나 문제를 해결해가는데 있어 한결 수월해지거나 부정적인 감정이 아닌 긍정적인 감정이 지배히게 되며 논리적인 사고를 하게 된다.

(1) 고객 서비스 실패 및 회복의 이해

'회복(Recovery)'이라는 의미는 '잃어버리거나 빼앗긴 것을 다시 찾는 것 또는 찾을 가능성을 의미하며 이전보다 더 나은 상태나 조건으로의 복원'을 의미한다. 또한 서비스 회복은 기업이 서비스 실패로 인하여 잃어버린 고객의 신뢰를 최소한 서비스 실패 이전의 상태 또는 그 이상으로 복원하고자 하는 노력이다.

1) 서비스 실패(Service failure)의 정의

①서비스 실패에 대한 어떤 학자들은 근본적인 책임소재가 있는 대상으로부터 서비스 과정이나 결과에 따른 과실을 서비스 실패라고 정의하기도 하고 어떤 학자들의 경우 책임소재와 상관없이 서비스 과정이나 결과에서 무엇인가가 잘못된 것을 서비스 실패라고 규정하기도 한다.

②결국 서비스 실패라는 것은 '서비스 접점과 지원활동을 포함하여 고객의 불만족을 초래하는 유형의 모든 경험'으로 정의될 수 있다.

③SERVQUAL모형으로 유명한 Parasuraman, Zeithaml, Berry(이하 PZB)는 불일치 이론을 들어 '서비스 성과가 고객의 인지된 허용영역 이하로 떨어진 상태'라고 서비스 실패를 규정하였다.

④Bell과 Zemke의 경우 서비스 실패를 '고객의 기대 정도 이하로 심각하게 떨어진 상태'라고 정의를 내리고 있다.

⑤서비스 실패는 고객의 유형 또는 상황에 따라서 많은 차이가 있으며 이에 따라 서비스 회복전략도 차이가 날 수 있다.

⑥Weun, Sharon & Michael은 서비스 실패란 '서비스 접점에서 고객 불만족을 야기하는 열악한 서비스 경험을 말하는 것으로 서비스 전달과정에서 발생되는 다양한 실수들, 그리고 고객에 대한 서비스의 약속 위반, 또는 다양한 형태의 서비스 오류 등이 포함된다'고 정의했다.

⑦Harris, Grewal and Bemhardt는 서비스 실패를 '고객의 감정적인 측면으로부

제1영역
고객응대실무

제2영역
고객불만처리

제3영역
VOC 운영실무

제4영역
매뉴얼 개발실무

터 출발하여 서비스 프로세스나 결과에 대해 고객이 부정적인 감정을 갖고 있는 상태'라고 정의하였다.

⑧원유석(2005)은 서비스 실패가 서비스 접점에서 고객의 불만족을 야기하는 문제적인 서비스 경험을 말하는 것으로 정의하였다.

2) 서비스 실패의 유형

①일반적으로 서비스 실패 유형에 대한 분류 기법은 네 가지가 있는데 Bitner, Boomsand Tetreault(1990)의 분류기법이 광범위에 사용되고 있다.

②이들은 호텔 항공사, 레스토랑 등 서비스 부문의 이용 고객을 조사대상으로 선정하였으며 CIT(Critical Incident Technique)기법을 통해 다양한 서비스 실패 유형을 크게 3개의 유형으로 분류하였다.

③Bitner, Boomsand Tetreault(1990)의 분류기법에 의하면 서비스 실패는 서비스 전달시스템의 실패, 고객의 요구와 요청에 대한 직원 반응, 그리고 종업원의 잘못된 행동으로 발생한다.

④서비스 전달시스템의 실패는 일반적으로 서비스의 지연, 내부 시설의 문제, 재고의 부족, 명확하지 않은 대고객 정책, 제품의 결함, 포장 실수, 불가능한 서비스, 잘못된 정보 및 다른 핵심서비스의 실패들이 포함된다.

⑤고객의 요구와 요청에 대한 직원 반응에 따른 실패는 주로 고객 개인의 기호와 관련하여 발생하는 실패, 고객의 특별한 요구와 고객에 의한 실수 등이 포함된다.

⑥마지막으로 종업원의 잘못된 행동으로 인한 실패는 전달되지 않은 주문, 잘못 받은 주문, 계산착오 등이 포함된다.

⑦이와는 달리 Keaveney(1995)는 서비스 실패를 핵심 서비스 실패와 서비스 접점 실패라는 두 가지 유형으로 나누어서 설명하였다.

⑧여기서 핵심 서비스 실패는 서비스 자체와 관련된 실수 또는 기술적 문제를 의미하며 서비스 접점 실패는 고객과 직원 간의 상호작용에 있어서 발생된 실패를 의미한다.

186

⑨이외에도 Smith 등(1999)은 서비스 실패를 결과적 실패와 과정적 실패로 분류하였는데 결과적 실패란 결국 무엇을 제공하였는지에 관한 것(What)이며 과정적 실패란 어떻게 제공하였는지에 관한 것(How)이라고 할 수 있다.

⑩McCole 외 다수의 학자는 귀인(歸因) 시각으로부터 출발하여 귀인의 유형에 따라 서비스 실패의 유형을 서비스 제공자에 관한 귀인, 고객에 관한 귀인, 다른 귀인이라는 3개의 주요 유형으로 분류하였다.

⑪Hoffman Kelley and Chung는 서비스 실패의 유형을 기술 문제, 위생 문제, 디자인 문제로 분류하기도 하였다.

3) 서비스 회복의 정의

①서비스 회복이란 서비스 실패 이전의 상태로 복원하는 것을 의미하지만 학자마다 다양한 의견을 제시하고 있다.

②Gronroos의 경우 서비스 제공자가 취하는 반응으로 서비스 실패를 수정하기 위해 취하는 일련의 행동이라고 정의하였다.

③Smith 등은 불평처리보다 더 폭 넓은 활동을 일컫는 서비스 제공자의 전반적인 행동개념으로 정의하였으며 Hart, Heskett & Sasser의 경우 서비스가 처음 잘못 제공될 때 이러한 문제들을 관리하는 기술이라고 정의하였다.

④Bell과 Zemke의 경우 제공된 서비스나 상품이 고객의 기대에 부응하지 못해 기업에 대한 불만족을 경험하는 고객들을 만족한 상태로 되돌리는 일련의 과정이라고 정의하였다.

⑤PZB는 제공된 서비스에 대한 지각이 고객의 인내영역 이하로 하락한 결과에 대하여 서비스 제공자가 취하는 일련의 활동이라고 규정하였다.

4) 서비스 회복의 중요성

①서비스 회복이 고객을 다시 만족시킬 수 있다.

②서비스 회복이 고객 충성도와 재구매 의도에 긍정적인 영향을 미칠 수 있다.

③서비스 회복이 고객과의 지속적인 관계유지에 유익하다.

④서비스 회복이 기업 서비스 품질의 제고에 유익하다.

⑤서비스 회복이 직원의 직무만족과 행위에 영향을 미친다.

⑥서비스 회복이 기업 이미지에 영향을 미친다.

5) 서비스 회복 전략 및 유형

①서비스 실패 시 기업의 서비스 회복에 대한 노력에 여하에 따라 고객만족과 충성도를 다시 제고할 수 있다.

②서비스 회복전략은 크게 반응, 정보, 행동, 보상의 4가지 형태로 분류할 수 있다.

③서비스 회복은 고객의 성격은 물론 환경, 서비스 실패의 유형 등 요소가 매우 다양하고 업종의 특성 또한 달라 서비스 회복의 과정이 복잡하다.

④일반적으로 가장 많이 행해지는 서비스 회복의 유형은 할인, 교환, 사과, 보상이다.

⑤서비스 회복의 유형은 서비스 실패가 발생하면 곧바로 고객에게 사과, 문제 해결 및 개선, 협조, 응대, 설명 등의 무형적인 회복이 있다.

⑥또한 서비스 실패 발생 시 할인이나 무료 혜택, 보상, 상품권 제공이나 환불이나 교환을 해주는 등의 유형적인 서비스 회복이 있다.

⑦유형적인 서비스보다는 무형적인 서비스 회복이 신뢰에 긍정적인 영향을 미친다. 따라서 고객과의 신뢰와 만족수준을 향상시키려면 유형적인 서비스 회복보다는 무형적이 서비스 회복이 바람직하다.

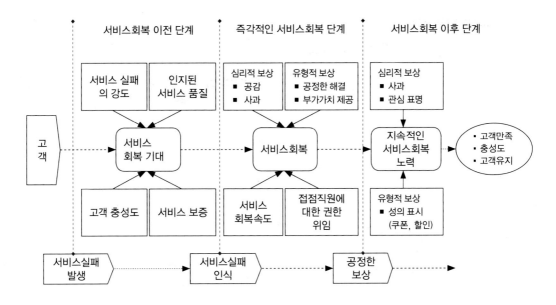

[서비스 회복 프레임워크]

(2) 서비스 회복이론

고객의 불만을 효과적으로 회복을 하게 되면 상호간에 유대 또는 신뢰가 발생하여 지속적인 관계가 유지되며, 이를 통해 고객만족은 물론 구전효과를 통한 매출액의 증가는 물론 기업에 긍정적인 이미지를 주므로 실패한 고객 서비스에 대응하여 고객의 불만을 해소시키기 위한 체계적인 회복 전략이 필요하다. 서비스 회복전략을 위한 서비스 회복에 관련한 연구를 살펴보면 아래와 같다.

1) 기대불일치론

①Oliver(1981)이 제시한 소비자의 만족과 불만족 연구의 중심이론으로 고객만족 연구에서 가장 널리 받아 들여지고 있는 이론

②기대와 성과간의 불일치이론은 고객의 만족/불만족을 설명하는데 많이 사용되고 있는데 이러한 패러다임은 인지심리학에 근거를 두고 있다.

제1영역
고객응대 실무

제2영역
고객불만처리

제3영역
VOC 운영실무

제4영역
매뉴얼 개발실무

③성과가 기대보다 높아 긍정적인 불일치가 생기면 만족이 발생하고 성과가 기대
보다 낮으면 부정적 불일치가 발생하여 불만족이 발생한다고 보는 이론

④고객과 서비스 제공자 사이의 관계를 자원의 교환 당사자로 보고 상호간의 만족
할 수 있는 수준에서 교환이 이루어졌을 경우 지속적인 교환의 관계를 유지할
수 있다고 본다.

⑤서비스 교환과정에 있어서 만족할 만한 수준으로 이루지 않으면 교환의 관계
가 무너지고 이러한 교환의 관계를 환원시키거나 유지하기 위한 노력이 서비스
회복이라고 할 수 있다.

⑥기대불일치 이론에서 말하는 만족이란 고객이 긍정적인 불일치를 인지할 때 얻
어지는 결과이며 불만족은 부정적인 불일치를 인지할 때 얻어지는 결과라고 할
수 있다.

2) 귀인이론

①사건의 인과관계를 추론하는 것을 귀인이론이라고 한다.

②Folkes(1984)는 귀인을 일어난 현상의 원인이나 행동의 원인을 지각하고 추정
하는 인과적 추론 과정이라고 정의하였다.

③일반적으로 예상치 못한 사건이 발생하거나 자신이 수행해야 할 과업이 제대로
이루어지지 않았을 때 그 원인을 추론하게 된다.

④귀인 이론은 고객이 인식하는 제품 실패의 원인이 무엇이냐에 따라서 고객의 불
만을 표출하는 방법이 결정된다고 주장한다.

⑤귀인은 발생한 사건에 대한 원인을 자신 또는 내부적인 영향 및 요인에 두는 내
적 귀인과 타인 또는 외부적인 요인에 두는 외적 귀인으로 구분한다.

⑥고객의 불만족이 발생하는 이유를 기업이나 제품 또는 서비스 제공자라고 인식
하여 그 책임을 그들에게 돌리는 것을 외적 귀인이라고 한다.

⑦고객 본인에 의한 실수로 인해 발생하게 된 불만족의 경우 내적 귀인이라고 간
주할 수 있다.

⑧고객은 제품 성과에 대한 기대와 비교하여 제품에 대한 만족여부를 결정하는데 구매 전 가지고있던 기대와 실제 구매 후 성과를 비교하여 기대보다 큰 경우에는 긍정적 불일치(Positive disconfirmation)로 나타나고 작을 경우에는 부정적 불일치(Negative disconfirmation)로 나타난다.

⑨중요 요소에 대해서는 기대수준이 높고 중요치 않는 요소에 대해서는 기대수준이 낮다.

⑩초기 서비스보다 서비스 실패 후에 서비스 회복에 대한 기대가 상대적으로 높게 나타나는데, 고객이 바라는 기대 수준보다 낮은 수준의 보상을 받을 때 불만족이 발생하고 기대수준 이상으로 보상을 받으면 만족한다.

3) 공정성이론

①자신이 받고 있는 대우를 자신과 비슷한 위치에 속한 타인과의 비교를 통해 공정한 대우를 받고 있는지 평가하며 인지적 과정(Cognitive process)에 초점을 두는 이론이다.

②공정성의 유형으로는 과정의 공정성, 결과에 대한 공정성, 커뮤니케이션의 공정성으로 구분할 수 있다.

③과정의 공정성은 결과를 얻기 위하여 이용하는 방법이나 방식이 공정했는지 여부를 판단하는 유형으로 서비스 과정에서 발생하는 모든 활동이 고객에게 공정하게 제공되었는지 여부에 따라 만족도가 달라지기도 한다. (프로세스, 적절한 정보의 제공, 유연한 대응, 고객의 편의제공, 문제해결 절차, 문제 발생 시 즉시 해결 등)

④서비스 회복 과정에서 일련의 과정이 공정하게 제공되었는지 여부에 따라 만족도가 달라진다.

④결과의 공정성은 고객이 구매한 제품이나 서비스를 다른 구매사와 비교하여 느끼는 최종적인 결과를 판단하는 유형으로 고객이 자신이 겪은 손해 또는 불편 등을 비교하여 성과(보상, 교환, 환불, 사과 등)가 공정하다고 느끼는 경우 만

제1영역
고객응대 실무

제2영역
고객불만처리

제3영역
VOC 운영실무

제4영역
메뉴얼 개발실무

족도가 높아진다.

⑤커뮤니케이션의 공정성(상호관계의 공정성)은 기업과 고객 사이에 인간적인 상호관계에 대한 것으로 인간적인 측면에 있어서의 공정성이 확보되면 불만족이 감소하고 오히려 서비스에 대한 평가가 긍정적으로 변한다. (신뢰, 위로, 우호적인 관계, 공감, 정중함, 배려, 역지사지의 태도)

⑥기업은 위에서 언급한 3가지 공정성을 모두 충족시켜야 서비스 실패를 경험한 고객의 불만족을 회복시킬 수 있고 오히려 만족으로 전환시킬 수 있다.

4) 자원교환이론

①사람들은 자신이 이익이 극대화되도록 하기 위해 손실이 큰 행동을 피하고 투자한 이상의 보상을 얻을 수 있는 방향으로 타인과 상호작용한다고 보는 이론이다.

②타인과 비교하여 관계가 유리하면서 관계를 지속하고, 불리하면 관계를 개선하거나 중지하여 새로운 관계로 지향한다.

③교환이론은 개인간의 상호작용과 이를 둘러싼 광역집단에서의 교환작용을 다루는 이론이며 특히 호만스의 경우 개인의 행위는 행위자 자신에 의한 '손익계산'에 근거하여 스스로 선택한다고 주장하였다.

④서비스 실패와 회복간의 관계를 교환의 관계로 보고 공정성 이론을 이용하여 서비스 실패와 회복간의 관계의 틀을 설명하는 이론도 있다.

⑤보상가치가 돌아오는지 여부를 판단하여 이윤을 추구하며 이러한 상호간의 작용에 의해서 질서가 형성되고 유지된다고 하는 이론이다.

⑥고객입장에서는 서비스 실패가 발생했을 경우 이를 통해 자신이 받을 수 있는 정신적, 물질적인 보상의 크기에 따라 서비스 회복의 크기가 결정된다고 볼 수 있다.

(3) 서비스 회복 전략

고객만족전략이나 경영체제를 잘 운영하더라도 제품이나 서비스의 생산과정이 완벽할 수 없다는 점과 고객 개개인의 니즈나 특성이 상이하다는 점 때문에 서비스의 최초 전달이 100% 완전할 수 없다.

1) 고객불만에 대한 선제적인 대응
①서비스 전달이 실패한 후 고객의 불만제기 시 대응하는 것은 바람직하지 않다.
②서비스 실패 이전에 주요 원인을 파악하고 분석하여 선제적으로 대응한다.
③해피콜이나 만족도 조사 또는 VOC 또는 사전 모니터링 제도를 활성화한다.
④부가적인 서비스 제공이나 불만 해소 활동을 병행한다.
⑤능동적이고 적극적인 고객불만 요소의 수집 및 분석과 함께 활용 전략을 구축한다.

2) 접수된 고객불만의 공정한 처리
①불만에 대한 공정하지 못한 업무처리가 2차 민원의 단서를 제공한다.
②불만을 제기하지 않는 고객이 피해의식을 입지 않도록 공정하게 업무를 처리한다.
③서비스 회복에 있어 공정성은 고객만족도의 직접적인 영향을 미친다.
④공정성을 위해 체계적인 합리적인 기준과 윤리적인 태도를 갖추어야 한다.
⑤고객불만을 처리하는 과정이나 결과 그리고 대응상에 있어서 공정하게 업무를 처리한다.
⑥최접점 직원들 대상으로 회사의 방침이나 원칙을 철저하게 교육을 시키고 모니터링한다.

제1영역
고객응대 실무

제2영역
고객불만처리

제3영역
VOC 운영실무

제4영역
매뉴얼 개발실무

3) 고객불만에 대해 신속하고 정확한 처리 및 감성적인 터치(서비스 회복시간)

①고객불만에 대해 초기 대응만 잘해도 70%이상이 해결된다.

②신속하고 정확한 업무처리는 서비스 회복시간을 단축한다.

③사전에 고객불만에 대응하기 위한 시스템이나 프로세스를 구축해야 한다.

④고객불만의 경우 이성적인 접근보다는 감성적인 접근이 바람직하다.

⑤고객의 입장을 이해하는 역지사지의 태도가 필요하다. (경청 및 공감)

⑥기계적인 대응이 아닌 진심 어린 응대가 필요하다. (사과, 양해 등)

4) 고객 불만에 대한 차별화된 전략 구사

①서비스 회복과정에서 획일적인 대응이 발생하지 않도록 전략적으로 차별화된 관리가 필요하다.

②정상적인 고객과 그렇지 않은 고객에 대한 차별화된 대응전략이 필요하다.

③충성도 또는 만족도에 따른 고객의 유형에 따른 차별화 대응도 병행한다.

④사전에 이들 고객에 대한 정보 수집 및 분류는 물론 분석을 통해 탄력적인 대응이 필요하다.

⑤고객불만을 해소하기 위한 다양한 대안을 개발하고 활용한다(정서적 지지, 금전적인 보상 등)

⑥서비스 회복과정에서 획일적인 대응이 발생하지 않도록 유형별 대응전략을 마련한다.

⑦적정수준의 자원을 투입하여 대응하였음에도 불구하고 지속적인 불만 및 악성 구전이 퍼진다면 기업차원이 적극적인 대응이 필요하다.

5) 지속적인 프로세스 개선

①VOC를 수집하고 분석하여 고객의 불만이 발생할 수 있는 프로세스를 개선 및 보완하여야 한다.

②상품 및 서비스에 대한 체계적인 분석 및 비즈니스 프로세스에 대한 개선을 통

해 고객불만요소를 사전에 제거해야 한다.

③고객이 제기하는 공식적인 불만에 대해서는 신속하게 대응할 수 있는 체계를 구축하여야 한다.

④초기 단계에서 실패했던 고객 서비스회복은 지속적인 개선을 통해 오히려 고객의 충성도를 높일 수 있다.

⑤경영진의 지속적인 관심과 강력한 의지가 단순한 프로세스 개선을 넘어서 혁신적인 상품과 서비스의 개선을 이룰 수 있다.

6) 직원들에 대한 지속적인 훈련 및 임파워먼트 부여

①고객접점에 있는 직원들에 대해서 고객불만을 효과적으로 처리하고 관리할 수 있도록 지속적으로 교육 및 훈련시킨다.

②전사 직원들을 대상으로 자사의 CS비전이나 목표를 달성하기 위해 필요한 교육 프로그램을 개발하고 적용함으로써 CS역량을 향상시킨다.

③고객불만을 신속하게 해결하기 위해 고객접점 직원들의 스킬에 의존하기보다는 권한 위임은 물론 목표, 수단, 스킬을 제공함과 동시에 제도적, 시스템적인 개선 및 지원도 중요하다.

④다양한 고객불만 상황에 유연하고 신속함은 물론 효과적으로 대응할 수 있도록 접점직원을 대상으로 처리권한을 위임하거나 강화한다.(주요 접점직원에게 재량권, 전결권 부여)

⑤임파워먼트 제공을 통해 고객응대에 대한 스트레스를 해소하고 불필요한 고객의 불만을 사전에 예방할 수 있다.

■ 서비스 회복의 역설

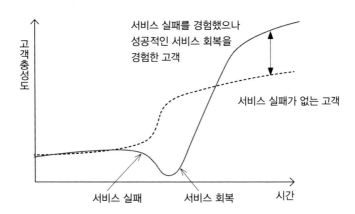

①서비스 회복 패러독스라는 용어를 처음 만들어 사용한 사람은 McCollough와 Bharadwaj인데 이들은 서비스 실패 후 고객의 만족도(2차 만족도)가 실패 전보다 높다는 사실을 발견해내고 이 같은 용어를 사용하였다.

②서비스 실패 후 회복이 효과적으로 이루어진다면 고객들은 실패하지 않았을 때보다 더 높은 만족감을 느끼게 된다는 이론이다.

③서비스 회복을 경험한 고객이 서비스 실패를 경험하지 않은 고객보다 오히려 만족도는 물론 충성도까지 높을 수 있다는 것을 의미한다.

④서비스 회복의 역설이 의미하는 것은 사후처리 과정의 중요성이라고 할 수 있다.

⑤또한 서비스 실패를 두려워하기보다는 그대로 표출되는 실패나 문제점들을 회복시키려는 노력이 오히려 고객만족을 높일 수 있다.

⑥서비스 회복을 경험한 고객의 만족도와 재 구매율은 그렇지 않은 고객보다 더 높다.

(4) 서비스 패러독스(Service paradox)

1) 서비서 패러독스의 이해

①경제적인 풍요는 물론 서비스가 다양해지고 좋아졌는데도 오히려 소비자의 불

만의 소리가 높아지는 아이러니한 현상을 서비스 역설이라고 한다.

②모바일 서비스의 확장이나 ARS의 발달, 가격비교 사이트에 의한 정보제공, 맞춤화 서비스의 극대화 등 고객의 니즈를 충족시키기 위해 다양한 서비스가 제공되지만 고객의 만족도는 오히려 감소하는 것이 대표적이다.

③실제 한국소비자원 자료에 의하면 제품에 대한 불만은 90년대 말과 대비해서 12%감소한 반면 서비스에 대한 불만은 무려 86%나 증가했다는 사실이 이를 반증한다.

④서비스 패러독스는 PZB의 서브퀼(SERVQUAL)모형의 서비스 품질에 대한 기대와 인식된 서비스 품질 차이에 의해서 만족도가 결정되는 것처럼 고객들의 서비스 기대수준이 높아졌다는 것과 실제 서비스에 의한 성과가 불일치할 때 발생한다.

2) 서비스 패러독스의 발생원인

①서비스 패러독스가 발생하는 근본원인은 서비스의 공업화라고 할 수 있다.

②서비스의 공업화(Service industrialization)는 효율성 및 비용 절감을 위해 서비스를 사람이 아닌 기계로 대체하거나 제조업에서 자주 활용하는 계획화, 조직, 통제, 관리, 훈련 등을 서비스 활동에 적용하는 것을 의미한다.

③당연히 서비스 공업화로 인해 아래와 같은 한계와 문제점이 발생한다.

- 인간적 서비스의 결여
- 비용과 효율성의 강조를 통한 서비스의 획일화 → 유연성과 차별성 감소
- 서비스의 인간성 상실
- 기술의 복잡화
- 종업원 확보의 어려움 및 교육과 훈련의 부족으로 인한 악순환
- 서비스의 표준화

제1영역
고객응대 실무

제2영역
고객불만처리

제3영역
VOC 운영실무

제4영역
매뉴얼 개발실무

3) 서비스 패러독스 극복방안

①고객에게 진심이 담긴 성의 있는 서비스를 제공한다.

②직원들을 고객이 원하는 진정한 전문가로 육성한다.

③효율성과 비용절감 중심의 서비스 설계가 아닌 감성 중심의 서비스를 설계한다.

④지속적으로 고객중심적인 서비스 혁신을 통한 서비스 프로세스를 개선한다.

⑤고객 개인별로 차별화 및 맞춤화된 서비스 제공한다.

⑥서비스를 제공하는 직원들에게 상황에 맞는 권한을 위임한다.

⑦고객 서비스 정책과 관련한 유연한 의사결정을 구축한다.

⑧감성 역량이 풍부한 직원의 채용 및 감성역량 향상을 위한 지속적인 교육을 진행한다.

01. 불만이 발생해도 고객이 불만을 제기하지 않는 이유를 설명한 것 중 바르지 않은 것은?

①악성고객이라는 나쁜 이미지가 형성될 것이라는 우려 때문에

②귀찮고 손해보고 다시는 거래하지 않으면 된다는 생각을 가져서

③불만을 제기하기가 귀찮거나 불만을 어디에 제기해야 할 지 몰라서

④불만을 표출하는 것이 접점 직원들의 마음을 상하게 할 것 같아서

02. 최근 소비자 불평행동의 특징에 대한 설명 중 바르지 않은 것은?

①1인 영향력의 증대

②불만 소비자의 온라인 집단화

③불만대상 품목의 일원화

④온라인 불만 플랫폼의 확산

해설: 불만대상의 품목이 다변화해지기 때문에 오히려 소비자의 불평행동이 지속적으로 증가하는 것이다.

03. 아래 설명하고 있는 고객불만 대응기법은 무엇인가?

■ 고객의 말을 모두 듣고 중간에 가로막지 않음	■ 적극적인 경청자세
■ 고객의 불편함에 대한 공감 ■ 진심어린 사과	■ 책임지고 해결책을 검토

①HEAT 기법   ②MTP기법

③EAR기법   ④BIFF기법

해설: MTP기법은 고객불만 대응 시 사람, 시간, 장소를 바꿔서 대응하는 기법을 의미한다.

04. 온라인 불만대응 방법으로 옳지 않은 것은?

①소비자의 문의, 불만,제안 등의 행동에 맞춰 즉각 대응이 아닌 시간적 여유를 두고 대응한다.

②제품과 서비스에 대한 인터넷 및 SNS 등에서 표출되는 고객 의견에 대해 지속적으로 점검한다.

③고객의 의견을 개진할 수 있도록 적극적이고 다양한 소통 경로를 확대하여 운영한다.

④지속적인 문의가 발생한다면 FAQ 또는 안내자료를 서비스 이용 초기화면에 추가한다.

05. 일반적인 고객불만 처리 프로세스가 바르게 나열된 것은?

(가)고객불만접수	(나)처리결과 확인	(다)대책수립
(라)원인분석 및 유관부서 확인	(마)현장방문	(바)피 드백

①(가)-(다)-(마)-(라)-(나)-(바)

②(가)-(라)-(다)-(마)-(나)-(바)

③(가)-(마)-(라)-(다)-(바)-(나)

④(가)-(마)-(라)-(다)-(나)-(바)

06. 고객 불만유형에 따른 처리방법이다. 어떠한 유형의 고객에 대한 처리방법인가?

> - 고객이 업무책임자와 통화하고자 하는 사유를 파악한다.
> - 정식으로 불만을 접수하여 처리할 사항인지 확인한다.
> - 업무처리와 관련하여 발생한 사안에 대해 이의제기 시 정중하게 사과한다.
> - 정중하게 사과하였음에도 업무 책임자를 요구할 경우 관리자와 상의하여 답변한다.

①전화내용에 대한 꼬투리를 잡으려고 하는 고객

②이유 없는 욕설 및 언어폭력을 일삼는 고객

③무조건 업무 책임자 연결 요구하는 고객

④자신의 입장만 반복하는 고객

07. 고객불만의 원인 중 기업원인이 아닌 것은 무엇인지 고르시오.

①경쟁사 대비 수준 이하의 서비스

②교환 환불 지연

③충분한 설명 미흡

④장애발생 · A/S 등의 서비스 이용불편

해설: 충분한 설명 미흡은 직원에 의한 원인이다.

08. 국내기업의 불만처리 문제점으로 바른 것은?

①VOC 시스템의 부재 또는 체계적인 활용 미흡

②도급업체에게 클레임 업무 전가하지 않고 독자적인 처리

③고객접점 중심의 내형적인 면에 치중

④맞춤형 CS교육 및 체계적인 평가 시행

09. 논리적인 고객불만 대응방법 중 고객불만내용의 정확한 파악 내용으로 바르지 않는 것은?

①고객불만의 대상 및 경중(輕重)

②고객의 주장에 근거가 되는 사실(Fact)이나 정황

③고객의 신상(나이, 주소, 연락처 등)정보

④고객 요구사항 파악 (보상, 교체, 환불, 사과, 수리, 회수, 교환 등)

해설: 고객의 신상정보를 확인하는 것은 고객 응대 시 가장 기본적인 절차이지 고객불만내용의 정확한 파악 내용에는 해당하지 않는다.

10. 고객불만관리를 위한 사전예방활동으로 옳지 않은 것은?

①고객불만 예방을 위한 활동계획 수립 및 실행

②고객불만처리에 대한 고객만족도 모니터링 시행

③제품 · 서비스 기획 시 고객참여 및 고객의견 반영

④위기관리 및 고객불만 대응절차 수립 및 실행

해설: 고객불만처리에 대한 고객만족도 모니터링 시행은 사전예방활동이 아닌 사후활동이다.

11. 고객불만 처리 후 개선 프로세스로 옳지 않은 것은?

①고객불만 유형별 수집 및 조사

②주요 개선과제에 대한 Action item 수립

③고객불만 관련 원인 규명 및 책임자 문책

④각 부서별 · 개인별 대상 최적화된 대응방법의 공유 및 훈련

12. 블랙컨슈머의 발생원인 중 아래 내용이 포함하는 요인은 무엇인가?

①관련 정책 및 법규의 미비   ②비자 교육 및 계몽의 부족
③상담기관의 부적절한 태도   ④상담 전문가 부족 및 비체계적인 대응

①사회적 측면

②기업 측면

③정부(공공기관) 측면

④소비자 측면

13. '먼 곳의 폭풍에 의해 생기는 큰 파도'를 의미하며 기업 외부에서 발생한 일이나 흐름이 큰 파도가 되어 기업에 밀어닥치는 현상을 무엇이라고 하는가?

①Ground zero

②Ground swell

③Risk buzz

④Cyber tsunami

해설: Risk buzz(리스크 버즈)는 인터넷 또는 SNS 상에 기업을 비방하는 행위를 의미한다.

14. 고객불만을 통해 개선과제를 발굴 및 개선하는 프로세스로 바르게 나열된 것은?

(가)개선발굴 과제   (나)임시대책 수립 및 조치   (다)원인분석
(라)표준화   (마)개선대책수립

①(가)-(나)-(다)-(라)-(마)

②(가)-(나)-(다)-(마)-(라)

③(가)-(다)-(나)-(마)-(라)

④(가)-(다)-(라)-(나)-(마)

15. 블랙컨슈머에 대한 민사적인 조치에 대한 설명으로 틀린 것은?

①재산에 대한 압박을 가하는 손해배상 청구 형태

②손해가 발생했다고 무조건적인 배상을 의미하진 않는다.

③과실없이 발생한 손해는 가해자가 물어줄 법적 책임은 없다.

④고소가능하나 최종 조치수단이므로 신중한 접근이 필요하다.

16. 블랙컨슈머에 대한 판단기준이 명확하지 않으면 클레임고객과의 구분도 쉽지 않고 정당한 클레임 고객과의 구분이 명확하지 않아 선의의 고객에게 피해를 입힐 수 있다. 따라서 블랙컨슈머라고 판단할 수 있는 기준이 필요한데 아래 내용은 판단기준의 어떤 특성을 설명하고 있는가?

- 정상적인 방법으로는 안되는 일을 무리하게 해내려는 특성
- 무지 또는 비양심에 기인하는 경우가 많음
- 고객의 무리한 요구나 주장 또는 생떼 형태로 발현

①상습성   ②억지성   ③비윤리성   ④기만성

해설: 기만성은 숨김과 보여줌의 교묘한 기술로 정의되는데 자신의 잘못을 감추고 상대방을 속이려는 의도를 가졌는지 여부로 판단을 한다.

17. 서비스 회복 전략 및 유형에 대한 설명으로 바르지 않은 것은?

①고객의 성격은 물론 환경, 서비스 실패의 유형 등 요소가 매우 다양하나 서비스회복의 과정은 비교적 복잡하다.

②서비스 회복 유형에는 사과, 문제 해결 및 개선, 협조, 응대, 설명 등의 무형적인 회복이 있다.

③일반적으로 가장 많이 행해지는 서비스 회복의 유형은 할인, 교환, 사과, 보상이다.

④고객과의 신뢰와 만족수준을 향상시키려면 무형적인 서비스 회복보다는 유형적인 서비스 회복이 바람직하다.

18. 블랙컨슈머에 대응하기 위해서는 보상기준은 명확하고 절대적인 원칙을 가지고 있어야 한다. 보상기준에 대한 설명으로 바르지 않은 것은?

①고객의 악성 행동에 따라 보상 기준을 다르게 정하는 것은 오히려 역효과가 발생한다.

②보상은 설득 및 회유→소액 보상→적정 규모 보상→서비스 대체순으로 제시한다.

③기업 내부의 심의에 따라 보상 조치를 결정하는 것이 바람직하며 과도한 요구 시 명백하고 객관적인 자료를 요구한다.

④보상이전에 악성행동에 대한 부당함 설명과 함께 납득에 대한 설득도 필요하다.

해설: 블랙컨슈머에 대한 보상기준은 일반적으로 립서비스(Lip service)를 통한 설득 및 회유→유무형의 서비스 대체→현물을 통한 보상→현금을 통한 보상 순으로 진행한다.

19. 아래 설명하고 있는 것은 서비스 회복이론 중 어느 이론에 해당하는 것인가?

> 고객의 만족/불만족을 설명하는데 많이 사용되고 있는데 이러한 패러다임은 인지심리학에 근거를 두고 있다.
> 성과가 기대보다 높아 긍정적인 불일치가 생기면 만족이 발생하고 성과가 기대보다 낮으면 부정적 불일치가 발생하여 불만족이 발생한다고 보는 이론
> 해당 이론에서 만족이란 고객이 긍정적인 불일치를 인지할 때 얻어지는 결과이며 불만족은 부정적인 불일치를 인지할 때 얻어지는 결과라고 할 수 있다.

①공정성 이론

②자원교환이론

③귀인이론

④기대불일치론

20. 서비스 회복 프레임워크에서 즉각적인 서비스회복 단계에서 행하는 활동으로 보기 힘든 것은?

①심리적 보상(공감 및 사과)과 유형적 보상 제공

②접적직원에 대한 권한위임

③서비스 회복속도

④서비스 실패의 강도

21. 온라인 빅마우스, 소셜테이너의 확산, 단순 불만을 넘어 특정 기업을 공격하는 형태의 소비자 불평 행동은 아래 특징 중 어디에 해당하는가?

①불만대상 품목의 다변화

②온라인 불만 플랫폼의 확산

③불만소비자의 온라인 집단화

④1인 영향력의 증대

해설: 빅마우스나 소셜테이너, 파워블로거가 이러한 특징을 대표한다.

22. 블랙컨슈머(욕설 및 폭언이나 과격하게 화를 내는 고객)에 대한 응대기법으로 몹시 흥분하거나 감정조절이 제대로 되지 않는 고객들을 공감, 경청, 존중의 응대기술을 적절히 활용함으로써 진정시키고 차분히 응대할 수 있도록 해주는 기법은?

①E.A.R 기법   ②M.T.P 기법

③B.I.F.F 기법   ④H.E.A.T 기법

해설: B.I.F.F기법은 잘못된 정보에 대한 대응방법으로 흥분한 고객을 진정시키고 잘못된 정보에 대해서 효과적으로 대응하도록 하는 것이 주목적이다. 주로 직접 대면채널이나 이메일 및 SNS채널을 통한 접촉 시 활용한다.

23. 아래 설명하고 있는 것은 무엇인가?

> 고객 또는 관리감독 직원이 고객으로 가장한 채 매장이나 대면채널에 방문해 직원의 서비스 수준 또는 고객의 입장에서 현장의 서비스 개선점을 평가하는 제도

①옴부즈만(Ombudsman)   ②미스터리 콜(Mystery Call)

③미스터리 쇼핑(Mystery Shopping)   ④현장조사(Field Survey)

24. 블랙컨슈머에 대한 선제적인 대응방안이라고 보기 어려운 것은?

①사전에 블로그나 카페는 물론 SNS유포되는 사안에 대한 신속한 모니터링 및 조치를 진행한다.

②사전에 고객이력 및 고객 성향(고의성, 억지성 등)을 종합하여 분석 후 대응책을 마련한다.

③사전에 불만요소에 대한 모니터링 및 실시산 공유(메일, 홍보자료, 홈페이지, SNS 등) 및 VOC사전 예보제를 통한 리스크를 최소화한다.

④블랙컨슈머를 대상으로 강력한 법적 조치를 진행함으로써 추가적인 비이성적 활동의 확산을 방지한다.

25. 서비스 패러독스에 대한 설명으로 바르지 않은 것은?

①경제적인 풍요는 물론 서비스가 다양해지고 좋아지면서 소비자의 불만의 소리가 줄어드는 현상을 서비스 역설이라고 한다.

②모바일 서비스의 확장이나 ARS의 발달 등 고객의 니즈를 충족시키기 위해 서비스가 제공되지만 만족도는 오히려 감소하는 것이 대표적이다.

③한국소비자원 자료에 의하면 제품에 대한 불만은 90년대 말과 대비해서 12%감소한 반면 서비스에 대한 불만은 무려 86%나 증가했다는 사실이 이를 반증한다.

④서비스 패러독스는 고객들의 서비스 기대수준이 높아졌다는 것과 실제 서비스에 의한 성과가 불일치할 때 발생한다.

해설: 서비스 패러독스는 오히려 소비자의 불만이 증가하는 현상을 의미한다.

26. 고객불만의 원인 중 기업원인이 아닌 것은 무엇인가?

①경쟁사 대비 수준 이하의 서비스

②교환 환불 지연

③충분한 설명 미흡

④장애발생 · A/S등의 서비스 이용불편

27. 욕설 및 폭언 고객대상 삼진아웃제 단계별 조치에 대한 설명으로 틀린 것은?

①악성 이용자에 대한 캠페인 및 안내할동을 통해 사진경고 없이 고소 및 고발 대응

②욕설 및 폭언 고객에 대한 응대 지침과 1차적으로 구체적인 단계별 조치 사항의 지속적 안내

③2차적으로 고객과의 통화가 녹음되고 있음을 안내 후 해당 행위에 대한 자제 요청

④마지막 조치로는 언어폭력에 대한 법적 처벌 가능성 안내 후 통화 종료

28. 서비스 회복과 관련하여 직원들에 대한 지속적인 훈련 및 임파워먼트 부여에 대한 설명으로 바람직하지 않은 것은?

①고객불만을 효과적으로 처리하고 관리할 수 있도록 지속적으로 교육 및 훈련시킨다.

②고객불만을 신속하게 해결하기 위해 권한위임보다는 스킬 중심 교육이 제고되어야 한다.

③효과적으로 대응할 수 있도록 접점직원을 대상으로 처리권한을 위임하거나 강화한다.

④임파워먼트 제공을 통해 고객응대에 대한 스트레스를 해소하고 불필요한 고객의 불만을 사전에 예방한다.

해설: 서비스 회복을 위해 훈련도 중요하지만 현장에서 가장 중요한 것은 권한위임이라고 할 수 있다.

29. 불만처리 시 적극적 경청이 필요한 이유로 바르지 않은 것은?

①고객의 요구사항을 확인할 수 있다.

②고객 응대 스킬 향상 및 논리적 사고가 향상된다.

③불만해소를 위한 단서를 얻을 수 있다.

④고객과의 신뢰 형성으로 우호관계를 형성 할 수 있다.

30. 블랙컨슈머에 대한 형사적인 조치에 대한 설명으로 틀린 것은?

①형법상 범죄행위가 되는 경우 고소 및 고발을 취하는 형태

②사회질서를 파괴한 데 대한 제재 성격

③재산에 대한 압박을 가하는 손해배상 청구 형태

④기업입장에서는 범죄행위로 인해 피해를 입었다면 고소가능하나 최종적인 조치수단이므로 신중한 접근 필요가 있다.

해설: 재산에 대한 압박 또는 손해배상은 민사적인 조치라고 할 수 있다.

31. 블랙컨슈머를 CS가 아닌 위험관리 차원에서 접근해야 하는 이유에 대한 설명으로 바르지 않은 것은?

①선량한 고객 불만과 블랙컨슈머의 불만은 의도나 목적 측면에서 본질적으로 다르다.

②소비 트랜드의 변화와 함께 블랙컨슈머의 수법이 갈수록 교묘해지고 있다.

③조직 내부에서 명확한 지침을 제공하지 않을 경우 참지 않는 MZ세대 태도가 변화하고 있다.

④문제해결과 관련한 구체적인 대응 지침 요구보다는 무조건 참는 대응방식이 효과적이다.

32. 블랙컨슈머의 협박에 대처하는 방법에 대한 설명으로 바르지 않은 것은?

①목적이나 의도가 무엇인지 파악하는 것이 선행되어야 한다.

②자신의 책임이나 권한을 사전에 충분히 고지해야 한다.

③자신이 느끼는 감정을 전달하는 것보다 감정을 표현하여야 한다.

④도저히 해결이 어려울 경우 관리자에게 상황을 전달하고 해결하도록 한다.

33. 블랙컨슈머 대응 시 현장에서 증거를 확보해야 하는 이유에 대한 설명으로 옳지 않은 것은?

①블랙컨슈머 대응 시 감정적인 대응을 최소화할 수 있다.

②고소, 고발 시 범죄를 입증하는데 중요한 정황적 증거가 된다.

③블랙컨슈머의 협박 및 위압을 방지하는 효과가 있다.

④내부 교육 교재는 물론 사후 대응 지침을 개발할 때 활용할 수 있다.

34. 블랙컨슈머의 정신적인 피해보상에 대한 대응 지침으로 바르지 않은 것은?

①정신적 피해는 사람마다 모두 다르므로 그 크기를 구체적으로 입증할 수 없다

②정신적 피해보상에 대한 객관적인 기준이 마련되어 있어도 금전적인 보상 위주로 해결한다.

③보상 시에도 정신적인 피해 관련 구체적인 증거를 제시하도록 요구한다.

④지속적인 피해보상 요구 시 다양한 채널을 통한 분쟁을 해결하려는 노력이 필요하다.

35. 블랙컨슈머 법적 대응 시 사전에 알아야 할 사항에 대한 설명으로 바른 것은?

①법적 대응에 대한 해석은 모든 사람마다 동일하다.

②사업상의 리스크를 고려하면 법적인 대응이 최선의 대응책은 아니다

③법적 대응에 대한 기준이 비교적 명확한 편이므로 법적으로 대응한다.

④법적 대응을 하려면 상황과 특성을 고려하기 보다는 증거 확보가 우선이다.

36. 서비스 패러독스가 발생하는 원인으로 보기 어려운 것은?

①서비스 공업화 및 지속적인 기술의 복잡성

②인간적인 서비스의 결여

③표준화된 응대 매뉴얼 중심의 서비스 제공

④비용과 효율성의 강조를 통한 서비스의 획일화

37. 서비스 패러독스 극복방안에 대한 설명으로 바르지 않은 것은?

①고객에게 진심이 담긴 성의 있는 서비스를 제공한다.

②인공지능기술을 활용한 셀프서비스를 지속적으로 제공한다.

③고객 서비스 정책과 관련한 유연한 의사결정을 구축한다.

④고객 개인별로 차별화 및 맞춤화된 서비스를 제공한다.

38. 서비스 회복 전략이라고 보기 어려운 것은?

①고객불만에 대한 선제적인 대응보다는 사후처리 중심의 전략 실행

②접수된 고객불만의 공정한 처리

③고객불만에 대해 신속하고 정확한 처리 및 감성적인 대응

④직원들에 대한 지속적인 훈련 및 권한위임 부여

39. 고객불만관리를 위한 사후관리 활동으로 보기 어려운 것은?

①고객불만처리 · 사후관리를 위한 활동계획 수립 및 실행

②유형별 고객 불만사항, 처리내용, 결과 등을 공유

③위기관리 및 고객불만 대응절차 수립 및 실행

④고객불만을 통해 개선과제 발굴 및 개선활동 실행

해설: 위기관리 및 고객불만 대응절차 수립 및 실행은 고객불만관리를 위한 사전예방 활동이다.

40. 불만고객 응대 시 피해야 할 자세로 바르지 않은 것은?

①지속적이고 반복적인 질문만 하기

②고객 무시 또는 암묵적으로 거절하기

③고객이 잘못했음을 증명하기

④말을 많이 하지 않고 충분히 경청 후 대응하기

《 정답 》

제 2영역 실전예상문제

문항	1	2	3	4	5	6	7	8	9	10
정답	④	③	①	①	③	③	③	①	③	②
문항	11	12	13	14	15	16	17	18	19	20
정답	③	③	②	③	④	②	④	②	④	④
문항	21	22	23	24	25	26	27	28	29	30
정답	④	①	③	④	①	③	①	②	②	③
문항	31	32	33	34	35	36	37	38	39	40
정답	④	③	①	②	②	③	②	①	③	④

CS 클레임 관리사

제3영역

VOC 운영실무

VOC는 모든 기업활동의 근간이 되는 것이며, 기업활동의 Value Chain 내 모든 과정
에서 적절하게 활용하여 기업이 추구하고자 하는 목적과 목표에 도달할 수 있도록 하는
가장 가치 있는 자원이다.

VOC는 모든 기업활동의 근간이 되는 것이며, 기업활동의 Value Chain 내 모든 과정에서 적절하게 활용하여 기업이 추구하고자 하는 목적과 목표에 도달할 수 있도록 하는 가장 가치 있는 자원이다.

(1) VOC 정의

VOC는 고객과 관계된 모든 메시지를 의미한다. 즉, VOC는 고객이 기업과의 거래과정에서 발생하는 모든 메시지를 의미하며 기업에 대한 고객의 의사표현 권리라고 할 수 있다.

1) 커뮤니케이션 측면

①사업자가 제공하는 제품, 상품, 서비스, 정책 등을 통해 고객과 이루어지는 모든 커뮤니케이션 활동 간 발생하는 메시지이다.

②접점에서 고객과의 접촉에서 발생하는 경험정보, 고객이 상품을 구매함으로써 발생하는 거래정보 등이 이에 속한다.

③고객은 기업이 계속하여 사업 영위를 위한 아이디어를 제공해 주고 있다. 이러한 고객의 아이디어를 통해 잘못된 점을 개선하는데 고객의 아이디어가 곧 VOC이다.

2) 서비스 요소 측면

고객 서비스(만족)의 3대 요소(상품, 서비스, 이미지)의 커뮤니케이션 활동 간 나타나는 여러 가지 고객반응의 총합체이다.

요소	주요 내용
상품	상품의 품질, 디자인, 기능 및 성능, 사무실, 매장, 주차시설 등에 의한 고객 경험

서비스	접점 서비스, 부가서비스, 이벤트, 프로모션, 행사 등에 의한 고객의 반응
이미지	브랜드 이미지, 브랜드 인지도, 기업이미지(신뢰도 등), 사회공헌 등에 따른 고객의 생각

3) 경영자원화 측면

①다양한 고객의 의견과 경험을 체계적으로 관리하고 이를 기반으로 한 고객 인사이트를 경영활동에 반영하여 궁극적으로 고객 관점으로 경영활동을 이끌 수 있는 중요한 자산이다.

②고객 관련 정보를 수집, 분석할 수 있는 중요한 정보로 제품, 서비스 초기 개발 시 가장 중요한 데이터이다.

③기존 고객을 유지하고 새로운 고객을 발굴하기 위한 데이터이며 새로운 비즈니스를 창출하기 위한 기회 정보이다.

(2) VOC의 중요성

VOC는 기업의 경영활동 간 피드포워드(Feed forward), 피드백(Feed back) 관점에서 고객의 욕구(Needs)를 사전에 파악하고 적절하게 대응하지 않으면 막대한 피해로 돌아오게 되며 이러한 과정이 지속될 경우 기업 경영활동이 지속되지 못하게 되는 경우도 있다. 이러한 관점에서 VOC는 비용절감, 매출증대, 기업이미지 개선 측면에서 매우 중요하다.

1) 비용절감

①기업활동을 통해 신규고객을 획득하는데 필요한 비용은 기존의 고객을 유지하는데 필요한 비용의 5배가 든다.

제1영역
고객응대실무

제2영역
고객불만처리

제3영역
VOC 운영실무

제4영역
매뉴얼 개발실무

②효과적이고 선제적인 사전, 사후 VOC관리는 대응 및 처리를 위한 실패비용을 줄일 수 있다.

③불필요한 VOC의 제거는 VOC 대응을 위한 접점 채널의 효율을 이끌어 낼 수 있으며, 이는 운영비용 절감으로 이어진다.

2) 매출증대

①제품과 서비스에 불만이 있는 고객의 재구매율은 32%, 불만이 없는 고객의 재구매율은 78%이다. 특히, 불만이 있는 고객의 불만사항이 해결될 경우 재구매율은 89%에 이른다.

②기업활동을 통해 유지되는 상위 20%의 고객 1인 매출이 그 외의 80%의 고객 16명의 매출과 비슷하다.

③평균적인 기업활동의 65%는 만족을 얻은 기존 고객을 통해 달성된다.

④불만족 고객의 91%는 해당 기업의 물건을 다시 구매하지 않는다.

⑤고객 이탈율을 5% 개선하면 고객생애가치(Life Time Value)를 85%까지 증가시킬 수 있다.

⑥고객의 90%는 기존 기업에 만족하더라도 다른 기업의 서비스로 대체할 생각을 가지고 있다.

3) 기업이미지 개선

①불만족한 고객의 10% 미만이 자신이 느낀 불만을 기업에게 표현하며, 불만족한 고객의 10%는 20명 이상에게 불만족한 사실을 말한다.

②만족한 고객 1명은 4명에게 구전을 하는 반면 불만족한 고객 1명은 최소한 9명에게 자신의 불만사항을 다른 사람에게 이야기한다.

③이탈 고객 중 서비스 불만 또는 기업이 자신에게 무관심하다고 생각하는 고객이 65%이다.

④기업 이미지 및 서비스 혁신의 80%는 VOC에서 비롯된다.

(3) VOC의 주요이론

1) 하인리히 법칙(1:29:300 법칙)

1920년대 미국 여행 보험사 관리자인 허버트 하인리히가 7만 5천여 건의 산업재해를 분석한 결과로 산업재해 중 큰 재해 1건이 발생하면 그 전에 같은 원인으로 29건의 작은 재해가 발생했고 또 그런 재해가 발생할 뻔한 불안전한 행동과 불안전한 상태가 300건이 존재한다는 것을 알아냈다. 하인리히의 법칙은 어떤 큰 일이든 그 이전에 여러 작은 징후들이 계속해서 발생하고 있고 여러 작은 징후라도 적극적으로 대응하고 개선하지 않으면 큰 손실을 일으키고 위험에 빠질 수 있음을 시사한다. 이는 VOC의 관리에서도 마찬가지이다. 1건의 고객 강성 불만이 발생하였다면 그 이전에 유사한 29건의 고객불만이 있었을 것이고 이와 유사한 300건의 일반적인 문의가 있었다는 것으로 간주할 수 있다. 즉, 불필요한 VOC를 사전에 방어하기 위해서는 내부로 수집되는 VOC에 집중하여 회사의 상품, 서비스, 정책, 프로세스를 개선하고 보완하는데 힘써야 한다.

①일반적인 VOC에 대한 정기적인 모니터링을 통해 야기될 수 있는 불필요한 VOC를 예방한다.

②일반적인 VOC를 기반으로 고객지향적인 상품과 서비스로 전환한다.

③불만 VOC로 근본적인 불완전한 프로세스와 정책을 개선한다.

④VOC를 통해 회사의 사업적 위험을 사전에 방어한다.

2) 깨진 유리창의 법칙(Broken Window Theory)

미국 범죄학자 제임스 윌슨과 조지 케링이 1982년에 공동 발표한 이론으로, 사소한 깨진 유리창 하나를 방치하게 되면 그 지점을 중심으로 범죄가 확산되기 시작한다는 것으로 사소한 무질서를 방치하면 큰 문제로 이어질 가능성이 높다는 범죄심리학 이론이다. 이는 VOC의 관리에서 고객의 사소한 불만이나 의견일지라도 계속해서 묵과하고 제거하지 않으면 향후 상당한 위협으로 다가올 수 있음을 상징

제1영역
고객응대 실무

제2영역
고객불만처리

제3영역
VOC 운영실무

제4영역
매뉴얼 개발실무

한다. 그렇기에 VOC에 대한 정기적인 분석으로 고객의 니즈에 대해 지속적으로 관찰해야 한다.

① 내재되어 있는 불필요한 VOC를 개선하고자 하는 노력을 지속하여야 한다.

② 정기적인 VOC 분석으로 고객의 니즈를 관찰하고 대응해야 한다.

③ VOC를 기반으로 사업적 위험과 위협을 고객 입장에서 사전에 개선해야 한다.

3) 빙산의 일각의 법칙(The Tip of an Iceberg Theory)

빙산은 10%만이 수면 밖으로 보이고 90%는 수면 아래에 잠겨 있는 것처럼 VOC도 마찬가지이다. 내부로 수집되는 VOC는 전체 고객 중 10%만이 의견을 표출한다. 예를 들어 고객 불만이 10건이라면 이는 90건이 포함되어 전체 100건으로 간주하여야 한다. 일반적으로 고객 불만의 의미를 불필요한 항의나 지나친 억지 주장으로 내부 구성원에게 스트레스를 주는 까다로운 것으로 생각한다. 하지만 이는 자사의 제품이나 서비스의 약점과 부족한 점을 보완하고 개선해 줄 수 있는 유용한 정보들이다. 이를 통해 고객 충성도를 높이고, 수면 아래 내재되어 있는 고객 불만까지도 해결할 수 있는 절호의 찬스이다.

① 수집되는 VOC는 전체 VOC 중 10%이며 표현하지 않은 잠재 불만고객이 90% 이다.

② 표출되지 않는 VOC는 표출된 10%의 VOC를 기반으로 상품, 서비스, 정책, 프로세스 관점에서 개선한다.

③ 수집되는 10%의 VOC 관리가 긍정적인 기업이미지를 유지할 수 있다.

(4) VOC의 분류

1) VOC의 발생 단계별 분류

VOC는 예측 및 발생 시점에 따라 다음의 3가지 차원으로 구분이 가능하다.

①1차원 VOC : 기획 단계에서 예측되는 VOC

- 1차원 VOC는 가장 기본적으로 예측이 가능한 VOC이다.
- 기업의 제품, 서비스, 이벤트 등 사업활동에 있어 가장 기본적으로 발생하는 VOC이다.
- 이 VOC가 충족되지 않으면 상당수의 고객은 불만을 토로하며 이탈고객으로 발전하게 되고 사업 유지가 불가할 수도 있다.

②2차원 VOC : 고객경험에 의한 VOC

- 고객이 회사의 상품 및 서비스를 이용함으로써 발생하는 고객경험에 의한 VOC이다.
- 1차원 VOC처럼 구체적이지는 않지만, 기존 유사한 제품, 서비스, 이벤트 등 고객 경험을 통해 예측할 수 있는 VOC이다.
- 사업자의 제품, 서비스, 이벤트 등을 고객에게 제공함으로써 필연적으로 발생하는 VOC이다.
- 일반적인 기업활동에서 전체 VOC 중 가장 큰 비중을 차지하고 있는 VOC이다.
- VOC가 해결되지 않을 경우 고객 불만이 빈번하게 발생하여 실패비용이 증가한다.

③ 3차원 VOC : 고객관계관리의 VOC

- 1~2차원 VOC와는 달리 회사의 입장에서 적극적으로 고객과 커뮤니케이션 활동을 하면서 발생하는 VOC이다.
- 대부분이 긍정적인 VOC로 고객의 충성도를 높일 수 있으나 잘못된 고객선택 및 불필요한 커뮤니케이션 활동은 부정적인 VOC를 발생시킬 수 있다.
- 고객이 기대하지 않았거나 미처 예측하지 못한 사항에 대해 신세직인 대응으로 발생되는 VOC이다.
- 기존 VOC 분석을 기반으로 한 고객 보호(Care) 활동, 예측 가능한 고객 이슈

에 대한 선제적 대응 및 서비스 리커버리 활동에서 얻어지는 VOC이다.

■ 고객관리 활동의 목적에 맞는 3차원의 VOC가 지속적으로 발생할 경우 고객은 사업자에 대한 긍정적 구전활동을 한다.

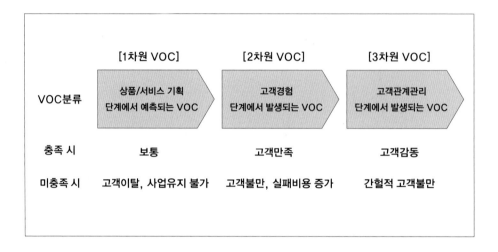

[VOC차원적 분류]

2) VOC 속성별 분류

구분	주요 내용
일반 VOC	개선이나 불만을 위한 VOC가 아니라 고객의 궁금한 점이나 단순하게 문의하는 것으로 실제 기업의 상품이나 서비스를 개선하는 데는 한계가 있다.
제안 VOC	기업의 상품이나 서비스를 이용한 후 고객이 적극직으로 개선을 요청하거나, 의견을 제시하는 VOC이다.
칭찬 VOC	기업의 상품이나 서비스를 경험하며 특정 사항에 대해 긍정적인 메시지를 전달하는 VOC이다.
불만 VOC	기업 활동에서 고객지향적인 상품, 서비스로 개선하기 위해 가장 중요한 VOC로 기업은 고객 불만에 신속하게 대응하여 불만족한 사항을 만족으로 전환시키려는 노력을 한다. 이를 통해 기존의 고객 이탈을 방지하려는 것이다.

3) 고객 관점에서의 VOC 분류

구분	주요 내용
내부고객 VOC	기업의 상품 및 서비스 생산활동에 관여하는 임직원의 VOC를 의미하며 내부 임직원이 회사 내부의 정책, 프로세스, 복리후생, 인사 등에 대한 의견을 제시하며 발생하나, 대부분은 임직원을 대상으로 하는 리서치를 통해 수집한다.
협력고객 VOC	기업의 상품이나 서비스를 고객에게 제공하기 위해 기업의 파트너로서 일을 하는 협력사(유통, 접점, 판매, 생산 위탁 등)로부터 접수되는 VOC이다.
외부고객 VOC	기업의 상품이나 서비스를 직접 구매하거나 사용하는 고객 또는 잠재고객의 VOC이다. 기업이 수집하고 있는 대부분의 VOC는 외부고객의 VOC이다.

(5) VOC 발생 원인

VOC는 기업의 경영활동에서 발생할 수 밖에 없다. VOC는 긍정적인 VOC와 부정적인 VOC로 크게 분류하여 볼 수 있다. 이는 고객에게 전해지는 정보가 부족하거나 고객의 욕구(Needs)가 기업활동이 부합하지 않기 때문에 발생한다.

1) 고객의 기대가치 충족을 위한 활동

고객만족이란 고객이 특정 상품 및 서비스를 이용하기 전 기대가치에 대비하여 상품 및 서비스를 이용하며 얻어진 경험가치의 Gap에 의해 결정된다. 이 과정에서 고객은 정보수집, 문의, 사실확인, 의견제시 등을 위해 VOC를 발생시킨다.

①서비스 품질 요소가 가지고 있는 고객의 기대가치에 부응하지 못할 경우 VOC가 발생한다.

②구전, Needs, 경험에서 오는 정보의 불일치로 인해 사실을 확인하고자 VOC가 발생한다.

제1영역
고객응대실무

제2영역
고객불만처리

제3영역
VOC 운영실무

제4영역
매뉴얼 개발실무

③지각된 서비스 품질의 Gap을 확인하고 정보를 수집하기 위해 VOC가 발생한다.

④만족수준에 따라 고객의 의견, 제안, 불만을 표출하기 위해 VOC가 발생한다.

2) 기업의 제공가치와 고객의 소비가치의 차이

고객은 특정 상품을 구매하기 위해서는 구매 전 고려 상품에 대한 정보를 광고, 상품평, 가격비교, 주변 지인의 의견 등을 통해 얻게 되고 그 정보를 바탕으로 구매 고려 대상 상품에 대해 적극적인 평가를 하게 된다. 이 적극적인 평가의 결과로 구매행위가 일어나게 된다. 구매 후에는 구매 전 고려했던 사항을 근거로 경험에 의한 평가를 하게 된다. 이 과정에서 기업은 타사 대비 차별화된 서비스와 제품을 고객에게 제공하고 있다고 높게 평가하고 있으며 반대로 고객은 낮은 평가를 하고 있다. 이로 인해 VOC가 발생하게 되는 것이다.

①기업관점에서 인식하는 제공가치와 실제 고객이 인식하고 있는 경험가치의 Gap에서 VOC가 발생한다.

②기업은 가치 제공자의 입장에서 평가를 높게 하는 반면 고객은 가치 소비자의 관점에서 낮게 평가한다.

③기업은 고객의 니즈에 충분한 서비스를 제공하고 있다고 생각하나 실제 고객의 기대가치에는 미치지 않는다.

④즉, 전달오차(Delivery Gap)는 고객으로 하여금 문의, 제안, 불만의 형태로 VOC를 발생시킨다.

3) 기업활동 간 발생하는 서비스 Gap

파라슈라만(A. Parasuraman)은 기업 경영활동 간에 아래의 4가지 사항으로 고객과의 격차가 발생한다고 하였다. 이 4가지 격차는 실제 기업활동과 고객인식 및 고객행동과의 Gap에서 야기되며 그에 따라 고객에게 미치는 영향으로 VOC가 발생한다.

① 시장 정보의 격차(Market Information Gap)

- VOC를 예방하기 위해 관리해야 할 가장 중요한 격차이다.
- 고객이 중요하고 옳다고 여기는 것과 기업의 경영자들이 중요하고 옳다고 생각하는 것에 차이가 생기는 경우다.
- 고객의 요구에 대한 정확한 인사이트를 파악하지 못하고 잘못된 의사결정에 의한 Gap이 발생한다.

② 서비스 표준 격차(Service Standard Gap)

- 고객만족에 대한 기업 경영진이 표방하는 사상과 실행단에서 체계화하고 정해놓은 구체적인 실행 지침이 다르거나 이행되지 않는 경우이다.
- 서비스 정책에 따라 접점에서 양질의 서비스 품질을 제공해야 하나 고객 서비스 실행에 있어 정책과 Gap이 발생한다.

③ 서비스 실행 격차(Service Performance Gap)

- 업무 지침과 실제 직원들의 이행도 격차이다. 예를 들어 업무 지침에는 청결함과 친절함을 강조하였으나 실제로는 실행되지 않을 경우 Gap이 발생한다.
- 동일한 서비스를 제공한다 할지라도 실행하는 주체에 따라 Gap이 발생하는 경우다.

④ 내부 커뮤니케이션 격차(Internal Communication Gap)

- 기업 각 부서의 말이 서로 다른 경우이다.
- 영업 혹은 마케팅 활동 간 구매유도를 위해 상품우수성과 부가서비스를 약속하였으나, 서비스를 실제 제공하는 직원들은 고객과 약속했던 사항들이 정확히 무엇인지 인지를 못하고, 서비스 이행을 하지 않으면서 Gap이 발생한다.

(6)VOC의 활용범위

①VOC사례 축적을 통해 비슷한 유형의 VOC DB구축

②고객불만 발생 유형 및 업무 처리 분석 → 신상품 및 서비스 개발

③축적된 VOC DB를 활용한 고객 니즈 분석 및 경영활동 활용

④사업적 의사결정 지원을 위한 기초 데이터 활용

⑤서비스 및 프로세스 개선을 통한 고객만족 활동에 활용

⑥전사 직원들의 인식 개선의 도구 및 활동 → 서비스 품질 향상

⑦VOC분석 자료 활용하여 다양한 유형의 고객 대상 마케팅 전개

⑧실질적인 서비스 개선 활동의 직간접적인 지원

VOC 운영 및 활성화 전략

(1) VOC 운영의 일반적인 문제점

1) 일반적인 VOC에 대한 왜곡
①VOC라 하면 통상 고객 불만과 관련된 것만을 생각한다.

②고객이 자신의 요구나 욕구를 명확하게 표현할 수 있는 접수 채널이 없다.

③지속하여 동일한 VOC가 접수되었음에도 이를 간과한다.

④긴급하게 처리해야 할 VOC가 접수되었음에도 이를 주도적으로 개선할 책임부서가 없다.

2) 기업활동에서의 VOC 소홀로 인한 손실
①불만고객의 관리 소홀은 동일한 불만 고객을 계속하여 양성한다.

②VOC 관리의 부재로 인한 제품, 서비스의 저하 상황에서 경쟁 환경 수준에 도달하기 위해서는 투자, 교육 등의 비용이 이전 투입비용 이상으로 발생한다.

③VOC의 수집 및 관리 부재는 고객의 니즈 파악을 불가능하게 하며 이로 인해 서비스 회복을 위한 적시적인 활동도 어렵게 된다.

(2) VOC 운영 목적

1) 고객관점
고객의 Needs와 Wants에 대한 정확한 정보를 얻어내어 사업자 입장에서 고객에게 적절한 대응과 충족을 시키기 위함이다.

①Needs : 고객이 요구하는 기본적인 욕구이자 필요한 것. 즉, 결핍을 느끼는 상태
　　[Ex] 갈증, 배고픔, 안전, 소속감, 손경 능

②Wants : 고객이 Needs에 대한 사항을 구체적으로 충족해 주기를 원하는 것
　　[Ex] 물, 빵, 답변, 정보 등

③Needs와 Wants에 대한 적절한 대응과 정보제공이 사업활동 및 고객만족을 유지할 수 있다.

2) 사업자 관점

사업자 관점의 VOC 운영 목적은 고객지향적인 사업환경을 완성하고 경영활동에 반영하여 지속적인 고객의 유지, 신규고객 창출, 기존고객의 재구매, 추천고객을 발굴하여 회사 이익에 기여하는 것이다.

①고객지향적 기업경영활동

- 고객의 인사이트(Insight)를 확보하며 이를 기반으로 회사의 상품, 서비스, 프로세스, 정책을 개선한다. 즉 VOC의 자산화를 통해 고객지향적인 경영활동을 지원한다.
- VOC를 기반으로 하여 과정관리 및 성과관리로 내부 구성원을 평가한다.
- 예측 가능한 리스크에 대한 방어활동으로 회사의 이미지를 사전관리한다.

② 기업경영활동의 유지

- 이미 발생한 VOC를 적절히 대응하거나 사업적 리스크를 사전 관리하여 실패비용을 감축한다.
- 고객의 요구에 적절히 대응하고 고객불만을 해소하여 기존 고객 유지 및 신규 고객을 창출한다.
- VOC 운영은 기업의 수익과 가치를 창출하여 기업의 성장과 유지를 위한 것이다.

(3) VOC 운영 기본요소

성공적인 VOC 운영을 위해서는 기본적인 VOC 운영 인프라를 구비하여 기업 차원에서 신속하게 대응할 수 있는 체계를 구축하여야 한다.

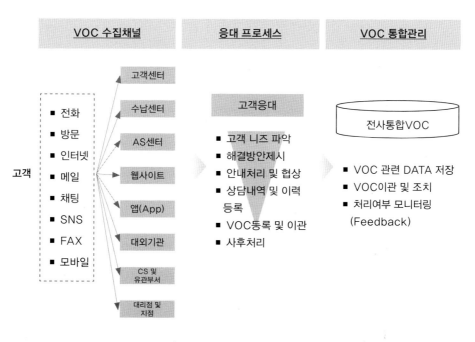

[일반적인 VOC 운영 프로세스]

1) VOC 채널 통합

①VOC 관리 프로세스를 설계하기 위해서는 여러 채널을 통해 접수되는 VOC를 통합한다.

②기업내부 채널, 기업외부 채널로 접수되는 VOC를 통합한다.

③전화, 웹, 온라인, 내방, 접점 등으로 수집되는 다양한 VOC의 채널을 단일화한다.

④여러 접수 채널에 산재되어 있는 VOC를 고객단위로 통합하여 관리한다.

2) VOC 조직

①VOC 처리를 위한 소식구축 및 정확한 표준 절차에 따라 운영한다.

②원스톱 처리를 위해 VOC 1차 처리를 위한 고객 접점 채널의 처리 능력을 관리 및 향상시킨다.

제1영역
고객응대 실무

제2영역
고객불만처리

제3영역
VOC 운영실무

제4영역
매뉴얼 개발실무

③1차 대응 접점 부서와 추가 대응이 필요한 VOC의 책임부서와의 처리 프로세스를 구축한다.

④고객의 불만을 처리하기 위한 내부 기준을 정립한다.

⑤VOC를 기업 내부로 자산화 할 수 있도록 일련의 과정을 정확하고 구체적으로 체계화한다.

⑥모든 VOC는 일정시간 이내 처리를 원칙으로 하되 필요 시 고객의 양해를 구하여 해결 가능 시점을 고지한다.

3) VOC 시스템

①모든 VOC에 대한 일련의 처리과정 및 이력을 사전 정의된 입력기준으로 시스템을 통해 DB화 및 자원화한다.

②각 VOC는 제품구분, 사업관점, 관리관점, 고객관점, 원인 및 처리 관점으로 등록한다.

③VOC 접수 현황 및 처리 품질을 관리하기 위한 통계를 제공한다.

④처리, 모니터링을 용이하게 하고 최종 결과를 고객에게 적시에 피드백 한다.

⑤시스템 사용자 입장에서 사용 편의성을 제공한다.

⑥VOC시스템 외 다른 시스템(ERP, SFA, POS, CRM 등)과의 연동을 통해 원스톱 처리를 지원한다.

(4) VOC 운영의 성공요소

1) VOC 관리 및 처리 조직의 역량 내재화

① 주기적으로 구성원에 피드백하고 VOC 평가 체계를 운영한다.

② CS 리더 조직을 구성한다.

③ VOC 관련 교육프로그램을 운영한다.

④ VOC 개선 부진부서와 정기적으로 커뮤니케이션 활동을 한다.

⑤ 내부 구성원들에게 주요 이슈, 이벤트에 대해 홍보한다.

2) 실질적인 성과 창출

① 단기에 개선 가능한 과제를 선정하고 시행한다.

② 개선을 위한 이벤트 및 정책을 마련한다.

3) 고객의 선호하는 편리한 VOC 접수 채널 확보

① 전화, 홈페이지, SNS 등 고객의 접근 채널이 다양해야 한다.

② 접수된 고객의 의견은 빠른 시간에 처리되어야 한다.

(5) VOC 성과 관리

VOC의 관리에서 가장 앞서서 해야 하는 것은 향후 VOC 성과관리를 위한 관리지표, 평가지표를 도출하고 각 지표의 현 수준을 진단하고 목표를 설정하는 것이다.

1) VOC의 성과관리를 위한 구체적인 산출물을 규정

① 모든 업무가 그렇듯이 VOC 운영도 최종적인 산출물이 구체화되어야 한다.

② VOC 수집에서 개선(자원화)까지 각 단계에서 얻어지는 산출물을 설계한다.

2) VOC 운영을 위한 명확한 대상과 책임부서를 선정

① 관리, 개선해야 할 대상과 직접적인 관계가 있는 책임부서를 선정된다.

② 관리, 개선해야 할 대상은 상품, 서비스, 정책, 프로세스 등 모든 경영활동과 관계되는 것이다.

3) VOC 접수 및 개선에 대한 과정 관리

① VOC 운영 간 개선 여부를 정기적으로 진단하고 관리한다.

② VOC 운영은 지속적인 모니터링이 중요하다. 정기적으로 진단하고 진단 결과를 책임부서 및 경영진과 공유해야 한다. 이러한 과정을 통해 목표 수준을 달성한다.

4) 회사의 매출성장, 이익창출에 VOC운영의 기여도 측정

① VOC 운영의 최종 결과물은 결국 회사의 성장에 기여하는 것이다.

② VOC 운영의 일련의 활동 과정에서 진행한 개선과제, 관리지표를 비용절감, 공헌이익 등과 연계하여 경영성과를 분석한다.

③ 결국 VOC 운영이 회사의 이익창출에 기여했음을 입증한다.

(6)VOC 활성화 전략

1) 다양한 온오프라인(On-off line) 커뮤니케이션 채널의 확보

2) 고객지향적이고 효율적인 VOC 시스템에 의한 관리

3)교육 훈련 및 평가를 통한 지속적인 개선

VOC 관리는 일반적으로 접수/분류 → 대응/처리 → 분석/관리 → 공유/개선의 절차를 따르며, 최초 수집에서 개선까지 일련의 프로세스로 관리되어야 한다. 전체 프로세스에서 한 가지 사항이라도 놓치거나, 관리가 되지 않으면 성공적인 VOC 경영을 이룰 수 없다.

[VOC 통합 프로세스 프레임워크]

(1) 접수/분류

VOC를 수집할 수 있는 다양한 채널을 구비하고 수집되는 VOC를 일원화 및 통합 관리한다. 이 과정에서 VOC 수집을 위한 시스템과 유형화된 코드체계, 관리 책임부서가 존재하여야 한다.

1) 주요 관리 요소
①고객 편의를 위해 VOC의 수집 채닐 다양화
②VOC 접수를 위한 시스템 구축
③VOC를 유형별로 구분할 수 있는 체계 구비

제1영역
고객응대 실무

제2영역
고객불만처리

제3영역
VOC 운영실무

제4영역
매뉴얼 개발실무

④VOC 유형별 개선 관리 책임부서 설정

⑤각 VOC 접수 채널의 VOC 통합

2) 일반적인 VOC 접수 채널

고객의 소리는 고객지원(상담, 콜)센터, A/S센터, 웹(Web), 앱(App), 서신(DM), 메일 등 고객과의 커뮤니케이션이 발생할 수 있는 모든 접점포인트에서 접수할 수 있어야 한다.

①전화상담

전화를 통해 고객의 소리를 접수 처리한다. 이 경우는 고객의 소리 처리를 전담하는 담당부서에서 전화, 온라인 등의 방법으로 접수부터 처리완료까지 관리하기 때문에 전문성 있는 대응이 가능하다.

②현장센터(A/S, 설치)

고객과의 직접 대면서비스를 담당하는 부서로 고객의 소리를 접수한다. 이 경우 대면 및 전화로 대응함과 동시에 고객의 상황을 자세하게 파악할 수 있어 빠른 처리 접근이 가능하다.

③온라인 1:1 게시판(웹, 앱)

홈페이지, 모바일 등을 통해 접수되는 고객의 소리로 전화 및 대면상담을 선호하지 않거나 전화 및 대면상담이 불가한 상황에서 접수된다.

④고객의 소리함 등

3) 리서치를 통합 VOC 접수

①CSI (Customer Satisfaction Index, 고객만족도조사)

- CSI는 기업과 경쟁사의 서비스 이용고객을 대상으로 만족도를 조사하여 경쟁력 수준을 파악한다.
- 조사간 발생하는 정성적, 정량적 VOC를 기반으로 경쟁사 대비 경쟁 우위를 갖기 위한 개선과제를 도출한다.

- 주요 서비스 품질 요인별 만족도 및 영향력을 측정한다.
- 충성고객 지수를 파악한다.
- CSI 조사 주요 설문 항목
  - 상품, 서비스, 이미지에 대한 고객의 세부 경험 결과
  - 해당 기업의 경험 결과에 따른 고객의 전반적 만족도, 재구매의향, 타인추천 의향

②NPS (Net Promoter Score, 순추천고객지수)

- 기존의 고객만족점수는 진정한 고객의 충성도를 대표하기 어렵기 때문에 등장한 충성도 관련 지표가 바로 순고객추천지수(Net Promoter Score, 이하 NPS)이다.
- NPS는 대상 고객에게 '추천 의향'이라는 단 한 개의 질문으로 고객의 충성도를 측정하는 방법이다.
- 여러 실험을 통해 실제 고객의 반복 구매행동과 추천행동에 높은 연관성을 보인 지표를 발견하였는데, 이것이 바로 '추천의향'이다.

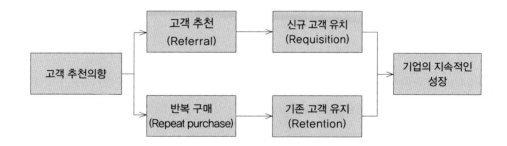

- NPS의 측정방법
  - 문항 : '거래하시는 회사를 친구나 동료에게 추천할 의향이 얼마나 있습니까?'
  - 척도 : 11점 척도
  - 산식 : NPS = 추천고객(Promoter : 10점~9점)비율 - 비추천고객(Detractor : 6점~0점)비율

[NPS 설문 및 척도]

③ICSI(Internal Customer Satisfaction Index, 부서간 만족도 조사)
- 내부고객의 만족한 결과가 최종 고객접점에서의 고객만족으로 이어진다.
- 기업이 공통된 고객만족 목표를 향하여 유기적으로 움직여야 한다는 관점에서 기업 내 부서간 업무 협조, 전문성, 성실성 등을 조사한다.
- 주요 설문항목
 - 기업 내 부서간 업무 협조의 적극성 정도
 - 부서의 업무의 고객지향적 태도 및 행동 정도
 - 부서의 업무 전문성, 처리신속성 등의 능력 정도
 - 부서의 전사적 목표 달성을 위한 마인드 정도 등

④COI(Customer Oriented Index, 고객중심지수)
- 기업의 고객지향적 수준을 측정하고 진단한다.
- 고객에게 최선의 서비스를 제공하고자 하는 기업 문화의 수준을 측정한다.
- 주요 설문 항목
 - 조직 : 기업이념, 조직구성, 평가제도, 고객지원
 - 프로세스 : 고객응대기준, 고객지원조직, 업무프로세스, 고객관리방법 등
 - 임직원 : 임직원의 태도, 가치관, 응대행동 등

-개인 : 개인의 고객 응대 태도, 고객에 대한 가치관, 고객관리 방법 등

⑤ESI(Employee Satisfaction Index, 직원만족도조사)
- 내부직원만족도 개선으로 기업 내부의 성과와 고객의 만족도를 높일 수 있다. 설문을 통해 기업 구성원에게 필요한 교육과 경력개발을 지원할 수 있다.
- 현재의 인사제도, 복리후생을 개선할 수 있다.
- 주요 설문항목
-인사제도, 평가제도, 복리후생
-기업 및 경영진 마인드, 기업 및 부서의 성과, 관리자 능력
-직무만족도, 지속근무의향, 타인추천의향 등

4) VOC 코드 체계

다양한 채널을 통해 접수되는 고객의 소리를 통합하여 관리하기 위해서는 VOC코드 체계가 필요하다. VOC코드는 일정한 규칙과 패턴에 의해 사전에 정의된 구조화된 약속 체계인 것이다.

① VOC 수집 정합률 제고 요소
- VOC 접수 등록을 위한 체계적이고 정확한 코드 체계가 있어야 한다.
- VOC 코드는 고객관점에서 정의되어야 하며 등록자가 쉽게 찾을 수 있어야 한다.
- VOC 코드 체계를 등록자에게 반드시 상세하게 설명 되어져야 한다.
- 신규 등록자에게는 필수로 교육을 진행하여야 한다.
- 이관되는 VOC는 그 내용과 속성에 따라 정확한 정의와 처리 규정이 마련되어 있어야 한다.

② VOC 코드의 정의
- 고객의 요구를 등록하는 구조화된 단어들의 집합이다.

제1영역
고객응대실무

제2영역
고객불만처리

제3영역
VOC 운영실무

제4영역
매뉴얼 개발실무

- VOC 빈도를 산출하여 실적집계를 할 수 있는 툴이다.
- 기업 경영활동에 불필요한 저해요소를 개선하기 위한 기반이다.

③ VOC 코드 분류 체계

- VOC코드는 VOC 접수와 처리 관점으로 구분할 수 있다.
- VOC 접수코드는 1차 대응하는 접수 채널에서 고객의 문의 및 요구사항 등을 유형화하여 등록하고 사실 자체를 담을 수 있도록 구조화되어 있어야 한다.
- 최초 대응에서 해결되지 않고 이관되는 VOC는 경영자원화 활동에서 서비스 정책, 프로세스를 짧은 시간에 개선할 수 있는 아주 중요한 단서이다.

④ VOC 상담속성의 정의

속성	정의
일반	회사의 서비스, 상품, 이벤트 등 전반적인 것들에 대해 고객의 입장에서 궁금하거나 확인을 해야 할 사항들에 대한 속성으로 기업에서의 상품이나 서비스 개선에 활용하기에는 한계가 있다.
불만	회사의 서비스, 상품, 프로모션, 정책 등과 관련하여 고객의 기대가 충족되지 않아 접수되는 특징이 있다.
칭찬	회사의 서비스 구성에 대해 만족하여 회사 내부로 전달되기를 원하는 VOC이다.
제안	회사의 서비스, 상품, 정책 등이 고객관점에서 보다 나은 방향으로 개선될 수 있도록 요청하는 VOC이다.

5) VOC 코드의 관리

①모든 VOC 코드 중 '기타' 코드는 하나이어야 하며 중분류 하위에 '기타' 코드를 생성할 경우 등록자 대부분이 판단하기 어려운 것을 기타코드에 입력한다.

②전체 접수 코드 중에 '기타' 코드를 단 하나로 생성하고 정기적으로 모니터링하여 오등록을 관리하며 '기타'에 포함된 VOC 중 빈도가 큰 것은 코드를 추가 생

성한다.

③VOC 코드 생성 후 주, 월 단위로 정합성을 판단하기 위해 모니터링을 해야 한다.

④VOC 코드 중 소분류는 가능한 상세하게 기술하여 등록자가 직관적으로 선택할 수 있도록 해야 한다.

⑤VOC 코드 중 소분류는 일정 기간 관리 이후 사용자의 탐색 시간을 줄여 주기 위해서 사용빈도가 높은 것을 상위에 위치시켜 준다.

⑥사업적 이슈 및 특정한 상황을 위해 입력 시 태그 기능 구현을 하면 분석 관리가 용이하다.

6) VOC 접수 시스템 구축

VOC 수집 채널은 수집 범위에 따라 3단계로 분류되며, 각 단계별 VOC 관리영역을 점진적으로 확대한다. 그에 따른 기업의 VOC 경영 관여도가 높아진다.

①1단계 : 단순 상담 시스템(1:1게시판 시스템, 단순 상담 시스템)

- VOC를 유형별로 수집하고 관리한다.
- 각 VOC별 담당부서를 설정하고 개선될 수 있도록 유도한다.

②2단계 : 통합 VOC 시스템(VOC 통합, 이관관리, 대시보드)

- 여러 접점 채널에 흩어진 VOC를 통합하여 일원화 한다.
- VOC의 수집에서 최종 처리까지의 이력을 관리하고 체계적으로 대응한다.
- 주요 VOC가 전사적으로 공유될 수 있도록 시스템을 활성화 한다.

③3단계 : 기존 시스템과의 통합

- VOC 시스템과 CRM, POS, SFA 등 고객 커뮤니케이션 관련 시스템과 통합 관리한다.
- 캠페인을 통해 VOC를 관리한다.

(2) 대응/처리

VOC 대응 및 처리는 기업에서 제공하는 제품, 서비스에 대해 고객으로부터 접수되는 각 의견을 정확히 파악하고 단기적으로 고객이 원활한 제품 및 서비스를 이용하도록 효율적으로 관리하는데 목적이 있다. 이 과정에서 발생하는 고객 불만의 분쟁을 줄이고, 장기적으로 고객의 신뢰를 기반으로 기업의 대내외적 이미지를 개선한다. 결과적으로 기업의 가치를 높이고, 기업 경쟁력을 향상시킨다.

1) 주요 관리 요소
①VOC 유형별 처리 기준 마련
②VOC 유형별 담당자 정의
③처리부서간 커뮤니케이션 체계 구축
④처리 내용의 고객 피드백

2) VOC 대응 조직의 업무
①VOC 운영 관리
- VOC 운영과 관련된 규정을 정의하고 관리한다.
- VOC와 관련된 시스템을 운영하고 원활한 처리가 될 수 있도록 개입한다.

②VOC의 개선관리
- VOC 접수 현황을 분석하고, 개선을 위한 이슈를 발굴한다.
- 발굴된 이슈 VOC에 대해 개선방안을 수집하고 시행한다.
- 수집된 개선방안에 대한 과제를 선정하고 책임자를 선정한다.
- 과제의 수행 성과를 관리하고 최종 종료 시 내재화한다.
- VOC 개선 우수 사례를 발굴하고 이를 홍보, 교육한다.

③VOC 평가

- VOC 개선을 위한 평가체계를 수립한다.
- 평가체계에 준하여 핵심지표를 선정한다.
- 핵심지표의 책임부서를 선정한다.
- 평가 결과를 산출하고 공유한다.

④VOC 전산관리

- VOC 시스템에 대한 기획, 개발, 기능추가, 유지보수를 시행한다.
- VOC 시스템의 보안을 확인하고 주기적으로 점검한다.

⑤VOC 품질관리

- VOC 데이터들의 품질을 관리한다.
- VOC 처리 상황을 모니터링하고 처리부서를 독려하고 지원한다.

3) VOC 관리를 위한 책임과 권한

①VOC 주관부서(관리부서)

- VOC 운영과 관련한 원활한 대응, 처리를 위한 VOC 관리 정책 마련, 상담시스템 및 상담지원시스템에 대한 기획, 개발 지원을 해야 한다.
- 모든 VOC를 자원화 할 수 있도록 접수 및 처리 환경을 시스템화 하여야 한다.
- 접수된 VOC가 처리 또는 문제 해결이 지체될 경우 원활히 해결될 수 있도록 관련부서와 긴밀하게 협조하여야 하며 VOC의 심각성, 긴급성, 중대성을 고려하여 처리하여야 한다.
- 정기적(일, 주, 월)으로 접수내용, 주요 이슈, 개선 진행 내용 등에 대한 VOC를 분석하여 관련 부서에 공유하여야 한다.
- 불만과 관련된 모든 내용과 정보는 최대한 노력을 기울여 조사, 분석하여야 한다. 이를 통해 관련부서와의 업무 협조하여 문제를 해결할 수 있도록 하며

제1영역
고객응대 실무

제2영역
고객불만처리

제3영역
VOC 운영실무

제4영역
매뉴얼 개발실무

관련부서와 함께 재발방지대책을 마련하여 개선활동을 주도해야 한다.

- 자사의 품질 및 서비스의 결함으로 인한 고객 손실이 발생할 경우 적정한 보상을 위한 기준을 마련하여야 하며 그에 대한 집행을 하여야 한다.
- VOC 관리업무를 효율적으로 운영하기 위하여 필요 시 주관부서 주체로 각 관련부서 참석 하에 제품/서비스 품질 개선 및 고질적인 문제점 처리 업무를 추진하기 위한 VOC 운영위원회를 진행한다.
- VOC 운영위원회는 제품 및 서비스 품질 개선을 위한 방안 모색, 고객불만에 대한 조치 개선 방안 협의, 고객불만에 대한 처리 결과 및 진행 현황 점검, 기타 관련부서와 협의가 필요한 안건에 대해 협의한다.

②VOC 대응부서(접점부서)

- VOC에 대한 1차 응대 및 처리를 하며 접수되는 내용의 파악을 통해 필요 시 주관부서 및 책임부서에 원인 규명 및 대응 가이드를 요청한다.
- VOC의 대응은 회사의 제품 및 서비스에 대한 의견을 대변하는 것으로 고객의 불편사항을 해결하여야 한다.
- VOC 응대 시 기업의 제품 및 서비스에 대한 신뢰와 믿음을 줄 수 있도록 제품 및 서비스에 대한 올바른 사용법, 정보, 서비스에 대한 교육을 진행하여야 한다.
- VOC 응대 간 고객의 불만 발생 시 1차 대응을 하며 필요 시 주관부서 및 책임부서에 이관하여 VOC가 종결될 수 있도록 모니터링 및 지원하여야 한다.
- 모든 VOC는 사전 정의된 입력 코드 체계를 준수하여 상담시스템에 입력하여야 하며 VOC의 입력 정합성을 높일 수 있도록 관리하여야 한다.
- 회사의 귀책으로 인한 장애/오류/하자로 인해 직접적인 피해가 있음이 확인될 경우 내부 기준에 의해 적정한 보상을 해야 한다.

③VOC 지원부서(접점채널 지원부서)

- VOC 대응부서로부터 전달받는 VOC에 대해 내용을 조사하고 해당 부서로의

원인 및 대응가이드를 요청한다.

- 주관부서와 긴밀하게 협조 및 지원을 해야 하고 필요 시 VOC 주관부서를 통해 협조를 구한다.
- 주요 VOC에 대한 현황 관리와 함께 불만 및 이관된 VOC에 대해 처리 여부를 관리한다.
- VOC 대응부서의 원활한 VOC 대응을 위한 가이드를 제공하며 그와 관련된 일련의 교육이 진행될 수 있도록 협조한다.
- VOC 대응부서에 대한 운영 및 관리 책임이 있으며 관련된 일련의 서비스 품질 개선 및 유지할 수 있도록 상호 업무 협조 및 개선활동을 진행하여야 한다.

④VOC 책임부서(근본적 문제 해결 부서)

- 모든 관련부서는 VOC 처리를 위한 업무를 우선순위로 진행하여야 한다.
- 부서와 관련된 불만 VOC에 대해서는 재발되지 않도록 힘써야 한다.
- VOC 해결을 위한 정책/가이드/프로세스 등 인프라 정비를 위해 협조하여야 한다.
- VOC와 관련된 문제의 원인규명과 함께 기술적 조치 및 지원, 정책 및 프로세스 개선 등 VOC의 원만한 해결을 위한 일련의 업무 지원을 해야 한다.
- VOC에 대하여 현황분석 및 기술지원을 하여야 한다.
- 신규 제품 및 서비스 출시 이전 기획 단계에서부터 고객관점에서 주관부서와 사전 충분한 협의를 해야 하며 출시 이후에도 VOC를 주시하여 주관부서와 긴밀하게 업무 협조한다.

4) 접수경로별 대응지침

①전화상담(콜센터)

- 즉시 상담 요청이 가능하고 전문 상담원의 신속, 명확한 응대를 할 수 있다.
- 고객의 친근하고 편안하게 느낄 수 있는 음색, 억양, 성량을 유지하여야 한다.

- 고객에게 신뢰를 줄 수 있도록 해야 한다.
- 모든 고객의 소리를 관리 시스템에 입력하여야 한다.
- 상담스크립트와 매뉴얼을 통해 표준화된 답변을 해야 한다.
- 스스로 해결이 불가능할 경우 프로세스에 통해 이관하여 처리한다.

②현장센터(설치 및 A/S)

- 고객을 직접 대면하는 경우가 많으므로 고객의 신뢰를 두텁게 할 수 있다.
- 규정된 복장을 준수하고 고객을 만나야 한다.
- 표준화된 매뉴얼에 의해 고객의 요구 사항에 대응한다.
- 발생원인 및 처리이력 등에 대한 설명을 꼭 하여야 한다.
- 동일한 고객의 불편사항이 발생하지 않도록 하여야 한다.

③온라인 1:1 게시판(웹, 앱)

- 고객의 음성 및 대면서비스가 아닌 접수경로로 일정시간 이내 고객에게 답변을 할 수 있도록 하여 신뢰를 주어야 한다.
- VOC에 대해 정확히 파악하여야 하며 문의 내용에서 확인이 어려울 경우 추가 확인 한다.
- 신속한 대응과 성의 있는 답변을 하여야 한다.
- 고객의 감정 상태를 확인할 수 없으므로 표준화된 스크립트를 활용한다.
- 온라인 답변을 위한 시스템을 구비하여야 한다.

(3) 분석/관리

1) 주요 관리 요소
①VOC 분석 및 관리를 위한 VOC DB 시스템 구축

②고객 유형별 분석을 위한 통계적 도구(Tool) 제공

③VOC 처리 결과에 대한 품질 및 만족도 관리

④VOC 품질 관리 및 모니터링을 위한 시스템 구축

2) VOC 분석/관리를 위한 데이터 정보

① 1차 고객정보

- 인구통계학적인 기본 정보

- 고객의 거래 및 이용 정보

- 고객의 접촉 이력 정보

② 2차 고객 정보

- 리서치를 통한 고객 정보

- 1차 고객정보를 기반한 추가 정보

Process	프로젝트 설계 및 가설 수립	Root Cause 분석	Fact검증 및 정교화	개선안 수립	실행관리 체계 구축

주요 활동	• 프로젝트 계획 설계
	   – 일정계획
	   – 권한과 책임
	   – 프로세스map
	
	• 기존 자료 검토
	   – 내부보고서
	   – 타사보고서
	
	• 1차 내부 인터뷰
	   – 부문별 실무자
	
	• 1차 가설 수립
		• Output Image 구체화
		   – 분석범위/내용
		   – 분석범위/내용
		
		• 전체 Call정량분석
		   – 인입콜 구조
		
		• Root Cause분석
		   – 주요 VOC 샘플링
		   – 상담내역 및 작업
		     내용
		     Eyechecking
		
		• 벤치미킹
			• Root Cause 분석
			   – Key Cause 파악
			   – 인입원인 정량화
			   – 개선가설의 도출
			
			• 고객 특성 분석
			   – 상위 인입고객
			
			• Fact검증 작업 진행
			   – 검증Data추출/
			     분석
			   – 현장 인터뷰
			   – 유관부서 인터뷰
			
			• 벤키마킹
				• Quick–Win과제 개선안 수립
				   – 핵심 과제 상세
				     개선안 수립
				
				• 종합 개선안 수립
				   – 부문별 개선안
				     도출
				
				• 콜감축 목표 산출
				   – 감축수준 설정
				
				• 필요자원 산출
				   – 투자, 인력
					• 후속 F/U체계 수립
					   – 단계별 계획
					   – R&R 및 일정
					   – 상담코드
					     개선안기획
					
					• 개선안 정교화 작업
					   – 관련 부문의견
					     반영
					
					• 최종보고 작성

주요 산출물	– 프로젝트 계획표
	– 부문별 가설자료
	   → 프로세스 정리
		– 콜(Call) 구조분석
		   자료
		– Root Cause 분석
		– 벤치마킹 시사점
			– Root Cause 자료
			   → 원인별 정량 비율
			   → Key Cause내용
			– 고객특성 분석 자료
				– 실행관리 안
				   보고서
					– 최종 보고서

[VOC 프로세스 분석 및 개선안 구축 사례]

제1영역
고객응대실무

제2영역
고객불만처리

제3영역
VOC 운영실무

제4영역
매뉴얼 개발실무

3) VOC 기반 주요 분석 보고(제품별, 서비스별, 브랜드별, 고객 세분화별, 시기별 등)

①VOC 유형별 트랜드 및 고객특성 분석

②고객정보, 거래정보, 영업정보와의 연계 분석

③리서치 결과 만족도 군집별 VOC 접수 현황 분석

④만족도 군집별 재구매, 이탈 등 구매동향 분석

⑤VOC 처리 과정의 답변품질 및 결과 분석

4) 대표적인 고객 세분화 분석(RFM)

① 고객세분화의 의미

- 기업이 보유하고 있는 고객정보를 기반으로 유사한 특성이 있는 고객별로 그룹화 하는 것이다.
- 그룹화된 고객군들은 거래 활성화, 거래 유지를 위해 커뮤니케이션의 대상의 최소의 비용으로 최대의 효과를 얻기 위함이다.

② RFM(분석)

- Recency(구매시점), Frequency(구매빈도), Monetary(구매금액)을 기준으로 고객을 세분화하는 기법이다.
- 평균적인 RFM을 산정하여 향후 기대되는 고객생애가치를 추정할 수 있다.

5) VOC 분석/관리 효과

①과거 VOC 사례 및 트랜드를 통한 DB화로 유사한 유형의 VOC 품질 개선

②VOC DB는 고객 니즈 분석으로 신상품 및 서비스를 개발하는 등 경영활동에 반영

③기업의 구성원들에 대한 인식 개선 도구로 활용

④고객유지, 고객 개발을 위한 마케팅 연계

(4) 공유/개선

1) 주요 관리 요소
①VOC 주요 내용의 정기적인 공유 및 공유를 위한 채널 확보
②불필요한 VOC의 책임부서 개선활동 및 유관부서 간의 협업체계 유지
③VOC관리에 따른 평가 제도 운영

2) VOC 공유
①자원화되는 VOC는 정기적 분석을 통해 관련부서에 제공하며, 필요 시 개선활동을 전개한다.

주기	내용
일일보고	VOC 주관 및 지원부서, 일일 이슈 VOC의 주관 관련부서의 부서장 및 조직장에게 공유
주간보고	VOC 주관부서, 대응부서, 지원부서, 관련부서의 부서장 및 조직장 공유
월간보고	VOC 주관부서, 대응부서, 지원부서, 관련부서 부서장, 조직장과 경영진 공유

②주요 사안에 대해서는 회의체(VOC 운영위원회 등)운영 및 신속한 대응을 통해 고객지향적인 상품 및 서비스로의 개선을 추진한다.

3) VOC 개선 과제 선정 방법
①CTQ(Critical to Quality)의 정의

　VOC 중에서 반드시 관리, 개선되어야 할 중요한 요소를 의미한다. 즉, 내·외부고객이 가장 중요하게 생각하고 있는 개선 요소를 의미하는 것으로 고객의 요구사항에 따라 제품이나 서비스의 결정적 품질 요소를 성의하는 것이다.

제1영역
고객응대실무

제2영역
고객불만처리

제3영역
VOC 운영실무

제4영역
매뉴얼 개발실무

②CTQ의 특징

- 고객만족과 직결되는 가시적인 것이다.
- 구체적이고 측정 가능하여야 한다.
- 품질 수준의 허용범위가 결정되어야 한다.
- 고객 입장에서 원하지 않는 것에 집중해야 한다.

③CTQ의 활용 사례

- 비즈니스 관점에서의 VOC 분석 : 사업핵심 요구사항(고객 클레임 감소, 프로세스 및 시스템정비 등)과 그에 따른 관련 VOC를 분석한다.
- 고객 관점에서의 VOC 분석 : 고객핵심 요구사항(신속한 배송, 정확한 배송, 정보의 정합 등)과 그에 따른 VOC 분석을 한다.
- 위의 내용에 따라 CTQ는 '배송 시간 단축', '관련 고객 불만율 감소'로 선정한다.
- CTQ를 달성하기 위한 실천과제를 선정하고 개선활동을 전개한다.

4) CS개선 포트폴리오

개선 이후의 영향력과 실행 용이성을 기준으로 선정한다.

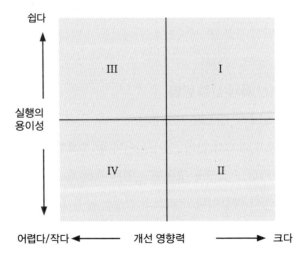

[CS개선 포트폴리오]

① 개선영역 I (최우선 개선 영역)

- 개선 영향력이 매우 높아 개선효과가 가장 크다.
- 개선을 위한 구현이 쉬어 단시간에 가시적인 성과를 이룰 수 있다.

② 개선영역 II (집중 개선 영역)

- 개선 영향력이 매우 높아 개선효과가 가장 크다.
- 다만 회사 내부의 정책, 프로세스, 인프라를 변경하기 어려워 시간과 자원 투입이 크다.
- 유관부서 간 개선 조직을 구성하여 목표일정을 정하고 개선활동을 전개한다.

③ 개선영역 III (선택적 개선 영역)

- 개선을 위한 구현이 쉬워 단시간에 가시적인 성과를 이룰 있다.
- 하지만, 개선 이후 파급효과, 영향력이 적어 개선 우선순위가 낮다.
- 내부 개선 환경에 따라 선택적 개선활동을 전개한다.

④ 개선영역 IV (지속 관찰 영역)

- 회사 내부의 정책, 프로세스, 인프라를 변경하기 어려워 시간과 자원 투입이 크다.
- 개선 이후 영향도가 크지 않아 우선순위에서 가장 떨어지는 과제이다.

⑤ CS 개선 포트폴리오의 활용 장점

- 내부의 상황을 고려하여 진행되는 건으로 실행력을 높일 수 있다.
- 개선 성과의 효과를 빠른 시간에 이룰 수 있다.
- 개선 성과의 질이 높다.
- 개선 과제의 우선순위가 명확하다.

제1영역
고객응대실무

제2영역
고객불만처리

제3영역
VOC 운영실무

제4영역
매뉴얼 개발실무

5) 다발 VOC 운영 지침

①CS 전담 추진 부서에서 주요 이슈를 정할 때 일반적으로 사용하는 방법이다.

②VOC구축 초기에 많은 VOC를 수집하고자 할 때 복잡한 기준보다는 단순한 기준과 항목을 선정할 때 용이하다.

③고객이 가장 많이 제기하는 VOC이기 때문에 효과가 크고 조직이나 개인의 역량을 집중시키기에 용이하다.

④당장 개선이 되지 않더라도 추후 해당 관련 이슈 제기가 수월한 반면 상황에 따른 제약 조건의 고려가 부족해 해당 조직이나 개인에게 불만을 야기시킬 수 있다. (평가상의 불이익)

⑤개선의 어려움이 있는 다발 VOC의 경우 CS협의체 또는 TFT를 구성해 문제를 해결하는 것도 한 가지 방법이다.

6) VOC성과 평가방안

①사전에 비전이나 미션, 목표에 따른 팀 또는 개인별 KPI정의 및 평가방법을 설정한다.

②성과평가는 업종별, 업무별에 따라 다양한 지표가 수립될 수 있으나 크게 VOC 수집, VOC처리 기한 준수와 VOC처리에 따른 만족도, VOC 개선활동에 따른 결과 등으로 구분할 수 있다.

③주요 지표는 성과로 평가할 것인지 마일리지 제공 형태로 할 것인지 결정하고 이를 적용한다.

④마일리지 형태로의 제공은 VOC운영의 빠른 확산과 안정적인 정착을 위해 진행되나 대부분 성과평가를 통해 인사고과에 반영하는 것이 일반적이다.

⑤최초 VOC시스템을 구축할 경우 제일 중요한 것은 바로 VOC수집과 분류라고 할 수 있으며 이를 통해 고객DB축적하고 이를 개선활동에 적극 활용한다.

⑥팀 단위로 움직이는 지표는 VOC처리기한 준수율, 해피콜, 기타 만족도 조사를 통한 VOC처리 만족도가 대표적이다.

⑦VOC개선 활동에 따른 결과 또는 성과에 따라 평가하는 것이 가장 일반적인 평

가방법인데 개선 과제에 따른 기각이나 채택 또는 개선과제를 통한 성과에 따라 인사고과에 반영한다.

⑧각 부서의 VOC처리에 대해 주기적으로 평가하고 결과를 공유한다.

⑨평가 및 결과를 공유함으로써 신속한 처리를 통한 고객불만을 최소화한다.

⑩체계적인 관리 및 평가를 통해 단순한 VOC 처리 수준에서 벗어나 개선과제를 부서별로 선정을 통해 실행력을 제고한다.

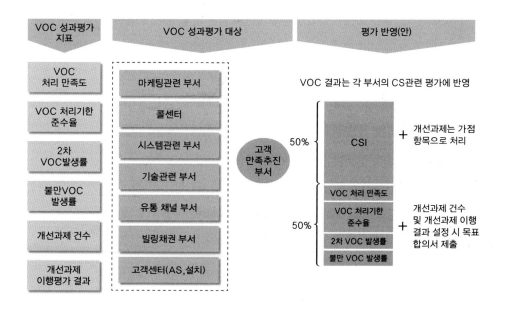

[고객 VOC 관련 지표 및 평가 관리 예시]

7) VOC 평가

①VOC 평가 체계 및 결과의 활용

- VOC 운영 및 관리에 따른 결과를 기업의 경영활동에 반영하는 것이다.
- 주요불만 요소에 대한 현황 및 정의가 선행되어야 한다.
- 서비스 표준 이행을 통한 고객만족 결과를 평가한다.
- 전체고과 중 CS부문 반영률을 결정하고 계층별로 반영 비율을 조정한다.

제1영역
고객응대실무

제2영역
고객불만처리

제3영역
VOC 운영실무

제4영역
매뉴얼 개발실무

- 부서평가는 물론 개인평가를 연계함은 물론 비중을 고려하여 설정한다.
- 평가를 통한 포상은 다양화 할 필요가 있으며 경고 등과 같은 패널티를 병행한다.
- 평가 후 포상은 공식적인 포상과 비공식적인 포상을 병행하고 무엇보다 금전적인 보상과 비금전적인 보상을 병행해야 효과가 크다.
- 포상의 경우 직원들의 소속감은 물론 자긍심을 고취할 수 있는 방향으로 전개되어야 한다.

② VOC평가 예시

관련지표	평가내용
데이터 입력주기 준수율	데이터 별로 사전에 정의된 입력 주기를 준수하여 VOC 관리 시스템에 입력하였는가를 평가 대상으로 함
데이터 분류 정확도	정의된 VOC 유형분류 기준에 의해 정확하게 데이터를 분류하여 처리팀에 이관하였는가를 평가대상으로 함➔QA 모니터링 또는 샘플 조사 등
처리 리드(lead) 타임	분류에 의한 이관 후 처리까지 소요된 시간을 의미함 처리 리드타임을 관리함으로써 대응부서의 신속한 대응을 유도
처리 이행율	이관된 VOC 중 실제로 처리된 비율 본 지표 관리를 통해 처리부서에서 적정한 근거 없이 미처리하지 않도록 유도
특정 시간내 처리율	VOC를 제기한 고객이 만족하는 시간 이내 처리율 보통 외부 조사 또는 FGI를 통해 습득함
처리 만족도	처리된 결과에 대해 VOC를 접수한 외부고객 및 내부고객 만족도에 의한 평가
VOC 재접수율	VOC 중 미대응 혹은 오대응한 결과로 고객이 다시 VOC를 재기하는 비율을 낮춤으로써 VOC 처리 비용 절감
불만율 (클레임율)	VOC 중 불만 또는 클레임에 대한 비율[불만 또는 클레임건/총 문의건)

만족도 조사 유형 및 트랜드

(1)기존 고객만족도 조사의 문제점

①기존 CS조사는 고객의 지속적인 이용과 추천하기 같은 직접적인 고객행동과 상관성이 낮다.

②실제 만족도 조사 결과 높은 점수를 얻고 있으나 이러한 만족도의 결과에 따라 판매액이나 수익은 물론 고객생애가치(Lifetime Value)가 비례적으로 움직이지 않는다.

③CSI는 사실 고객의 과거 경험에 기반한 인상부분만을 수치화한 조사 결과이다.

④과거 경험에 기반한 조사를 바탕으로 고객의 미래행동을 예상한다는 사실 자체가 불가능하다.

⑤고객접점이 다양화되면서 고객의 충성도를 저하시키는 요인을 찾아내어 개선하는 것이 중요하며, 다양한 고객접점에서 개별적인 접점의 최적화를 이룬다고 해서 고객의 충성도를 높이는 것은 사실 어렵다. 아래에서 보는 바와 같이 '고객충성도'와 '만족도'의 상관성이 낮은 업종도 있다.

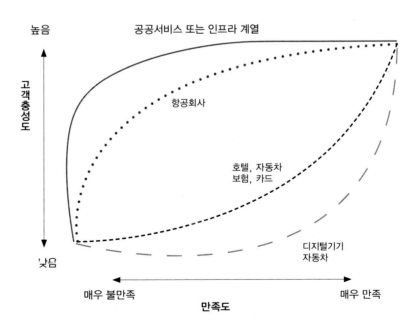

[고객충성도와 만족도의 상관관계 출처 : J.D Power & Associate]

253

⑥고객만족도 조사에 공통된 규칙이 없고 실시하는 기업마다 독자적으로 설계되고 있으며, 만족도 조사를 진행할 때 강점 중심에 초점을 맞추거나 "굉장히 좋다", "좋다"등의 상위 2 Level비율을 만족하는 고객으로 정의함으로써 왜곡이 심하다.

⑦타사와의 비교 시 객관적인 지표가 부재하여 변별력이 떨어지는 한계가 있으며 CSI조사결과 경영상의 의사결정을 내리기 어렵다.

(2) NPS (순고객추천지수 : Net Promoter Score)

1) NPS의 이해

①순고객추천지수(Net Promoter Score, 이하 NPS)는 대상 고객에게 '추천 의향'이라는 단 한 개의 질문으로 고객의 충성도를 측정하는 방법이다.

②대상고객층에 대한 재검증 차원에서 이루어지고 있으며 경영전략 상 담당직원들의 기술 측정에도 활용할 수 있는 지표다.

③베인&컴퍼니에서 기업 사례를 분석해 고객 로열티의 가치를 계량화한 수치로 나타내는 고객충성지표다.

④구매조건이나 판매액 같은 실적과 연동되어 가까운 장래의 계속 이용 또는 추천 및 권장 의향을 가리키는 가능성 높은 측정지표다.

⑤브랜드 가치에 대한 평가는 물론 고객접점의 직원들에 대한 직접적인 평가지표 이기도 하다.

2) NPS지표의 특징

①고객 로열티 및 고객체험의 레벨을 측정하는 대표적인 지표

②고객 행동 지향적인 질문

③설문대상자의 시간을 절약 (응답률 향상으로 결과의 편향성을 감소)

④조사 비용의 절감 (질문의 Depth가 1 또는 2)

⑤경제성과 상관관계를 보이는 지표

⑥브랜드 전체에 대한 평가는 물론 고객의 미래 행동을 예측하는 지표

3) NPS의 진행방법

①기업의 고객을 대상으로 기업과 브랜드를 추천하는 사람들의 비율을 나타내는 충성고객 지표로 단순히 " 당신은 우리 회사의 제품과 서비스를 지인 또는 친구에게 추천하겠습니까?"라는 설문에 0~10점의 11단계로 답변을 받는다.

②이 설문을 가지고 총 3가지 유형의 고객을 대상으로 해당 상품이나 서비스에 대한 추천 의향을 물어본 결과 9~10점은 추천자 또는 권장자(Promoter), 7~8점은 중립자(Passive), 6점 이하는 비판자(Detractor)로 분류한다.

③설문결과를 토대로 추천자가 차지하는 비율에서 비판자가 차지하는 비율이 바로 NPS이다.

④추천자가 비판자보다 많으면 플러스(+)가 나오지만 반대인 경우에는 마이너스(−)가 나온다.

4) NPS 활용

①고객 로열티 관련 문제와 고객 전략의 Gap발생에 대한 원인 파악

②고객의 잠재 이슈의 파악은 물론 개선 방향 설정

③고객 전략 및 운영 프로세스 개선

④고객의 만족/불만족의 발생 원인을 다양한 관점에서 심도 있게 분석

⑤고객은 물론 새로운 경영개선과제에 대한 인사이트(Insight) 제공

⑥고객 세분화에 대한 제고 및 조직 역량에 대한 리뷰

5) NPS 실행을 위한 지침

①측정 대상의 선정 및 유의미한 샘플 수 확보

②적정한 응답율(반응율) 확보

제1영역
고객응대실무

제2영역
고객불만처리

제3영역
VOC 운영실무

제4영역
매뉴얼 개발실무

③상황에 따른 가이드 제공

④적절한 직원의 배치 및 투입

⑤체계적인 NPS 실행 프로세스 준비

6) NPS의 한계

①정확한 결과를 도출할 조사 대상군을 찾기가 쉽지 않다.

②정확한 측정지표를 찾는데 시간과 비용이 많이 든다.

③NPS가 높다고 무조건 성장한다고 판단하는 것은 무리가 있다.

④비적격자의 응답에 대한 통제가 어렵다.

⑤경제적 성과(재무적 성과) 측정이 어렵다.

⑥실제 반복구매/추천구매를 트래킹(Tracking)하기가 어려워 실체가 불투명하다.

⑦측정 척도(추천 고객, 중립고객, 비추천 고객)의 기준을 일괄적으로 적용한다.

⑧추천의향이 높다고 반드시 고객만족도와 반복구매 의향이 높지 않다.

⑨고객의 추천의향만으로 추천행위를 파악하고 관리하기가 어렵다.

(3) CES(Customer Effort Score) 이해

1) CES의 이해

①고객이 제품 또는 서비스에 대한 구매 요청과 문제를 해결하는데 얼마나 많은 노력을 기울여야 하는지 측정하는 데 사용되는 고객 경험 설문 조사기법이다.

②CES는 미국 컨설팅 회사인 Cooperation Executive Board(CEB)가 고안한 지표로 『문제를 해결하기 위해 어느 정도의 노력과 수고를 필요로 했는가?』를 5단계로 묻는다.

③CSI나 NPS의 경우 지수가 높을수록 좋지만 CES의 경우 지수가 낮을수록 더 나은 결과를 의미한다.

질문	5가지 응답
당신은 문제해결을 위해서 개인적으로 얼마나 노력을 했습니까?	1. 예상보다 훨씬 적게 들였다. 2. 비교적 적게 들었다. 3. 예상과 비슷했다. 4. 예상보다 더 노력을 가해야 했다. 5. 예상보다 훨씬 노력을 가했다.

④CES의 유효성은 감동창조에 대한 투자는 투자한 금액만큼 좋은 효과를 기대하기 힘들기 때문에 로열티를 낮추는 요인을 제거하는 것이 바람직하다는 주장을 한다.

⑤불필요한 수고 또는 노력의 경우 오히려 고객의 충성도를 떨어뜨린다고 '고객서비스의 역설'에 대한 주장을 지지한다.

⑥흔히 '만족'은 '고객의 충성도'를 의미하지 않는데 해당 시점에서 만족한다고 하더라도 새로운 선택사항이 발생하면 다른 기업으로 바꾸는 고객이 많다고 주장한다.

⑦NPS가 브랜드 전체 또는 특정 고객접점에서 고객과의 관계성을 측정하는 지표라면 CES는 그 수준을 향상시키기 위한 시행방법을 선택하기 위한 접근방법이라고 할 수 있다.

2) 고객경험과 CES(Customer Effort Score)

①여러 고객경험을 측정할 수 있는 조사 방식 중 '빠르고 편함'의 고객 경험을 쉽게 측정할 수 있는 만족도 조사 매트릭스이다.

②제품이나 서비스 이용에 따른 어려움 또는 편리함의 정도를 쉽게 측정할 수 있는 측정 방식이다.

③간단히 문제해결이나 구매를 할 때 고객이 얼마만큼의 노력이 들어갔는지를 측정하는 방법이며 이를 통해 고객경험 긍정적인 정도와 충성도를 파악할 수 있다.

④CES의 주요 목표는 고객이 실질적인 만족도와 고객의 경험을 추적하고 분석하는 것이라고 할 수 있다.

⑤NPS의 경우 원인 파악 및 후속조치를 위한 추가 조사가 필요한 반면 CES는 점수가 낮게 나왔다는 것 자체만으로도 사용 및 이용의 어려움을 나타내기 때문에 개선이 필요하다는 사실을 즉시 알 수 있어 후속조치를 즉각적으로 취할 수 있다.

⑥고객의 경험을 추적 및 분석을 통한 CES점수를 통해 고객 충성도와 관련된 구체적인 요인 파악은 물론 문제를 해결할 수 있는 구체적인 데이터를 확보함으로써 충성도를 높일 수 있다.

⑦고객경험의 과정에서 문제해결이나 서비스 및 제품구입의 용이성(경험의 용이성) 등은 실제로 고객만족은 물론 충성도를 높이는 것과 밀접한 관련이 있다.

⑧고객경험과 관련하여 CES를 조사하는 시점이 매우 중요한데 고객이 자신이 경험한 것을 망각하기 전에 이루어져야 정확한 조사가 이루어질 수 있다.

⑨다만 CES는 고객의 노력과 어려움에 집중한 조사이기 때문에 문제의 정확한 원인을 알기 어렵다.

3) 효과적인 CES 활용방법

①고객에 의해 '구매하기' 버튼 또는 '문제해결' 버튼을 누르는 등 제품이나 서비스에 대한 구체적인 행동을 마친 후에 조사문항을 띄우는 것이 가장 일반적인 방법이다.

②질문은 일반적으로 아래와 같은 질문을 자사의 상황에 맞게 수정하여 사용할 수 있다.

EX) '문제를 해결하는데 얼마나 쉬웠습니까?',

　　'원하는 상품(서비스)를 쉽게 구입할 수 있었나요?'

　　'물건 구입 후 결제는 쉽게 진행되었나요?'

　　'직원과의 상담은 원하는 도움을 쉽게 얻을 수 있었나요?'

　　'주문 앱(App.)은 검색하는 과정이 얼마나 쉬웠습니까?'

'제품의 교환 및 환불은 얼마나 빠르게 이루어졌습니까?' 등

③질문을 할 때 주로 사용하는 것은 척도법이나 선택형으로 입력하게 하는데 일반적으로 많이 사용하는 것은 5점 척도형을 많이 활용한다. (리커트 척도법)

④최근에는 딱딱한 숫자나 문자보다는 이모티콘이나 그래픽을 활용하여 척도형 보기를 구성하는 것이 친근하고 보다 더 직관적인 응답을 얻는데 도움이 되며 조사 응답률을 높일 수 있다.

⑤설문조사를 통해 CES점수를 계산하고 분석하여 점수를 줄임으로써 고객에게 긍정적인 요소를 제공할 수 있다.

⑥조사를 할 때는 고객의 불편함이나 어려움을 느낀 시점을 빠르게 포착해야 하므로 고객의 행위가 이루어진 직후에 바로 이루어져야 효과가 크다.

⑦모든 개별 고객 노력 점수의 합계를 경험에 순위를 매긴 고객 수로 나누어 고객 노력 점수를 계산하는 숫자 척도를 사용할 경우 점수가 낮을수록 더 나은 결과를 의미한다.

⑧반면 텍스트 기반의 척도를 사용하여 CES를 측정할 경우 어려움이라고 응답한 고객의 비율에서 '쉽게'라고 응답한 고객의 비율을 빼는데 결과는 −100 ~ 100 사이에서 나오며 이때는 점수가 높을수록 좋은 결과를 의미한다.

$$\frac{\text{'쉬움'이라고 응대한 고객 비율} - \text{'어려움'이라고 응답한 고객 비율}}{\text{전체 응답자}} = \boxed{\text{CES(점수)}}$$

⑨조사과정에서 고객에게 '왜'를 물어보면 좀 더 정확한 분석이 가능하고 문제를 해결하는데 있어 우선순위를 정할 수 있다.

⑩CES는 다른 조사와는 달리 긴 주기가 아닌 실시간 트래킹(Tracking)을 통해서 고객의 불편함이나 어려운 점을 파악하고 이를 해결 및 개선하는데 활용하여 고객 충성도를 높일 수 있다.

제1영역
고객응대실무

제2영역
고객불만처리

제3영역
VOC 운영실무

제4영역
매뉴얼 개발실무

4) CES조사 설계 시 고려하여야 할 사항

CES는 지표 특성상 고객이 물건이나 서비스를 구입하거나 문제가 발생했을 때와 같은 특정한 상황이나 소통이 진행된 직후에 시행되어야 한다. 그러한 상황에서 어떻게 소통이 이루어졌고 그때 발생한 어려움이나 불편함을 해결해 나가는 과정이나 절차가 용이했는지 여부를 물어봄으로써 향후에도 지속적으로 이용할 것인지 여부를 파악할 수 있다. 따라서 CES조사를 설계할 때는 아래와 같은 내용을 고려하여야 한다.

①CES조사를 할 때는 고객접점은 물론 고객에 의한 구체적인 행동을 명확하게 정하면 보다 정확한 피드백을 받을 수 있다.

②최근에는 스마트폰을 활용하는 고객이 많은 만큼 설문조사 또한 모바일 환경에 최적화되어야 한다.

③조사와는 상관없는 불필요한 정보나 링크는 제거하고 척도의 경우 긍정적인 척도는 윗부분에 부정적인 척도는 아래에 배치한다.

④설문조사는 복잡하지 않고 간단해야 응답률이 높아지며 특정 답안을 유도하는 질문은 피해야 한다.

⑤CES조사는 특정한 상황을 고려해야 하고 서비스를 담당하는 직원과 소통 후 자연스럽게 자동화된 설문조사 참여를 유도할 수 있어야 한다.

⑥CES조사결과 데이터는 실시간 트래킹이 가능하도록 개선 및 보완의 주체들과 공유되어야 한다.

⑦설문조사를 진행할 때 고객에 의한 응답 설정 시 중복 응답이 되지 않도록 해야 한다. (중복 응답 제출을 허용하지 않음)

5) CES의 장단점

CES는 고객의 충성도를 예측하고 고객의 불편함이나 어려움을 파악하여 개선 및 보완함으로써 회사의 성장이나 발전을 도모하는 실질적이고 효과적인 지표로 활용되기도 하지만 지표의 특성상 장점과 단점이 존재한다.

장점	단점
■ 고객 만족도 수준 파악 관련 강력한 지표 ■ 다른 지표보다 변동성이 크지 않음 ■ 충성도를 예측하는데 실질적인 도움 제공 ■ 구체적이고 실행가능한 지표 ■ 각 고객 채널의 약점을 쉽게 파악 가능 ■ 고객이 쉽게 빠르게 평가할 수 있음 ■ 사업성과 연결되어 있고 장기간 결과 추적이 용이함	■ 전체 비즈니스가 아닌 서비스에 국한된 지표 ■ 고객 서비스 이용에 대한 불편함, 어려움 여부 정도를 파악하는데 효과적임 ■ 고객 충성도와 함께 사용되어야 하는 한계 ■ 구체적인 원인 파악이 어려움 ■ 고객의 유형별 세분화가 부족함

개인정보보호의 이해 및 보호조치 방안

정보 산업의 발달에 따라 개인, 기업, 국가는 정보통신을 활용한 상품의 개발 및 서비스의 제공이 증가 하였으며 이에 따라 각종 정보를 활용한 마케팅도 급격히 증가하고 있다. 그러나 정보를 이용한 활용이 증가함에 따라 정보의 수집 및 이용에 대하여 대상자의 동의를 구하지 않고 무분별하게 남용 있고 개인정보의 판매, 기업 고객의 불법적인 정보 유출 등 사회적인 문제까지 증가 되고 있다. 이번 장에서는 개인정보의 개념과 함께 업무 내에서 개인정보 관리 및 점검을 통하여 개인정보에 대하여 인식하고 대응 할 수 있도록 한다.

(1) 개인정보에 대한 이해

1) 개인정보의 정의

①OECD : 식별된 또는 식별 가능한 개인(정보주체)에 관한 모든 정보

②EU : 식별된 또는 식별 가능한 자연인(정보주체)에 과한 정보. 단, 식별 가능한 사함은 특히 신원 증명 번호 또는 육체적,심리적,정신적,경제적,문화적 또는 사회적 신원 중 한가지 이상의 요인을 참고 하여 직접적 또는 간접적으로 식별될 수 있는 사항

③홍콩 : 생존하는 개인에게 직접적 또는 간접적으로 관련되어 있고, 개인의 신원을 확인하기 위하여 이용할 수 있으며, 해당정보에 대한 접근이나 처리가 이루어질 수 있는 형태의 정보

④일본 : 생존하는 개인에 관한 정보로서 당해 정보에 포함되는 성명, 생년월일 기타 기술등에 의해 특정한 개인을 식별할 수 있는 정보

⑤영국 : 해당정보 또는 해당정보와 정보관리자가 소유하거나 소유하게 될 다른 정보를 결합하여 식별할 수 있는 생존개인에 관한 정보

⑥대한민국 : 살아있는 개인에 대한 정보로써 성명 · 주민등록번호 및 영상 등을 통하여 개인을 알아볼 수 있는 정보 이며 해당 정보만으로는 특정 개인을 알아볼 수

없더라도 다른 정보와 쉽게 결합하여 식별 할 수 있는 정보 (개인정보보호법)

2) 개인정보의 활용

개인 정보는 정보기술의 발전과 함께 새로운 민간 및 공공의 서비스의 확대를 가지고 왔으며, 각종 산업의 규모를 확대, 발전 하는데 중요한 역할을 하고 있다.

①공공기관 : 온라인 정보제공, DB와 연계를 통한 행정 효율화

②학교, 학원 : 온라인 수강, 수강자 관리, 각종 수강 확인

③공연 : 인터넷, 모바일 예매, 무인발권시스템

④금융 서비스 : 인터넷 결재, ATM 활용, 모바일 결재

⑤모바일 통신 : 스마트결재, 위치정보 활용 안내, 네비게이션

3) 개인정보의 구분

구 분	세부 정보
일반정보	▪ 정의 – 개인(정보주체)의 기본적이고 고유한 정보. ▪ 이름, 주민번호, 운전면허번호, 주소, 전화번호, 생년월일, 출생지, 본적지, 성별, 국적
가족정보	▪ 정의 – 개인(정보주체)의 가족정보 ▪ 가족구성원의 이름, 출생지, 생년월일, 주민등록번호, 직업, 전화번호
교육정보	▪ 정의 – 개인(정보주체)의 라이프사이클에 따른 이력정보 ▪ 학교출석사항, 최종학력, 학교성적, 기술자격증 및 전문 면허증, 이수한 훈련 프로그램, 동아리 활동, 상벌 사항
병역정보	▪ 정의 – 개인(정보주체)의 병무기록 ▪ 군번 및 계급, 제대유형, 주특기, 근무부대
소득정보	▪ 정의 – 개인(정보주체)의 사회 직업 기록 ▪ 연봉, 봉급 경력, 보너스 및 수수료내역, 기타소득의 원천, 이자소득, 사업소득
부동산정보	▪ 정의 – 개인(정보주체)의 부동산 관련 정보 ▪ 소유주택, 토지, 자동차, 기타차량, 상점 및 건물 등

수익정보	▪ 정의 – 개인(정보주체)의 금융정보 ▪ 보험가입현황, 투자프로그램, 투자유형
고용정보	▪ 정의 – 개인(정보주체)의 업무 수행 및 사회생활 기록 ▪ 고용주, 회사주소, 상급자 이름, 직무수행기록, 훈련기록, 출석기록, 상벌기록, 테스트 결과
습관 및 취미정보	▪ 정의 – 개인(정보주체)의 개인적인 취미정보 ▪ 흡연, 음주량, 선호하는 스포츠 및 오락, 여가활동, 대여 기록
법적정보	▪ 정의 – 개인(정보주체)의 법 적용 정보 ▪ 전과기록, 교통위반 기록, 파산 및 담보 기록, 구속기록, 이혼기록, 납세기록
신용정보	▪ 정의 – 개인(정보주체)의 신용거래 현황 정보 ▪ 대출현황, 신용카드, 저당, 연체기록
신체정보	▪ 정의 – 개인(정보주체)의 고유한 신체 정보 ▪ 지문, 홍채, DNA, 신체 사이즈
조직정보	▪ 정의 – 개인(정보주체)의 외부 활동 현황 및 사상 정보 ▪ 노조가입, 종교단체 가입, 정당 가입, 동아리 가입
통신정보	▪ 정의 – 개인(정보주체)의 통신 전자 기기 사용 정보 ▪ 전자우편, 전화통화내용, 로그 파일
위치정보	▪ 정의 – 개인(정보주체)의 이동 정보 ▪ GPS, 휴대폰 정보

4) 개인정보의 특징

①생존해 있는 개인의 정보를 기준으로 한다.

②개인에 결합할 수 있는 사회적, 신체적, 정신적 정보가 포함된다.

③개인뿐 아니라 관계된 모든 사슬관계도 정보에 포함된다.

④정보의 기한/종류/구분과 상관 없이 활용 가능하다.

⑤정보화 발달로 외부 유출 시 실질적으로 삭제, 폐기 등의 근본적인 조치가 불가능하다.

5) 개인정보의 중요성

①정보화의 발달로 인한 개인정보 및 사생활 유출 가능성 증가
  ▪ Web, SNS, 이동통신등의 네트워크를 통한 정보화 발달됨에 따라 개인정보의 유출 가능성이 증가 하고 있으며 유출시 사생활 침해, 개인정보의 침해 등의 위험성이 증가

②개인정보 유출에 대한 피해 증가
  ▪ 이메일, 광고 문자, 텔레마케팅등 개인이 원하지 않는 마케팅에 노출
  ▪ 개인이 원하지 않는 인터넷 가입, 불법스팸, 보이스피싱, 신분증위조, 금융사기범죄 등으로 인한 정신적, 재산적 피해 증가

③유출된 정보는 파기 관리가 되지 않음에 따라 2차 피해 상시 노출 가능성 증가

6) 개인정보보호의 필요성

①개인정보 유출시 정신적 피해 및 재산적 피해뿐만 아니라 사회적인 피해로 발전될 수 있음
②기업은 해커 등의 공격으로 개인정보 유출 시 기업 이미지 실추, 집단 손해배상 등으로 인한 기업경영에 위기를 가져올 수 있음
③정부 및 공공 기관의 경우 개인정보의 집합체로 유출 시 심각한 신뢰성 하락, 국가 브랜드 가치 하락 등으로 인한 사회 안전 및 산업 전반 부정적 영향을 끼침

7) 개인정보 보호 원칙

①처리 목적의 명확화, 목적 내에서 적법하고 정당하게 최소 수집
②처리 목적 내에서 처리, 목적 외 활용 금지
③처리 목적 내에서 정확성 · 완전성 · 최신성 보장
④정보주체의 권리침해 위험성 등을 고려하여 안전하게 관리

⑤개인정보 처리사항 공개, 정보주체의 권리보장

⑥사생활 침해 최소화 방법으로 처리

⑦가명/익명처리가 가능한 경우 가명/익명으로 처리

⑧개인정보처리자의 책임 준수, 정보주체의 신뢰성 확보

(2) 개인정보 보호법 시행

개인정보의 활용이 발달 하고 유출에 대한 피해가 증가함에 따라 개인정보 보호에 대한 중요성이 강조됨에 따라 2011년도 개인정보보호법이 시행되었다. 2014년에는 주민번호 수집 이용에 대한 제한 등이 추가 개정 되어 적용 되고 있다.

1) 개인정보 관련 용어 설명

용 어	설 명
개인정보	• 성명, 주민번호 등을 통하여 살아있는 개인을 알아볼 수 있는 정보 • 다른 정보와 용이하게 결합하여 개인을 알아볼 수 있는 정보 ※ 성명, 주소, 전화번호 등 이외에 컴퓨터 IP주소, e-mail 등도 개인정보에 포함됨
처리	• 개인정보의 수집, 생성, 기록, 저장, 보유, 가공, 편집, 검색, 출력, • 정정, 복구, 이용, 제공, 공개, 파기 기타 이와 유사한 행위
정보 주체	• 처리되는 정보에 의해 알아볼 수 있는 그 정보의 주체가 되는 사람
개인정보 처리자	• 업무를 목적으로 개인정보파일을 운용하기 위하여 개인정보를 처리하는 공공기관, 법인, 단체, 개인 등
개인정보파일	• 개인정보를 쉽게 검색할 수 있도록 일정한 규칙에 따라 체계적으로 배열하거나 구성한 개인정보 집합물

영상정보 처리기기	▪ 일정한 공간에 지속적으로 설치되어 사람 또는 사물의 영상 등을 촬영하거나 이를 전송하는 장치 ※ 폐쇄회로 텔레비전(CCTV), 네트워크 카메라 등
고유식별 정보	▪ 주민등록번호, 여권번호, 운전면허번호 등 법령에 따라 개인을 고유하게 구별하기 위하여 부여된 식별 정보
민감 정보	▪ 사상 신념, 정당가입, 정치적 견해, 건강등 사생활 침해우려가 현저히 높 은 개인정보

(3) 개인정보 보호법의 구성

개인정보호호법은 수집 및 이용, 저장 및 관리, 제공 및 위탁, 파기, 국민 권리 보장의 구성으로 되어 있다.

1) 수집, 이용

①개인정보는 최소 필요한 정보 수집하여야 하며 목적 외에는 엄격히 사용이 금지된다.

②허용되는 경우
- 정보주체의 동의를 받은 경우 동의시에는 수집 이용 목적, 수집 항목, 보유 이용기간, 동의거부권리 및 동의거부시의 불이익등의 내용 또는 설명이 있어야 한다.
- 의료법, 형사사법절차법 등 법률이 정한 내용을 준수 하기 위하여 부득이한 경우
- 정보주체와의 계약 체결 및 이행을 위해 불가피한 성우(배송 진달등)
- 정보주체의 생명, 신체, 재산의 이익 보호하기 위해 불가피한 경우(재난 구급등)
- 개인정보처리자의 정당한 이익 달성을 위해 필요한 경우

제1영역
고객응대 실무

제2영역
고객불만처리

제3영역
VOC 운영실무

제4영역
매뉴얼 개발실무

2) 저장 관리

①인터넷상 주민번호 이외의 회원가입 방법 제공

- 공공 기간 및 일평균 홈페이지 이용자 1만명 이상의 개인정보처리자는 정보주체가 인터넷 홈페이지를 통해 회원으로 가입할 경우 주민등록번호 이외의 회원가입 방법을 의무적으로 제공되어야 한다.
- 주민등록번호 이외의 방법 : I-Pin, 공인인증서, 전자서명, OTP등

②영상정보처리 기기 설치 운영

- 범죄예방 및 수사, 시설안전 및 화재 예방, 교통단속, 교통정보의 수집 분석 및 제공 등 영상정보처리기기는 공개된 장소에 특정 목적으로만 설치 운영되어야 한다.(법 제 25조 제 1항)
- 목욕실, 화장실, 탈의실등 개인사생활을 현저히 침해할 우려가 있는 장소에는 영상 정보처리기기 설치 및 운영 금지(법 제 25조 제 2항) 단, 교정시설, 정신의료기관에는 허용 된다.
- 영상정보처리기기의 설치목적과 다른 목적으로 임의 조작, 다른 곳을 비추는 행위, 녹음 기능 사용 금지된다.(법 제 25조 제 5항)
- 정보주체가 쉽게 인식 할수 있도록 안내판을 설치 하여야 하며 안내판에는 설치 목적, 촬영범위 및 시간, 관리 책임자 및 연락처가 기재되어야 한다.

③개인정보처리방침 제공

- 개인정보처리자는 개인정보 처리 방침을 수립, 공개 하여야 한다.(법 제 20조 제 1항)
- 개인정보처리 방침은 인터넷 홈페이지 첫화면과 직접 연결되는 화면에 게재하돼 홈페이지 게재 불가시에는 사업장등의 보기 쉬운 장소, 신문게재, 연 2회 이상 발생하는 간행물, 소식지, 재화와 용역을 제공하기 위해 작성한 계약서에 게재 되어야 한다.

- 개인정보 처리 방침에 포함되는 사항
 -개인정보 처리 목적
 -개인정보 처리 및 보유기간
 -개인정보 제 3자 제공에 관한 사항
 -개인정보 처리위탁에 관한 사항
 -정보 주체의 권리 · 의무 및 행사 방법에 관한 사항
 -처리하는 개인 정보 항목
 -개인정보 파기에 관한 사항
 -개인정보 안전성 확보 조치에 관한 사항

④개인정보 보호 책임자 지정
- 개인 정보 처리자는 개인 정보 처리에 관한 업무를 총괄 책임지는 개인정보보
  호 책임자를 지정하여야 한다. (제 31조)
- 개인정보 보호 책임자 업무
 -개인정보보호계획 수립 시행
 -개인정보 처리 실태 및 관행의 정기적 조사, 개선
 -불만의 처리 및 피해구제
 -유출 및 오남용방지를 위한 내부통제시스템 구축
 -개인정보보호 교육 계획 수립 및 시행
 -개인정보 파일 보호 및 관리 감독
 -개인 정보 처리 방침 수립, 변경 및 시행
 -개인정보 보호 관련 자료의 관리
 -처리목적이 달성 되거나 보유기간이 경과한 개인정보 파기

⑤개인정보 안전성 확보 조치
- 개인정보가 분실, 도난, 유출, 변조, 훼손되지 않도록 안정성 확보에 필요한

제1영역
고객응대 실무

제2영역
고객불만처리

제3영역
VOC 운영실무

제4영역
매뉴얼 개발실무

기술적, 관리적, 물리적 조치이행(제29조)하여야 한다.

- 보호조치 세부 내용

-관리적 보호 조치 : 내부 관리 계획 수립 및 시행

-기술적 보호 조치 : 접근통제 및 접근 권한 제한 조치, 개인정보의 안전한 저장, 전송을 위한 암호화 또는 이에 상응하는 조치, 접속기록의 보관 및 위 변조 방비 조치, 보안 프로그램의 설치 및 갱신 조치

-물리적 보호조치 : 개인정보의 안전한 보관을 위한 보관 시설 마련 또는 잠금장치 설치

3) 제공 및 위탁

①개인정보는 목적 외 이용 및 제3자 제공을 금지한다.

②허용되는 경우

-정보주체에게 제공받는 자, 이용 목적, 이용 또는 제공의 세부 항목, 보유 및 이용 기간, 동의 거부 권리 및 동의 거부 시 불이익의 내용을 고지 하고 별도의 동의를 받아야 한다.

-다른 법률에 특별한 규정이 있는 경우

-명백히 정보 주체 또는 제 3자의 급박한 생명, 신체, 재산의 이익에 필요한 경우

-통계작성, 학술연구 등의 목적을 위하여 필요한 경우

4) 파기

①보유기간의 경과, 개이정보 처리 목적 달성 등 개인정보가 불필요하게 되었을 때는 지체 없이 개인정보를 파기 하여야 한다.(제 21조)

②다른 법령에 따라 보존해야 하는 경우에는 제외

5) 국민 권리 보장

①개인정보 처리자는 개인정보 유출시 지체 없이 정보 주체에게 유출 사실을 통지

하여야 하며, 1만명 이상 개인정보 유출시에는 행정 안정부, 한국정보화진흥원, 한국 인터넷 진흥원에 신고 하여야 한다. (제 34조)

②통지 방법은 서면, 전자우편, Fax, 전화, 문자전송등으로 할수 있으며 1만명 이상 개인정보 유출시에는 통지와 동시에 인터넷 홈페이지에 7일 이상 게재 하여야 한다.

③정보주체 는 자신의 개인정보에 대한 열람, 정정, 삭제, 처리 정지를 개인정보 처리자에 대해 요구 할 수 있다.

④개인정보에 관한 권리, 이익을 침해받은 사람은 행정안정부장관에게 침해 사실을 신고 할 수 있다. (전화 번호 국번 없이 118)

⑤분쟁이 발생할 경우 분쟁조정, 집단 분쟁조정, 단체 소송등을 통해 권리 침해 행위에 대응할 수 있다.

6) 개인정보 피해구제 제도 현황

①개인정보침해 신고상담[개인정보침해 신고센터(PRIVACY)]

　　-제도개선권고

　　-행정처분 의뢰

　　-수사 의뢰

관련 근거 : 개인정보 보호법 제62조

②개인정보분쟁조정 (개인정보분쟁조정위원회)

　　-제도개선권고

　　-손해배상 권고

관련 근거 : 개인정보 보호법 제 43조

③민사소송

　　-손해배상 청구

관련 근거 : 개인정보 보호법 제 39조

제1영역
고객응대 실무

제2영역
고객불만처리

제3영역
VOC 운영실무

제4영역
매뉴얼 개발실무

7) 손해배상제도

개인정보보호와 관련한 손해배상제도는 크게 징벌적 손해배상제도(제39조)와 법정 손해배상제도(제39조의2)로 구분할 수 있다.

구분	징벌적 손해배상제도	법적 손해배상제도
적용 요건	처리자의 고의·중과실로 개인정보 유출 또는 동의없이 활용하여 피해 발생	처리자의 고의·중과실로 개인정보 유출 또는 동의없이 활용하여 피해 발생
입증 책임	▪ 처리자가 고의중과실 없음을 입증 ▪ 피해액은 피해자가 입증	▪ 처리자가 고의·과실 없음을 입증 ▪ 피해자에 대한 피해액 입증책임 면제
구제 범위	재산 및 정신적 피해 모두 포함	사실상 피해 입증이 어려운 정신적 피해
배상 규모	실제 피해액의 3배 이내 배상	300만원 이하의 범위에서 상당한 금액
적용 시기	2016년 7월 25일 이후 유출사고	

(4) 개인정보보호의 관리적, 물리적, 기술적 보호 조치

일반적으로 정보 보안관리는 관리적 보안, 물리적 보안, 기술적 보안으로 구분되며, 각 항목별 관리 내용은 다음과 같다.

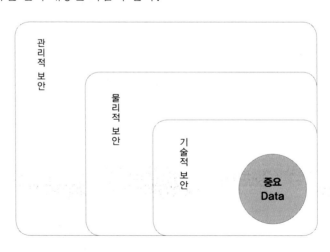

①관리적 보안 : 정보 보호 정책/지침 및 조직 관리, IT 운영 보안 관리, 보안 사고 업무 연속성 관리 등

②물리적 보안 : 화재 안전 장치, 전원 설비, 전산실 출입 통제, 전산 자료 및 장비의 반·출입 통제 등

③기술적 보안 : 시스템 및 개인 PC 관리, 네트워크 보안관리, 정보처리 시스템 통제 대책 등

1) 관리적 보안

①정보 보호 정책/지침 및 조직 관리

- 정보보호 정책 수립 및 운영
- 정보보호 책임자 지정 및 운영
- 정보보호위원회 설치 및 운영
- 정보보호 실무 조직 구성
- 정보보호 교육, 훈련 수행 여부
- 명확한 직무 분리(개발자와 운영자 / 시스템 부분과 DB관리자)

②IT 운영 보안 관리

- 정보 자산 분류 및 목록화 여부
- 외부IT인력의 보안 통제
- 보안 점검의 날 실시
- 로그 점검 수행
- 정보보호감사 수행

③보안 사고 업무 연속성 관리

- 백업 관리 대책 수립
- 업무 연속성 확보방안 수립 운영

- 침해 사고 대응 지침 수립 및 운영

2) 물리적 보안

회사의 중요 정보들이 보관 되는 전산실의 물리적 보안을 통하여 중요한 정보 유출 및 IT 인프라의 심각한 장애 위험을 사전에 방어 할 수 있다.

①물리적 보안 관리

- 물리적 보호 구역 안전 대책 수립 운영
- 전산실 출입 통제
- 전산 자료 및 장비의 반·출입 통제

3) 기술적 보안

①시스템 및 개인 PC 관리

- 개인 및 공용 PC의 보안 대책
- 중요 개인 및 공용 PC 보안 대책
- PC의 중요정보 유출 방지 대책
- 이동식 저장매체 사용 제한 대책
- 악성코드 등 해킹 방지 및 복구 대책
- 정보처리 시스템 관리자 통제 대책
- 데이터 베이스 보안 관리 대책
- 로그 기록 유지 관리 대책
- 중요 보안 패치 운영 대책

②네트워크 보안관리

외부 해킹은 네트워크를 통하여 회사시스템의 중요정보를 해킹 하거나, 정상적인 회사의 업무를 방해하므로 네트워크 시스템이 적절하게 관리 되지 않으면 해킹 공격에 취약해 질 수 밖에 없다. 이에 따라 네트워크 보안 관리를 시행하여야 한다.

- 사용자 계정 및 권한 통제 대책
- 내부 사용자 비밀번호 관리 대책
- 응용프로그램 개발 및 테스트 지침
- 프로그램 변경 통제 대책
- IP관리 보안 대책
- 내부망과 인터넷망 분리 운영 대책
- 무선 네트워크 보안 관리 대책
- 공개용 서버시스템 설치 구간 및 준수 사항
- 공개용 서버 시스템 접근 통제 대책

(5) 개인정보 유 · 노출 예방

표준 개인정보 보호지침과 관련하여 개인정보 "유출'과 '노출'로 구분할 수 있으며 비슷해 보이기는 하지만 서로 다른 개념이므로 명확한 이해가 선행되어야 한다.

1) 개인정보 유출

개인정보 유출이란 법령이나 개인정보를 운용하는 법인, 단체, 개인 등이 개인정보에 대한 통제를 상실하거나 권한 없는 자의 접근을 허용한 것을 의미한다. 개인정보 유출은 개인정보보호법에서 정의하고 있으며 개인정보를 유출했을 경우 형사처벌대상에 해당한다. 개인정보보호법에 따르면 개인정보 유출은 다음 중 하나에 해당하는 경우이다.

①개인정보가 포함된 서면, 이동식 저장장치, 휴대봉 컴퓨터 등을 분실히기나 도 난당한 경우

②개인정보가 저장된 DB 등 개인정보 처리 시스템에 정상적인 권한이 없는 자가

접근한 경우

③개인정보처리자의 고의 또는 과실로 인해 개인정보가 포함된 파일 또는 종이문서, 기타 저장매체가 권한이 없는 자에게 잘못 전달된 경우

④기타 권한이 없는 자에게 개인정보가 전달된 경우

2) 개인정보 노출

개인정보의 노출이란 해커 등에 의해 개인정보가 외부로 빠져나가 공개되는 상태이거나 홈페이지 상 개인정보가 공개되어 누구든지 알아볼 수 있는 상태를 의미한다. 또한 타인의 고의가 아닌 개인정보 소유자 스스로의 실수로 인해 노출되는 경우도 있다. 개인정보 노출은 유출과는 다르게 법적으로 정의되어 있지 않으며, 형사처벌대상 또한 아니다.

①개인정보를 누구든지 알아볼 수 있어 언제든지 유출로 이어질 수 있는 상태라고 할 수 있으나 유출의 전 단계에 해당하지는 않는다.

②왜냐하면 접근성으로 본다면 노출 이후 유출되지만, 통제권 상실 측면을 본다면 노출과 유출은 전혀 관련성이 없기 때문이다.

③처리자의 자유로운 의사에 의하지 않고 통제권을 상실하거나 권한없는 자의 접근을 허용한 것을 의미한다.

④개인정보가 포함된 게시물이 누구든지 알아볼 수 있는 상태로 등록된 경우

⑤이용자 문의 댓글에 개인정보가 공개되어 노출이 된 경우

⑥개인정보가 포함된 첨부파일을 홈페이지 상에 게시하는 경우

3) 개인정보 유출 시 조치사항

①신속히 노출 페이지 삭제 또는 비공개 처리

②검색엔진에 노출된 개인정보 삭제 요청 및 로봇 배제 규칙 적용(외부 검색엔진의 접근 차단)

③시스템의 계정, 로그 등을 점검 후 분석결과에 따른 접속 경로 차단(제 3자 접근

여부 파악)

④재발방지를 위해 서버, PC 등 정보처리시스템의 백신을 최신으로 업데이트 후 디렉토리 점검

4) 개인정보보호법에 따른 개인정보 유출 관련 필수 조치사항

기업에서 관리하고 있는 고객정보 등 개인정보가 유출이 되었을 때 반드시 취해야 할 필수 조치 (법 제34조)는 아래와 같다.

①유출된 정보주체 개개인에게 지체 없이 통지(개인정보보호법 제34조제1항)

②피해 최소화를 위한 대책 마련 및 필요한 조치 실시(개인정보보호법 제34조제1항)

③1천 명 이상 유출된 경우 유출 통지 결과 신고(개인정보보호법 제34조제3항)

④1천 명 이상 유출된 경우에는 추가로 홈페이지에 공지(개인정보보호법 시행령 제40조제3항)

06 소비자 피해구제 및 개선방안

(1) 소비자 피해구제의 이해

1) 소비자 기본법의 이해

①1980년에 제정된 소비자보호법은 2001년 소비자의 권익증진을 목적으로 소비
　자 기본법으로 명칭이 변경되었다.

②우리나라 소비자기본법은 소비자의 8대 권리를 규정하고 소비자의 책무도 함께
　규정하고 있다.

③소비자의 8대 권리는 아래와 같다.

- 위해로부터 보호 받을 권리(안전할 권리)

- 단체 조직 및 활동할 수 있는 권리

- 교육받을 권리

- 적절한 보상을 받을 권리

- 필요한 지식 및 정보를 제공 받을 권리(알 권리)

- 선택할 권리

- 의견을 반영시킬 권리

- 안전하고 쾌적한 환경에서 소비할 권리

④소비자의 권익을 증진하기 위해서 소비자의 권리와 책무, 국가 및 지방자치단체
　및 사업자의 책무, 소비자 단체의 역할은 물론 소비자와 사업자 사이의 관계를
　규정한 법률이다.

⑤소비자기본법은 기존 소비자 보호 위주의 정책에서 탈피하여 중장기 소비자정
　책의 수립, 소비자 교육의 강화 등을 통해 소비자 권익을 증진함으로써 소비자
　주권을 강화하는데 목적이 있다.

⑥소비자기본법은 소비자피해를 신속하고 효율적으로 구제하기 위하여 일괄적인
　집단분쟁조정 및 단체 소송을 도입하여 소비자피해구제제도를 강화하였다.

2) 소비자분쟁해결제도의 필요성

①공정한 거래방식과 하자 없는 재화 등을 판매한다면 소비자는 보다 윤택한 소비
생활을 영위할 수 있지만, 현실적으로 많은 소비자분쟁 또는 피해가 발생하고
있으며 가장 큰 특징은 소액 다수라는 점이라고 할 수 있다.

②개인적인 소비자 피해는 경미하나 전체 피해소비자를 기준으로 한다면 고액의
피해가 발생하고 있다.(사업자가 지속적으로 부당한 거래행위를 하거나 하자
있는 재화를 판매하는 것이 원인)

③개별 소비자의 손해는 경미하기 때문에 피해구제를 신청하는 소비자는 극히 일
부에 한정된다.

(나머지 소비자에 대한 피해구제를 하지 않음으로 인하여 사업자는 거액의 불법
이득 취득)

④소액 피해를 입은 소비자라 하더라도 용이하게 구제를 받을 수 있는 방안의 모
색이 필요하다.

⑤소송이 있으나 3심제 기본으로 이를 통하여 구제를 받기에는 많은 시간과 비용
등이 소요되고 실제 소액 피해가 주를 이루고 있는 소비자피해의 구제수단으로
는 적합하지 않다.

3) 분쟁해결방안(ADR : Alternative Dispute Resolution)

①소비자 피해구제란 소비자가 사업자가 제공하는 물품 또는 용역을 사용하거나
이용하는 과정에서 발생하는 피해를 구제하기 위하여 사실조사, 전문가 자문 등
을 거쳐 관련 법률 및 규정에 따라 양 당사자에게 공정하고 객관적으로 합의를
권고하는 제도를 의미한다.

②소비자 분쟁이란 소비자가 각종 물품의 사용이나 서비스를 이용하는 과정에서
발생한 제품의 하자 · 부당 거래 · 계약 불이행 등의 피해로 인해 소비자와 사업
자 간에 발생한 분쟁을 말한다.

③소비자가 사업자로부터 적절한 보상을 받을 수 있도록 품목별 · 피해 유형별로

보상 기준을 마련해 놓은 것이 바로 '소비자분쟁해결기준'이다.

④소비자피해의 특성과 소송제도의 한계점을 고려하여 등장한 소비자분쟁해결제도 또는 피해구제제도가 바로 분쟁해결방안(ADR: Alternative Dispute Resolution)이다.

⑤분쟁해결방안으로는 조정, 중재, 옴브즈만, 화해, 알선 등이 있으며 주로 조정을 활용한다.

(2) 소비자분쟁해결제도의 유형

①소송에 의하지 않고 분쟁을 해결하는 제도를 유형으로 구별해보면 단순히 제3자 개입여부로 구별하는 방법과 당사자가 절차와 결과에 대해 통제가능한지로 구별하는 방법이 있다.

②제3자의 개입 없이 당사자 간에 분쟁을 해결하는 방식으로는 협상이 대표적이다.

③당사자간에 협상이 잘되면 해결이 가능하지만 협상이 실패할 경우 결국 제3자가 개입하여 분쟁을 해결할 수 밖에 없다는 한계가 있다.

④소비자분쟁해결제도의 유형 중 제 3자가 개입하는 방식은 협상이 결렬 또는 실패로 끝날 경우 행하는 해결 방식이다.

⑤제 3자가 개입하는 유형에는 알선(Intermediation), 조정(Mediation), 중재(Arbitration), 간이심리 (Mini-tral), 조정·중재(Med-arb), 옴부즈만(Ombudsman), 법원 ADR(Court-Annexed ADR), 사적판결(Private judging; rent-a-judge)이 있다.

⑥분쟁해결방안(ADR)유형은 관점에 따라 다양하게 분류되나 대표적으로는 기본적 분쟁해결방법과 절충적 분쟁해결방법으로 나뉜다.

⑦기본적 분쟁해결 방법은 당사자가 절차와 결과에 대해 통제가 가능한가 여부에 따라 구분하는 것이 일반적이다.

⑧두 가지를 모두 통제할 수 있는 가장 대표적인 분쟁해결 형태로는 협상 (Negotiation)이 있다.

⑨절차는 제3자에게 위임하되 결과는 당사자가 통제하는 조정(Mediation)의 형태이다.

⑩절차와 결과를 모두 제3자에게 맡기는 것은 중재(Arbitration)라고 할 수 있다.

⑪그 밖에 소송과 유사한 간이심리, 조정과 중재가 결합된 조정·중재, 조정에 사실조사기능이 결합된 옴브즈만, 법원 ADR, 중재와 소송이 결합된 형태로서의 사적 판결이 있다.

1) 소비자분쟁해결제도 유형에 대한 이해

①협상

- 사전적 의미의 협상은 특정 분쟁의 해결을 위해 상대방과 대화를 해 나가는 절차이다.
- 분쟁해결과 관련된 협상에 대한 개념으로는 협상이 상충되는 이해가 존재하는 곳에서 공동의 이해를 교환 또는 구현하고자 하는 합의를 도출할 목적으로 명시적인 제안을 제시하는 과정이다.

②알선

- 제3자가 당사자의 의뢰에 의하여 사건에 개입하여 원만한 타협이 되도록 조력하는 방법이다.
- 발생된 분쟁에 대해 분쟁해결의 경험과 지식이 풍부한 제3자가 개입한다.
- 양 당사자의 의견을 듣고 해결합의를 위한 조언과 타협권유를 통하여 합의 유도한다.
- 알선은 조정과 흡사하나 조정보다 비형식적이며 당사자 일방의 의뢰에 의해서도 가능하다.
- 자발적인 합의를 통한 분쟁해결이기 때문에 법적인 구속력은 없다.

제1영역
고객응대 실무

제2영역
고객불만처리

제3영역
VOC 운영실무

제4영역
매뉴얼 개발실무

③조정

- 당사자의 신청이나 동의를 얻어 조정인이 협상에 개입하여 협상에 이를 수 있도록 조력하는 분쟁해결 방법이다.
- 중립적 제3자가(법관, 조정위) 당사자 사이에 개입해 화해로 이끌어 분쟁을 해결하는 절차이다.
- 조정안에 대한 수락여부는 당사자가 결정하므로 판결이나 중재안에 종속되는 소송이나 중재와 다르다.
- 조정 성립 시 조서가 작성되면 재판상 화해와 동일한 효력 또는 민법상 화해와 같은 효력이 있다.

④중재

- 분쟁당사자의 합의에 따라 법원이 아닌 제3자(중재인/기관)에게 맡겨 분쟁을 해결하는 방식이다.
- 중재는 제3자가 개입하여 화해를 시도하는 점에서 조정과 같으나 중재안을 거부할 수 없다.
- 제3자의 판단이 법적인 구속력을 가지는 점에서 조정과 다르다.
- 분쟁당사의 합의를 기초로 사인 및 사적 기관이 주체가 되어 분쟁을 해결하는 대체적 분쟁해결제도이다.

⑤옴부즈만

- 특정조직 내 고충사항을 접수 및 조사하는 제3자 또는 행정청에 대한 민원은 처리해주는 사람
- 옴부즈만은 부당한 행정처분을 당한 사람들을 위하여 엄격히 제3자의 입장에서 민원을 상급기관에 제기하여 민원 당사자에게 가능한 대안과 기타의 가능성에 대하여 권고한다.
- 옴부즈만의 주된 역할은 특정기관에 대한 대중들의 불만을 대변하고 옹호해주

는 것이다.

- 궁극적으로 법원의 협조를 받아 법률상의 문제를 해결해 줄 수 있는 방법이 될 수 있다.

- 절차지연에 따른 불필요한 비용을 덜어주는 역할도 수행한다.

2) 분쟁조정의 특징

①조정의 장점

- 분쟁당사자가 분쟁해결을 신청할 수 있음

- 당사자가 조정안을 수락 시 분쟁 해결

- 다양한 분쟁해결기준으로 원활한 분쟁해결 도모

- 단심제 방식 → 신속 및 저렴한 비용으로 분쟁 해결

- 다양한 분야에서의 분쟁해결제도로 활용되고 있음

②조정의 단점

- 소송과 달리 당사자에게 기속력을 발생하는 것이 아닌 당사자의 합의에 의하여 기속력 발생

- 분쟁조정안 제시 시 당사자 중 일방이 거부 또는 조정 도중 소를 제기 시 조정 성립되지 않고 중지됨(사업자)

- 피해규모가 소액이라는 점 때문에 실질적으로 소비자는 소송을 통하여 분쟁을 해결하는 것이 아니라 피해구제를 포기함

③위에서 설명한 조정의 단점을 극복할 수 있는 대체적인 방식에 의한 분쟁해결 방안을 모색하는 가운데 '중재제도'이 필요성이 제기되고 있다.

제1영역
고객응대 실무

제2영역
고객불만처리

제3영역
VOC 운영실무

제4영역
매뉴얼 개발실무

3) 소비자분쟁조정제도의 한계 및 문제점

①조정제도는 분쟁이 발생하였을 경우 일방의 신청에 의하여 분쟁해결을 위한 절차(조정절차)가 개시된다.

②절차 진행 도중 언제든지 당사자 중 일방 또는 쌍방은 절차를 거부 또는 중지할 수 있다.

③조정 위원회가 조정안을 제시하더라도 당연히 당사자를 구속하는 것이 아닌 당사자의 수락에 의하여 구속력이 발생한다.

④자신이 원하지 않을 경우 언제든지 그 절차에서 벗어날 수 있어 악용 또는 유명무실화될 가능성이 높다.

⑤임의적인 분쟁해결제도여서 당사자가 간편하게 조정을 회피할 수 있기 때문에 실질적으로 최종심에 의한 분쟁을 해결해야 한다.

⑥사업자가 조정절차에 참가하면서 조정안에 대하여 거부할 경우 소비자는 소 제기를 포기하게 될 것이고 이에 따라 피해를 입은 소비자가 구제를 받지 못하게 되는 결과가 발생하게 된다.

⑦개시 전 또는 진행 도중에 당사자 중 일방은 소를 제기할 수 있어 사업자가 소를 제기한 경우 조정 절차는 중지된다.

4) 소비자분쟁해결제도의 개선 방안

①조정제도의 한계점은 있으나 장점이 많아 강제성을 전환할 경우 더 큰 부작용 발생이 우려된다.

②현행 방식은 소송과 조정제도만을 둠으로써 ADR에 있어서 소비자의 선택권은 보장되고 있지 않으므로 이에 대한 선택권을 보장할 수 있는 방안을 모색한다.

③조정제도는 그대로 유지하면서 그 한계점을 보완할 수 있는 다른 ADR 제도의 도입 검토가 필요하다. (중재제도 도입 필요)

④중재제도는 그 합의가 있을 경우 다른 분쟁해결절차(소송 등)를 통한 분쟁해결이 금지된다.

⑤또한 그 절차의 진행 도중에도 참가거부가 인정되지 않고 중재판정에 대하여 기속력이 발생하기 때문에 이를 임의적으로 거부할 수 없다.(조정제도의 한계 극복)

01. VOC발생 원인에 대한 설명으로 틀린 것은?

①기업의 기대가치 충족을 위한 활동

②기업의 제공가치와 고객의 소비가치의 차이

③기업활동 간 발생하는 서비스 Gap

④상품 및 서비스 기획 및 대응의 Gap

02. 발생 단계별 VOC 중 다음 설명하는 VOC는 무엇인가?

- 고객이 자사의 경영활동에 참여함으로써 고객의 경험에 의해 발생되는 VOC이다.
- 기존 유사한 제품, 서비스, 이벤트 등 고객 경험을 통해 예측할 수 있는 VOC이다.
- 기존 유사한 제품, 서비스, 이벤트 등 고객 경험을 통해 예측할 수 있는 VOC이다.
- 전체 VOC 중 가장 큰 비중을 차지하고 있는 VOC이다.

①1차원 VOC   ②2차원 VOC   ③3차원 VOC   ④4차원 VOC

03. 아래 설명하고 있는 것은 VOC의 중요성을 설명하는 이론이다. 무슨 이론인가?

어떤 큰 일이든 그 이전에 여러 작은 징후들이 계속해서 발생하고 있고, 여러 작은 징후라도 적극적으로 대응하고 개선하지 개선하지 않으면 큰 손실을 일으키고, 위험에 빠질 수 있음을 시사하는 이론

①하인리히의 법칙   ②빙산의 일각의 법칙

③깨진 유리창의 법칙   ④메라비언의 법칙

해설: 깨진 유리창처럼 어쩌면 사소해 보이는 일들을 방치하면 나중에 더 큰 결과를 초래한다는 심리학 이론이다.

04. VOC에 대한 설명으로 바르지 않은 것은?

①VOC는 모든 기업활동의 근간이며 기업이 추구하는 목표와 목적에 도달할 수 있도록 하는 가치있는 자원이다.

②VOC는 고객이 기업과의 거래과정에서 발생하는 모든 메시지를 의미한다.

③VOC는 고객에 대한 기업의 강력한 의사표현의 권리다.

④기업 사업영위에 있어서 고객의 아이디어도 VOC하고 할 수 있다.

해설: 기업에 대한 고객의 강력한 의사표현의 권리를 VOC라고 한다.

05. VOC 운영의 기본 요소 중 VOC 조직에 해당되지 않는 내용은?

①원스톱 처리를 위해 VOC 1차 처리를 위한 고객 접점 채널의 처리 능력을 관리 및 향상시킨다.

②고객단위로 여러 접수 채널에 산재되어 있는 VOC를 고객단위로 통합하여 관리한다.

③1차 대응 접점 부서와 추가 대응이 필요한 VOC의 책임부서와의 처리 프로세스가 구축한다.

④고객의 불만을 처리하기 위한 내부 기준을 정립한다.

06. VOC 성과관리에 대한 설명으로 틀린 것은?

①구체적인 산출물을 규정한다.

②명확한 개선 대상과 책임부서를 선정한다.

③접수 및 개선에 대한 과정 관리를 한다.

④시스템 사용자 입장에서 사용 편의성을 제공한다.

해설: VOC는 시스템 사용자의 입장보다는 현업에서 직접 VOC업무를 수행하는 사람들의 사용 편의성을 고려하여야 한다.

07. VOC관리 프로세스를 제대로 나열한 것은?

① 분석/관리 ⇨ 대응/처리 ⇨ 접수/분류 ⇨ 공유/개선
② 접수/분류 ⇨ 분석/관리 ⇨ 대응/처리 ⇨ 공유/개선
③ 접수/분류 ⇨ 대응/처리 ⇨ 분석/관리 ⇨ 공유/개선
④ 분석/관리 ⇨ 접수/분류 ⇨ 대응/처리 ⇨ 공유/개선

08. 아래 CS개선 포트폴리오에서 개선 영향력이 매우 높아 개선효과가 크지만 회사 내부의 정책, 프로세스, 인프라를 변경하기 어려워 시간과 자원 투입이 큰 집중개선 영역은?

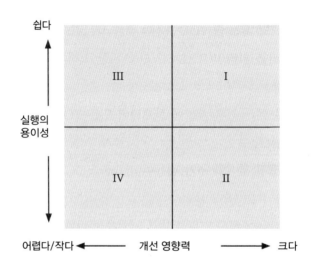

① I 영역　　　　② II 영역　　　　③ III 영역　　　　④ IV 영역

09. 아래 설명하고 있는 것은 VOC 평가 지표 중 일부이다. 빈 칸에 알맞은 말로 짝지어진 것은?

> 정의된 VOC 유형분류 기준에 의해 정확하게 데이터를 분류해 처리팀에 이관하였는가를 평가하는 것을 (A)라고 하며 (B)는 VOC를 제기한 고객이 만족하는 시간 이내 처리율을 의미하며 보통 외부 조사 또는 FGI를 통해 습득한다.

    ① (A)−처리 완료 타임, (B)−VOC 재접수율

    ② (A)−데이터분류정확도, (B)−특정시간 내 처리율

    ③ (A)−처리 리드타임, (B)−처리만족도

    ④ (A)−데이터분류정확도, (B)−처리만족도

해설: 처리 리드타임은 분류에 의한 이관 후 처리까지 소요된 시간을 의미하며 이 지표를 관리함으로써 대응부서의 신속한 대응을 유도할 수 있다.

10. 아래 박스칸에서 설명하고 있는 고객만족도 조사 유형은 무엇인가?

> 고객지향도의 측정 영역은 고객만족을 위한 '기업의 방향성'과 고객만족 추진을 위한 '조직구조'가 있다.
> - 기업의 고객지향적 수준을 측정하고 진단
> - 고객에게 최선의 서비스를 제공하고자 하는 기업 문화의 수준을 측정
> - 주요 설문 항목
> - 조직: 기업이념, 조직구성, 평가제도, 고객지원
> - 프로세스: 고객응대기준, 고객지원조직, 업무프로세스, 고객관리방법 등
> - 임직원: 임직원의 태도, 가치관, 응대행동 등
> - 개인: 개인의 고객 응대 태도, 고객에 대한 가치관, 고객관리 방법 등

    ① CES   ② NPS   ③ COI   ④ ICSI

11. VOC 코드체계 중 VOC 수집 정합률 제고 요소에 대한 설명으로 바르지 않은 것은?

①VOC 접수 등록을 위한 체계적이고 정확한 코드 체계가 있어야 한다.

②VOC 코드 체계를 등록자에게 반드시 상세하게 설명 되어져야 한다.

③VOC 코드는 접점직원관점에서 정의되어야 하며, 등록자가 쉽게 찾을 수 있어야 한다.

④이관 VOC는 그 내용과 속성에 따라 정확한 정의와 처리 규정이 마련되어 있어야 한다.

12. VOC 활성화 전략에 대한 설명으로 바르지 않은 것은?

①다양한 On-off라인 커뮤니케이션 채널의 확보

②고객지향적이고 효율적인 VOC 시스템에 의한 관리

③교육 훈련 및 평가를 통한 지속적인 개선

④회사의 매출성장, 이익창출에 대한 기여도 측정

13. VOC개선 과제 선정 시 CTQ의 특징으로 보기 어려운 것은?

①고객만족과 직결되는 가시적인 것이어야 한다.

②고객 입장에서 원하는 것에만 집중한다.

③내부 합의에 의해 품질 수준의 허용범위가 결정되어야 한다.

④개선이 목적이므로 반드시 측정은 구체적이어야 한다.

해설: CTQ(Critical to Quality)는 고객의 입장에서 원하는 것에 집중하는 것이 아닌 원하지 않는 것에 집중해야 한다.

14. NPS(순추천고객지수)에 대한 설명으로 바르지 않은 것은?

①기존의 고객만족점수는 진정한 고객 충성도를 대표하기 어렵기 때문에 등장한 충성도 관련 지표이다.

②NPS는 대상 고객에게 '추천 의향'이라는 단 한 개의 질문으로 고객의 충성도를 측정하는 방법

③문항은 '거래하시는 회사를 친구나 동료에게 추천할 의향이 얼마나 있습니까?'이며 10점 척도로 측정한다.

④조사비용이나 설문대상자의 시간을 절약할 수 있다.

해설: NPS는 추천의향을 측정할 때 '0~10점'사이에 점수를 주는 것이므로 10점척도가 아닌 11점 척도로 측정한다.

15. 개인정보의 정의애 대한 다양한 정의이다. 옳지 않은 것은?

①해당 정보만으로는 특정 개인을 알아볼 수 있더라도 다른 정보와 쉽게 결합하여 식별 할 수 없는 정보

②생존하는 개인에 관한 정보로서 당해 정보에 포함되는 성명, 생년월일 기타 기술 등에 의해 특정한 개인을 식별할 수 있는 정보

③살아있는 개인에 대한 정보로써 성명·주민등록번호 및 영상 등을 통하여 개인을 알아볼 수 있는 정보

④해당정보 또는 해당정보와 정보관리자가 소유하거나 소유하게 될 다른 정보를 결합하여 식별할 수 있는 생존개인에 관한 정보

16. 아래 설명하고 있는 것은 개인정보보호 조치 중 어디에 해당하는 것인가?

- 개인정보에 대한 보호정책 및 지침
- 개인정보 관련 조직 관리
- 개인정보보호와 관련된 IT운영보안 관리
- 보안사고 업무 연속성 관리

①관리적 보안   ②물리적 보안   ③기술적 보안   ④인적 보안

해설: 기술적 보안은 시스템 및 개인 PC 관리, 네트워크 보안관리, 정보처리 시스템 통제 대책 등이 있다.

17. VOC 분석 및 관리 효과로 거리가 먼 것은?

①과거 VOC 사례 및 트랜드를 통한 VOC DB화로 유사한 유형의 VOC 품질 개선 한다.

②VOC DB는 경영활동에 반영하기에는 한계가 있다.

③기업의 구성원들에 대한 인식 개선 도구로 활용한다.

④고객유지, 고객 개발을 위한 마케팅 연계를 한다.

18. 다음 설명하고 있는 것은 소비자분쟁해결제도 유형 중 어디에 해당하는가?

- 분쟁당사자의 합의에 따라 법원이 아닌 제3자(중재인/기관)에게 맡겨 분쟁을 해결하는 방식
- 중재는 제3자가 개입하여 화해를 시도하는 점에서 조정과 같으나 중재안을 거부할 수 없음
- 제3자의 판단이 법적인 구속력을 가짐
- 분쟁당사의 합의를 기초로 사인/사적 기관이 분쟁을 해결하는 대체적 분쟁해결제도

①조정   ②중재   ③협상   ④알선

해설: 분쟁해결과 관련된 협상에 대한 개념으로는 협상이 상충되는 이해가 존재하는 곳에서 공동의 이해를 교환 또는 구현하고자 하는 합의를 도출할 목적으로 명시적인 제안을 제시하는 과정이다.

19. 알선에 대한 설명으로 바르지 않은 것은?

①제3자가 당사자의 의뢰에 의하여 사건에 개입하여 원만한 타협이 되도록 조력하는 방법이다.

②알선은 특정기관에 대한 대중들의 불만을 대변하고 옹호해주는 방법이다.

③발생된 분쟁에 대해 분쟁해결의 경험과 지식이 풍부한 제3자가 개입한다.

④조정과 흡사하나 조정보다 비형식적이며, 당사자 일방의 의뢰에 의해서도 가능하다.

해설: 특정기관에 대한 대중들의 불만을 대변하고 옹호해주는 방법은 옴부즈만이다.

20. 우리나라 소비자기본법은 소비자의 8대 권리를 규정하고 소비자의 책무도 함께 규정하고 있다. 소비자기본법에서 규정하고 있는 소비자의 권리라고 보기 어려운 것은?

①단체 조직 및 활동할 수 있는 권리

②안전하고 쾌적한 환경에서 소비할 권리

③적절한 보상 및 경영상 의사결정 할 수 있는 권리

④필요한 지식 및 정보를 제공 받을 권리(알권리)

21. VOC 코드 관리에 대한 설명으로 바르지 않은 것은?

①중분류 하위에 '기타' 코드 생성 시 등록자는 판단하기 어려운 것을 기타코드에 입력한다.

②전체 접수 코드 중에 '기타' 코드를 단 하나로 생성하고 정기적으로 모니터링하여 오등록을 관리한다

③VOC 코드 중 소분류는 일정 기간 관리 이후 사용빈도가 높은 것을 상위에 위치시켜 주는 것이 활용성 측면에서 바람직하다.

④VOC 코드 중 대분류는 가능한 상세하게 기술하여 등록자가 직관적으로 선택하게 한다.

22. 기업이 보유하고 있는 고객정보를 기반으로 유사한 특성이 있는 고객별로 그룹화하는 것을 의미하며 그룹화된 고객군들은 거래 활성화, 거래 유지를 위해 최소 비용으로 최대 효과를 얻을 수 있는 분석기법은?

　　①고객세분화 분석

　　②빅데이터 분석

　　③고객관계 분석

　　④상관분석

해설: 빅데이터 분석은 정형화된 데이터뿐만 아니라 비정형의 데이터 집합조차 포함한 데이터로부터 가치를 추출하고 결과를 분석한다.

23. 소비자 분쟁해결제도의 필요성에 대한 설명으로 바르지 않은 것은?

　　①현실적으로 많은 소비자분쟁 또는 피해가 발생하고 있으며 가장 큰 특징은 고액 소수라는 점 때문에 필요하다.

　　②개인적인 소비자 피해는 경미하나 전체 피해소비자를 기준으로 한다면 고액의 피해가 발생하고 있기 때문이다.

　　③소송이 있으나 3심제 기본으로 이를 통하여 구제를 받기에는 많은 시간과 비용 등이 소요된다.

　　④개별 소비자의 손해는 경미하기 때문에 피해구제를 신청하는 소비자는 극히 일부에 한정되기 때문이다.

24. 소비자분쟁조정제도의 한계 및 문제점에 대한 설명으로 옳지 않은 것은?

①조정제도는 분쟁이 발생하였을 경우 일방의 신청에 의하여 분쟁해결을 위한 절차 (조정절차)가 개시된다.

②사업자가 조정절차에 참가하면서 조정안에 대하여 거부할 경우 소비자는 소 제기를 포기하게 될 것이고, 이에 따라 피해를 입은 소비자가 구제를 받지 못하게 되는 결과가 발생하게 된다.

③자신이 원하지 않을 경우 언제든지 그 절차에서 벗어날 수 있어 악용 또는 유명 무실화될 가능성이 높다.

④절차 진행 도중 언제든지 당사자 중 일방 또는 쌍방은 절차를 거부 또는 중지할 수 없다.

해설: 소비자분쟁조정제도는 절차 진행 도중 언제든지 당사자 중 일방 또는 쌍방은 절차를 거부 또는 중지할 수 있다.

25. VOC 성과 평가방안에 대한 설명으로 바르지 않은 것은?

①사전에 비전이나 미션 및 팀 또는 개인별 KPI를 정의한다

②VOC 관련된 업무의 신속한 처리는 물론 고객불만을 최소화하기 위해 평가 및 결과를 공유한다.

③단순한 VOC처리 수준에서 벗어나 개선과제를 선정하여 실행력을 제고한다.

④VOC평가결과 빠른 확산과 안정적 정착을 위해 마일리지를 제공하나 인사고과에 반영하지 않는 것이 바람직하다.

26. 아래 설명하고 있는 VOC가 해당하는 영역은?

> - 고객 관련 정보를 수집, 분석할 수 있는 중요한 정보로 제품 초기 개발 시 핵심 데이터
> - 고객의 의견과 경험을 체계적으로 관리하고 이를 기반으로 한 고객 인사이트를 경영활동에 반영하여 고객 관점으로 경영활동을 이끌 수 있는 고객 메시지
> - 기존 고객 유지 및 신규 고객 발굴을 위한 데이터이며, 신규 비즈니스 창출을 위한 기회 정보

①커뮤니케이션 측면

②서비스 요소 측면

③경영자원화 측면

④고객 비즈니스 측면

27. VOC의 발생 단계별 분류에서 고객경험에 의한 VOC관련 설명 중 바르지 않은 것은?

①고객이 자사의 경영활동에 참여함으로써 고객의 경험에 의해 발생되는 VOC이다.

②기존 유사한 제품, 서비스, 이벤트 등 고객 경험을 통해 예측할 수 있는 VOC이다.

③일반적인 기업활동에서 전체 VOC 중 가장 작은 비중을 차지 하고 있는 VOC이다.

④VOC가 해결되지 않을 경우 고객 불만이 빈번하게 발생하여 실패비용이 증가한다.

28. 개인정보의 특징에 대한 설명으로 바르지 않은 것은?

①생존해 있는 개인의 정보를 기준으로 한다.

②개인에 결합할 수 있는 사회적, 신체적, 정신적 정보가 포함된다.

③개인뿐 아니라 관계된 모든 사슬관계도 정보에 포함된다.

④정보의 기한/종류/구분과 상관 없이 활용 불가능하다.

29. CS개선 포트폴리오의 활용 장점이 아닌 것은?

①내부의 상황을 고려하여 진행되는 건으로 실행력을 높일 수 있다.

②개선 성과의 효과를 빠른 시간에 이룰 수 있다.

③개선 성과를 확신할 수 있다.

④개선 과제의 우선순위가 명확하다.

해설: 개선 성과의 질은 높을 수 있으나, 개선 성과를 확신할 수는 없다.

30. CES(Customer Effort Score)에 대한 설명으로 바르지 않은 것은?

①고객만족도 조사에서 만족이라고 한 고객 또는 NPS 조사에서 추천자(Promoter) 들을 대상으로 '왜 그렇게 대답했는가?'를 파악하고 로열티의 원인을 수치화하는 조사기법이다.

②불필요한 수고 또는 노력의 경우 오히려 고객의 충성도를 떨어뜨린다고 '고객서비스의 역설'에 대한 주장을 지지한다.

③CSI나 NPS지수의 경우 수치가 높을수록 좋은 평가지만 CES의 경우는 지수가 낮을수록 레벨이 높은 것이 특징이다.

④NPS가 브랜드 전체 또는 특정 고객접점에서 고객과의 관계성을 측정하는 지표라면 CES는 그 수준을 향상시키기 위한 시행방법을 선택하기 위한 접근방법이라고 할 수 있다.

해설: CES는 고객만족도 조사에서 불만이라고 한 고객 또는 NPS 조사에서 비판자(Detractor)들을 대상으로 전화 또는 앙케이트를 통해 '왜 그렇게 대답했는가?'를 파악하고 로열티의 저하 원인을 수치화하는 조사기법이다.

31. 만족도 조사중 CES(Customer Effort Score)에 대한 설명으로 바르지 않은 것은?

①여러 고객경험을 측정할 수 있는 조사 방식 중 '빠르고 편함'의 고객 경험을 쉽게 측정할 수 있다.

②간단히 문제해결이나 구매를 할 때 고객이 얼마만큼의 노력이 들어갔는지를 측정하는 방법이다.

③고객의 노력과 어려움에 집중한 조사이기 때문에 문제의 정확한 원인을 파악하기 쉽다.

④조사하는 시점이 매우 중요한데 고객이 자신이 경험한 것을 망각하기 전에 이루어져야 정확한 조사가 이루어질 수 있기 때문이다.

32. 고객경험과 CES(Customer Effort Score)에 대한 설명으로 바르지 않은 것은?

①제품이나 서비스 이용에 따른 어려움 또는 편리함의 정도를 쉽게 측정할 수 있다.

②주요 목표는 고객이 실질적인 만족도와 고객의 경험을 추적하고 분석하는 것이라고 할 수 있다.

③점수가 낮게 나왔다는 것 자체만으로도 이용의 어려움을 나타내기 때문에 추가조사가 필요하다.

④고객이 실질적인 만족도와 고객의 경험을 추적하고 분석하는 것이라고 할 수 있다.

해설: NPS의 경우 원인 파악 및 후속조치를 위한 추가 조사가 필요한 반면 CES의 경우 결과가 낮은 것만으로도 이용의 어려움이나 노력이 그만큼 소요된다는 것을 알 수 있기 때문에 개선의 필요성을 바로 인식하고 후속조치를 취할 수 있다.

33. 효과적인 CES 활용방법에 대한 설명으로 바르지 않은 것은?

①설문조사를 통해 CES점수를 계산하고 분석하여 점수를 줄임으로써 고객에게 긍정적인 요소를 제공할 수 있다.

②고객 노력 점수(CES)를 계산하는 숫자 척도를 사용할 경우 점수가 높을수록 더 나은 결과를 의미한다.

③조사를 할 때는 고객의 불편함이나 어려움을 느낀 시점을 빠르게 포착해야 하므로 고객의 행위가 이루어진 직후에 바로 이루어져야 효과가 크다.

④조사과정에서 고객에게 '왜'를 물어보면 좀 더 정확한 분석이 가능하고 문제를 해결하는데 있어 우선순위를 정할 수 있다.

해설: 모든 개별 고객 노력 점수의 합계를 경험에 순위를 매긴 고객 수로 나누어 고객 노력 점수를 계산하는 숫자 척도를 사용할 경우 점수가 낮을수록 더 나은 결과를 의미한다.

34. CES조사 설계 시 고려하여야 할 사항으로 바르지 않은 것은?

①고객접점은 물론 고객에 의한 구체적인 행동을 명확하게 정하면 보다 정확한 피드백을 받을 수 있다.

②스마트폰을 활용하는 고객이 많은 만큼 설문조사 또한 모바일 환경에 최적화되어야 한다.

③불필요한 정보나 링크는 제거하고 척도의 경우 긍정적인 척도는 아래 부분에, 부정적인 척도는 위 부분에 배치한다.

④CES조사는 특정한 상황을 고려해야 하고 서비스를 담당하는 직원과 소통 후 자연스럽게 자동화된 설문조사 참여를 유도할 수 있어야 한다.

35. CES의 장점에 대한 설명으로 바르지 않은 하나는?

①충성도를 예측하는데 실질적인 도움 제공

②사업성과 연결되어 있고 장기간 결과 추적이 용이함

③서비스뿐만 아니라 전체 비즈니스에 해당하는 지표

④다른 지표보다 구체적이고 실행가능한 지표

해설: CES지표는 고객의 충성도를 예측하고 고객의 불편함이나 어려움을 파악하여 개선 및 보완함으로써 회사의 성장이나 발전을 도모하는 실질적이고 효과적인 지표로 활용되기도 하지만 전체 비즈니스가 아닌 서비스에 국한된 지표이다.

36. 국내 개인정보 피해구제 제도라고 보기 어려운 것은?

①개인정보침해 신고상담[개인정보침해 신고센터(PRIVACY)]

②형사조치

③개인정보분쟁조정 (개인정보분쟁조정위원회)

④민사소송

해설: 형사조치는 피해구제가 아닌 처벌에 해당하며 법률상 정보보호조치를 위반한 경우 징역형이나 벌금형을 받을 수 있다.

37. 개인정보 유출에 대한 설명으로 바르지 않은 것은?

①개인정보가 포함된 서면, 이동식 저장장치, 휴대용 컴퓨터 등을 분실하거나 도난당한 경우

②개인정보가 저장된 DB 등 개인정보 처리 시스템에 정상적인 권한이 없는 자가 접근한 경우

③개인정보처리자의 고의 또는 과실로 인해 개인정보가 권한이 없는 자에게 잘못 전달된 경우

④개인정보가 포함된 게시물이 누구든지 알아볼 수 있는 상태로 등록된 경우

해설: 이용자 문의 댓글에 개인정보가 공개되어 노출이 된 경우는 유출이 아닌 노출에 해당하는 사안이다.

38. 개인정보보호법에 따른 개인정보 유출 관련 필수 조치사항에 대한 설명으로 바르지 않은 것은?

①유출된 정보주체 개개인에게 지체 없이 통지

②피해 최소화를 위한 대책 마련 및 필요한 조치 실시

③개인정보 유출에 대한 개인정보보호 담당자 업무 배제

④1천 명 이상 유출된 경우에는 추가로 홈페이지에 공지

39. 개인정보 노출에 대한 상황으로 보기 어려운 것은 무엇인가?

①이용자 문의 댓글에 개인정보가 공개되어 노출이 된 경우

②개인정보에 대한 통제를 상실하거나 권한 없는 자의 접근을 허용한 경우

③타인의 고의가 아닌 개인정보 소유자 스스로의 실수로 인해 발생하는 경우

④개인정보가 포함된 게시물이 누구든지 알아볼 수 있는 상태로 등록된 경우

해설: 개인정보에 대한 통제를 상실하거나 권한 없는 자의 접근을 허용한 경우는 노출이 아닌 유출에 해당한다.

40. 개인정보 유출 시 조치사항에 대한 설명으로 바르지 않은 것은?

①첨부파일을 업로드하기 전에 개인정보가 있는지 확인

②검색엔진에 노출된 개인정보 삭제 요청 및 로봇 배제 규칙 적용

③시스템의 계정, 로그 등을 점검 후 분석결과에 따른 접속 경로 차단

④재발방지를 위해 서버, PC 등 정보처리시스템의 백신을 최신으로 업데이트 후 디렉토리 점검

해설: 첨부파일을 업로드하기 전에 개인정보가 있는지 확인하는 것은 개인정보 노출 사전 예방에 대한 조치라고 할 수 있다.

《 정답 》

제 3영역 실전예상문제

문항	1	2	3	4	5	6	7	8	9	10
정답	①	②	①	③	②	④	③	②	②	③
문항	11	12	13	14	15	16	17	18	19	20
정답	③	④	②	③	①	①	②	②	②	③
문항	21	22	23	24	25	26	27	28	29	30
정답	④	①	①	④	④	③	③	④	③	①
문항	31	32	33	34	35	36	37	38	39	40
정답	③	③	②	③	③	②	④	③	②	①

CS 클레임 관리사

제4영역

매뉴얼 개발실무

매뉴얼은 일반적으로 기획–집필(실행)–검토–수정/보완–활용의 절차를 거쳐 개발되는
데 일회성으로 끝나는 것이 아니라 이러한 폐쇄 반복(Closed loop)절차를 지속적으로
반복 시행한다.

01

매뉴얼의 이해

(1) 매뉴얼의 정의 및 개요

1) 매뉴얼의 정의

①매뉴얼의 본래 의미는 교본 또는 안내서, 조직 운영에 필요한 지침이나 일상업무나 작업 등을 명문화한 문서를 의미한다.

②매뉴얼은 기업 내의 활동 기준 또는 업무처리의 절차를 문서로 기록한 것이다.

③일반적으로 경영상의 의사 결정 및 처리 방법이라고 할 수 있는 규정서는 물론 안내서도 매뉴얼에 해당한다.

④조직 구성원에 대한 교육 및 훈련을 하는데 있어서 교재로 사용하는 매뉴얼은 일반적으로 표준화가 가능한 업무 지시서를 말한다.

⑤조직 구성원에 대한 교육용으로 사용하는 매뉴얼은 일반적으로 업무의 순서, 방법, 수준 및 조치 등을 일정한 절차나 순서에 따라 세부적이고 구체적으로 문서화한 것이다.

2) 매뉴얼의 목적

①조직의 업무 일관성 및 정확성 유지 (업무 순서의 명확화)

②조직 방침 및 절차 및 주요 요건의 효율적인 전달

③개인적인 경험의 일반화 및 내부 자원의 자산화 (업무 노하우, 지적 재산, 암묵지 → 형식지화)

④조직 구성원 대상 업무 요건 정의 및 업무처리 절차, 준수방법에 대한 교육, 훈련

⑤업무처리의 표준화 및 지속적인 개선 요소 발굴의 토대

⑥시행착오의 최소화 및 내·외부 위험요소(Risk)의 최소화

⑦업무 공백에 따른 업무 흐름의 원활한 진행

⑧무리 없는 문제해결상의 흐름 지도 및 간과, 누락 안내 등의 표준화 방해 요소 미연의 방지

(2) 매뉴얼이 갖추어야 할 요건

1) 매뉴얼 내용에 포함되어야 할 구성요소

①매뉴얼의 필요성, 목적 및 구성

②매뉴얼에 포함된 주요 과제 또는 업무의 개요

③업무처리 시 필수 이행 사항 및 규정, 원칙, 지침 또는 관계 법령

④매뉴얼 활용에 필요한 기본 지식 및 정보 [추가 정보 및 관련 내용에 대한 FAQ]

⑤업무처리 순서 및 중요도

⑥업무처리 시 주의사항, 필수사항, 대처방안, 예외 사항 등

⑦매뉴얼에 필요한 서식 및 템플릿

⑧업무에 유용하게 활용될 수 있는 다양한 정보와 자료 [성공, 실패사례 포함]

⑨매뉴얼에 성격에 따른 단계 또는 시기별 처리요령 및 점검사항

2) 기본 구성상의 요건

①사용자의 관점에서 사용목적 및 제공되어야 할 관련 정보에 초점을 맞추어 정리
되었는가?

②정확한 정보나 객관적인 자료 및 사실에 근거하여 분석한 후 이를 일반화하였
는가?

③제공하는 정보나 지식이 내용은 물론 형식적인 측면에 있어서도 일관성을 유지
하고 있는가?

④전체적인 흐름을 일목요연하게 정리하여 사용자가 쉽게 관련 내용을 찾아 활용
할 수 있는가?

⑤해당 매뉴얼의 내용이 핵심내용을 중심으로 문제해결에 직간접적으로 도움을
주었는가?

⑥이용편의성 고려는 물론 정보와 영향력을 적절히 구분하고 고려하여 배치를 하
였는가?

제1영역
고객응대 실무

제2영역
고객불만처리

제3영역
VOC 운영실무

제4영역
매뉴얼 개발실무

3) 작성 형식상의 요건

①매뉴얼이 정보 전달을 목적으로 한 효율적인 구조를 유지하고 있는가?

②매뉴얼의 내용 구성에 있어 일관성을 유지하고 있는가?

③각 페이지의 구성이 복잡하지 않고 핵심위주로 작성되었는가?

④사용자가 찾고자 하는 내용을 쉽게 찾을 수 있도록 작성되었는가?

⑤매뉴얼의 여백은 물론 사용자의 가독성을 고려하여 작성되었는가?

⑥매뉴얼의 목차는 물론 색인표를 포함하여 작성되었는가?

⑦매뉴얼 사용에 대한 지침 및 안내를 포함하여 작성되었는가?

⑧적정한 글씨 크기 또는 폰트(글자체)를 사용하여 작성되었는가?

⑨매뉴얼은 간결하고 군더더기(미사여구, 복문 구조 등) 없이 작성되었는가?

⑩이해가 쉽고 정확한 단어 및 간결한 문장을 사용하였는가?

(3) 매뉴얼이 제공해야 하는 것

매뉴얼은 정보(Information)와 영향력(Influence) 이 두 가지 목적에 충실해야 하며 아래와 같이 3가지 사항을 제공하여야 한다.

1) 검색 및 연결

①직원들의 주의를 끌어 지식, 경험, 믿음과 연결시켜야 한다.

②필요한 내용을 쉽게 검색하고 이용의 편리성을 제공해야 한다.

③사용자가 궁금해하는 사항에 대해 즉시 찾아내어 연결시켜 주어야 한다.

④사용자가 궁금해하는 사항

- 무엇을 해야 하는가?
- 이것은 무엇인가?
- 무엇이 어디로 가야 하는가?

- 이렇게 하면 어떤 일이 생기는가?

- 다음에는 무엇을 해야 하는가?

- 얼마나 시간이 걸리는가?

- 무엇을 건너뛸 수 있는가?

- 해당 정보는 어디에 위치해 있는가?

2) 패턴(Pattern)

- 직원 및 담당자가 분명하고 일관된 관련 정보를 볼 때 형성

- 특정한 내용에 초점을 맞출 때 형성이 됨

- 어떤 유형의 스크립트인지

- 어떤 형태와 구조를 가지고 있는지

- 시각적 구조화 / 목록화

3) 진행성(Progression)

- 업무의 진행 방향성이 있고 시작과 종결이 분명할 때 형성

- 진행성은 직원 및 담당자가 어떤 일관된 흐름과 결말을 인지할 때 발생

- 업무처리의 일관된 흐름

- 예측 가능한 업무처리의 흐름

- 업무처리 흐름의 연속성과 연관성

02

매뉴얼 작성방법

(1) 매뉴얼 작성 시 주의사항

1) 사전에 매뉴얼을 활용 목적 및 목표는 물론 주체가 누구인지 명확히 정의하여야 한다.

①업무의 목적이나 목표에 대한 명확화

②향후 개선 및 보완을 위한 매뉴얼 목적 및 목표와 주요 구성요소와의 Align

③명확한 R&R은 물론 지침에 대한 정의

④활용주체에 대한 명확한 구분 및 정의

- 여자/남자, 현장직원/내근직원, 일반 사용자 / 전문 기술자, 오프라인 / 온라인
- 직접 채널/ 간접 채널, 연령에 따른 주요 사용 계층 등

2) 사용자의 이용 편의성을 고려한다.

①전문용어 사용의 금지

②시각적 구조화 또는 목록화 고려

③텍스트 사용과 함께 적절한 이미지 또는 차트 활용

④검색의 용이성 및 가독성을 고려한 매뉴얼 구성

⑤매뉴얼 형식상의 기본적인 요건(글자체, 글씨 크기, 여백 등)의 충족

3) 정보(Information)와 영향력(Influence)를 고려하여 작성한다.

①정보와 영향력에 대한 사전 정의 및 범위 설정

②가능한 세부적이고 구체적인 내용 반영

③사용자의 입장을 고려한 능동적 기술에 초점을 맞춤

④매뉴얼의 잘못된 사용을 막기 위해 세밀하고 정확하게 서술

⑤연역적 전개 또는 귀납적 전개를 통한 매뉴얼의 효율성 및 합리성 고려

4) 매뉴얼은 해결중심적인(Solution-oriented) 관점에서 작성한다.

①이론이 아닌 실질적이고 구체적인 우수사례(Best practice)제시

②절차 또는 순서마다 발생할 수 있는 다양한 상황과 해결방법을 함께 작성해서 안내

③단계별 지침에 따른 업무 처리 후 확인할 수 있는 정보 제공

④매뉴얼에 근거해 문제해결 도중 예외 사항 및 예측 불가능한 사안에 대한 해결책 제시

5) 상황에 따른 탄력적인 대응이 가능하도록 작성한다.

①여러 가지 이슈 또는 상황에 따른 탄력적 대응 가능

②개선요소 발굴 시 즉각적인 적용이 가능하도록 작성

③일회성이 아닌 지속적인 개선요소 반영

④유형별, 상황별 및 단계별 조치의 체계성 등

  ※매뉴얼 작성의 3원칙 : 단순화(Simplification), 표준화(Standardization), 전문화(Specialization)

(2) 매뉴얼 작성 방향성

①매뉴얼은 업무 단위별로 작성하는 것을 원칙으로 한다.

②매뉴얼 작성은 크게 업무 기준편과 업무 절차편으로 구분하여 작성한다.

③실제 현장에서 사용하는 업무 기준은 구체적이고 세부적으로 정리한다.

④내부적인 규칙, 법규, 정책, 사규, 지침에 포함된 자질구레한 것까지 낱낱이 다루어야 한다.

⑤실제 현장에서 사용되지 않거나 효력이 없는 내용은 과감히 생략한다.

⑥업무관련 절차는 프로세스 단위로 작성한다.

⑦업무에 대한 사전 정의 및 범위를 정하고 순차적으로 업무의 시작과 끝을 명확히 해야 한다.

⑧프로세스의 업무수행절차는 수행순서대로 기술하여 업무기준을 모르더라도 업무를 수행할 수 있도록 작성한다.

⑨프로세스에 의해서 업무를 진행하는 도중 자의적인 판단에 의해서 업무를 처리하는 것은 최소화하여야 하며, 불가피할 경우 업무기준에 대해 참고할 수 있도록 안내

⑩업무기준은 자세히 읽을 수 있도록 하고 업무절차에 대해서는 한 번에 훑어볼 수 있도록 작성한다.

(3) 사용하기 쉬운 매뉴얼 구조를 위한 전략

사용하기 쉬운 매뉴얼은 매뉴얼 자체로도 사용자에게 구조가 명확히 드러날 수 있도록 자연스럽고 일관된 흐름을 유지하여야 한다. 사용하기 쉬운 매뉴얼 구조를 위해 필요한 전략은 아래와 같다.

1) 시각적 구조화
①사용자의 이용편의성을 위해 시선추적이나 사용자 경험을 고려하여 매뉴얼을 구조화한다.

②필요한 정보나 일관된 흐름을 위해 시각적으로 구조화되어야 한다.

③사용자의 시각적 흐름이나 시선 추적을 고려하여 주요 내용을 배치하고 구조화한다.

2) 정보와 시간의 순서화
①매뉴얼 작성은 일반적인 것에서 특수한 사항으로 순서화한다.

②일반적인 것에서 특수한 사항으로의 전개를 하기 위해서는 개요를 먼저 놓고 세부사항을 다음에 위치하게 한다. (개요 → 세부사항)

③대부분의 업무 절차와 과정은 순차적으로 일어난다는 사실을 고려하여 순서화한다.

3) 단서 및 관련 정보 제공하기

①단서라는 것은 도로 표지판 또는 이정표와 같은 역할을 한다.

②매뉴얼에서 단서라는 것은 매뉴얼의 위치와 방향성을 안내해준다.

③매뉴얼에 포함되어야 할 유용한 단서들

- 차례와 찾아보기
- 각 장의 제목 및 문단의 개요나 소개 글 또는 요약장표
- 단계별 번호 및 각 단계를 연결하는 그림이나 사진
- 사용자가 원하는 해당 정보 위치 제공을 위한 구성 단위

→ 상위 구성-하위구성과 같은 계층적 구조의 구성 (예 : 큰 글씨-작은 글씨)

4) 미사여구 지양

①매뉴얼에서는 가급적 문장을 줄여야 한다.

②사용자가 반드시 알아야 하고 주의해야 할 정보나 내용에 초점을 맞춘다.

③과도한 문장 또는 미사여구는 매뉴얼을 중의적으로 해석하거나 혼선을 줄 우려가 있다.

④문장을 대체하거나 보충할 수 있는 시각적인 자료를 적절히 활용한다.

⑤업무의 흐름이나 문제해결 절차의 경우 표, 그림, 차트를 활용한다.

⑥가급적 복문이 아닌 단문형태로 작성하여야 한다. (단락 또는 문장 간결화)

⑦목록화(list화)형태를 통한 간결성 유지 및 장황한 설명을 시양한다. (주요 핵심 단어 활용)

⑧수평적인 전개방식보다는 수직적인 전개방식을 활용한다.

제1영역
고객응대실무

제2영역
고객불만처리

제3영역
VOC 운영실무

제4영역
매뉴얼 개발실무

5) 주요 사항 및 내용 반복

①주요 내용이나 반드시 주의가 필요한 내용의 경우 같은 내용을 반복할 수 있다.

②자주 실수하거나 누락하는 내용일 경우 매뉴얼 전체에 걸쳐서 반복적으로 나타 낼 수 있다.

③사용자가 다양한 곳을 참조하므로 주요 핵심 내용은 자주 상기시켜 주어야 한다.

④매뉴얼에 있어 중요한 내용을 반복하는 것은 사용자에게 아주 유용하다는 사실 을 인지한다.

⑤주요 내용이나 자주 활용하는 매뉴얼의 경우 반복함으로써 오안내, 오해를 최소 화한다.

(4) 매뉴얼 개발 프로세스

매뉴얼은 일반적으로 기획-집필(실행)-검토-수정/보완-활용의 절차를 거쳐 개 발되는데 일회성으로 끝나는 것이 아니라 이러한 폐쇄 반복(Closed loop)절차를 지속적으로 시행한다.

1) 기획단계

①매뉴얼 관련 정보 수집, 주요 사용자에 대한 분석 및 조사

- 매뉴얼 사용 주체(사용자 분석)
- 매뉴얼 사용 목적
- 매뉴얼 사용처
- 매뉴얼의 기능의 명확화

②매뉴얼 개발 및 작성을 위한 팀 구성(Task force team)

- 매뉴얼 개발 및 작성을 총괄하는 책임자 선정

- 명확한 R&R과 함께 과제에 대한 정확한 이해
- 매뉴얼 작업에 대한 할당
- 책임자 외 주요 개발 및 작성자와 감수인력 선정
- 집필자는 관련부서 직원 및 담당자가 하지만 외부 전문가와 공동작업 병행하기도 함
- 매뉴얼을 감수하는 사람은 내부 고객을 통해서도 가능하나 외부 전문가 활용

③매뉴얼 기획서 작성
- 매뉴얼 주요 콘셉트(Concept)설정
- 매뉴얼 제작의 목적 및 목표는 물론 주요 구성 내용 및 개요 (목표 및 방향 기획)
- 매뉴얼 제작 일정 및 추진 방안
- 방향설정 및 핵심요약(Executive summary)
- 매뉴얼 작업 지침서 및 점검표 작성
→ 표준 용어, 구성 형식 및 삽입 사진/그림의 종류와 크기에 관한 표준지침 포함

2) 집필(실행)단계

①목차 작성
- 전체적인 내용구성을 위한 개요 정리
- 사전에 업무관련 주요 내용 정리
- 목적성에 맞는 목차 설정 필요

②매뉴얼 작성
- 논리적이고 간결한 문장과 알기 쉬운 언어 표현 사용
- 문법에 맞는 문장구조는 물론 논리에 따라서 난락을 구성
- 약어, 외래어, 전문용어 활용은 가급적 지양해야 하나 부득이하게 사용 시 별도의 설명자료를 수집하여 목록화할 것

제1영역
고객응대 실무

제2영역
고객불만처리

제3영역
VOC 운영실무

제4영역
매뉴얼 개발실무

3) 검토/검수 단계

①전문가 및 실제 현업 담당자 검수 참여

②매뉴얼 집필내용의 적합성

③문장, 어휘의 적합성 여부

④매뉴얼 활용에 대한 적합성 / 적정성 여부

⑤실제 사용 테스트 및 모니터링 진행(실사용자 대상)

4) 수정 및 보완 단계

- 검토, 검수 시 나타난 문제점 취합
- 테스트 후 발생한 갭(Gap)발생 해소를 위한 수정 및 보완작업 진행

5) 활용단계

- 최종 검토 및 수정 보완된 매뉴얼의 편집 및 디자인
- 사용자 전달 및 공유 (매뉴얼 활용 지침 및 가이드 반영)
- 사용자 교육 및 훈련

(5) 매뉴얼 관리

1) 매뉴얼 매니지먼트(Manual Management)

①매뉴얼 매니지먼트란 완성된 매뉴얼이 본래의 목표나 의도에 맞게 실행될 수 있
도록 관리하는 것을 의미한다.

②원래 의도한 목표에 알맞게 실행될 수 있도록 하려면 유지, 실행, 관리가 이루
어져야 하는데 이러한 일련의 활동을 매뉴얼 매니지먼트라고 할 수 있다.

③스크립트 매니지먼트를 수행할 때 중요한 것이 스크립트 개발 프로세스와 개발
및 관리 프로세스에서도 언급하였다시피 관련부서와의 커뮤니케이션이다.

④모든 매뉴얼은 테스크 포스팀(TFT)에서 전담하고 작성을 하지만 매뉴얼 개발에 따른 참여와 검토 및 승인에 있어서는 관련부서가 포함되어야 한다.

⑤매뉴얼 작성 후 검토 및 협의를 거치거나 수정 및 변경을 거쳐 승인이 이루어지는데 보통 검토 및 승인 요청서를 작성해서 승인절차를 밟는 것이 바람직하다.

⑥승인절차를 거쳐 전달 및 배포가 되어야 관련부서의 책임 소재도 분명해지고 개발 및 관리 단계에서 발생할 수 있는 리스크를 최소화할 수 있다.

⑦매뉴얼 매니지먼트는 아래와 같은 내용이 원활하게 수행되고 있는지를 관리한다.

- 매뉴얼에 대한 버전관리가 이루어지고 있는지 여부
- 원래의 목표와 목적 및 의도에 맞게 매뉴얼을 잘 활용하고 있는지 여부
- 매뉴얼에서 제시한 대로 신속하고 원활하게 업무가 이루어지고 있는지 여부
- 사용자에게 전달할 내용이 정확히 전달되고 현장에서 무리 없이 적용되고 있는지 여부
- 매뉴얼에 대한 업데이트는 지속적으로 이루어지고 있는지 여부
- 정기적인 모니터링을 통해 개선 및 보완해야 할 점들이 구체적으로 마련되었는지 여부
- 정해진 프로세스에 의해서 매뉴얼이 개발되고 있는지 여부
- 매뉴얼 내용이 현장에서 일관되고 효율적인 방식으로 전개되고 있는지 여부 등

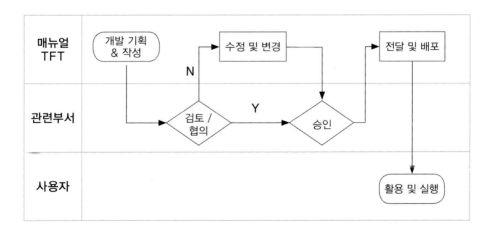

[매뉴얼 매니지먼트를 위한 프로세스 맵]

제1영역
고객응대 실무

제2영역
고객불만처리

제3영역
VOC 운영실무

제4영역
매뉴얼 개발실무

2) 매뉴얼 개선방안

①매뉴얼은 조직의 프로세스를 사용자로 하여금 고객에게 간결하고 명확하게 전달하는 효과적인 도구이므로 지속적으로 개선하고 보완하는 작업이 병행되어야 한다.

②더욱 정교화되고 활용도가 높은 매뉴얼을 개발하기 위해서는 이를 향상시키기 위한 방안을 마련하여 지속적으로 관리하여야 한다.

③매뉴얼 개발에 따른 사전 준비, 현황 파악 및 분석, 개선 및 보완과 더불어 유지, 실행, 관리가 이루어지도록 해야 하며 아래와 같은 활동을 통해 지속적인 매뉴얼 개선이 이루어져야 한다.

- 매뉴얼 개발 및 관리 프로세스 구축
- 매뉴얼 매니지먼트(Manual Management) 수행 및 시스템화
- 전문 매뉴얼 작성자 및 검수(검토)자 양성
- 지속적인 유형별 매뉴얼 개발 및 피드백 체계 구축
- 지속적인 모니터링 활동을 통한 개선점 도출

3) 매뉴얼 자산화 및 시스템화

①매뉴얼은 기업 프로세스나 마찬가지이므로 이를 자산화하고 시스템화하여야 한다.

②업무의 효율성은 물론 업무처리 능력을 향상시킬 수 있도록 매뉴얼을 시스템화하여야 한다.

③매뉴얼 시스템을 통해 지식정보자원의 유출을 방지하는 효과가 있다.

④사용자의 편의성 측면이나 지식정보관리 차원과 보안은 물론 관리의 용이성을 위해서도 반드시 매뉴얼의 시스템화는 꼭 고려해야 할 사항이다.

4) 매뉴얼 활용방안

①매뉴얼을 작성한 이후 별도의 변화관리 활동이 병행되어야 한다.

②매뉴얼의 품질 향상을 위해 정기적인 매뉴얼 활용에 대한 만족도는 물론 매뉴얼의 활용 정도를 조사하여 매뉴얼 개선 활동을 추진한다.

③매뉴얼 중심의 업무처리에만 의존할 경우 새로운 방식의 업무처리를 도외시 할 수 있으므로 지속적인 개선은 물론 지속적으로 보완한다.

④실제 현장업무에 적용은 물론 다양한 경험과 지식의 창출 등 일련의 과정이 매뉴얼 개선으로 이어질 수 있도록 환류 과정이 필요하다.

⑤단순히 Paper가 아닌 실제 업무에 활용도를 높이기 위해 매뉴얼을 통한 주기적인 반복훈련이 필요하다.

⑥매뉴얼의 일관성 유지는 물론 다양한 상황에 적응할 수 있도록 최소 가이드라인을 만들어 이를 중심으로 교육 및 훈련을 강화하여 현장 적응력을 높인다.

5) 매뉴얼 변화관리 방안

매뉴얼이 완성되었다고 해서 그것으로 종료가 되는 것이 아니고 새롭게 개발된 매뉴얼이 업무에 제대로 적용되고 기대하는 수준의 결과치를 내는지에 대한 별도의 관리 활동이 필요하다. 즉, 체계적인 변화관리 활동의 수행을 통해 새롭게 개발되거나 변경된 매뉴얼의 주요 내용이 제대로 기능하고 있는지를 살피는 것이 중요하다. 매뉴얼 변화관리 방안은 아래와 같다.

①사전 커뮤니케이션 활동(매뉴얼 활용 방해요소 제거)
②주기적인 교육 및 훈련
③우수 사례 발굴 및 공유
④매뉴얼의 지속적인 개선 및 보완
⑤매뉴얼 개선에 따른 평가와 보상
⑥모니터링 활동 강화
⑦매뉴얼 활용에 따른 결과 분석 및 피드백 활동
⑧평상 시 정기적인 사전훈련을 통한 대응 역량의 강화

03

고객만족 서비스 매뉴얼

(1) 고객만족 서비스 매뉴얼 주요 구성

분류	주요 구성
CS경영의 이해	▪ CS비전 및 주요 전략 체계 ▪ 고객 서비스 헌장 ▪ 고객 서비스 이행표준
고객응대 및 서비스자세	▪ 고객만족의 정의 ▪ 업무처리 자세 및 태도 ▪ 고객응대 관련 기본 원칙 ▪ 불만고객 응대
고객응대표준 매뉴얼	▪ 고객 서비스 관련 주요 행동 범주 ▪ 고객 서비스 주요 표준 ▪ 서비스 이행관련 체크리스트 ▪ 유형별 /상황별 서비스 표준 ▪ 서비스 이행관련 추가 사항
주요 접점 표준 매뉴얼	▪ 안내데스크(Help desk) ▪ 콜센터 / 고객센터 ▪ 주요 매장 ▪ 홈페이지 및 블로그, SNS 등 ▪ 기타

(2) 고객만족 서비스 매뉴얼 세부 구성 내용

1) CS경영의 이해

①고객의 정의

- CS비전 및 경영전략 수립 및 활용의 근간이 된다.
- 고객에 대한 명확한 정의가 필요하다.
- 고객정의의 목적과 선정의 방향성이 마련되어야 한다.
- 업무 특성에 따라 다양하게 고객을 분류할 수 있다. 예] 가치생산고객, 가치 소비고객

- 가치에 의한 고객의 기준 및 정의를 수립한다.

②고객만족경영 정의 시 구성요소

　자사에 맞는 고객의 정의

- 자사에서 정의한 고객의 가치
- 비전 및 미션

③서비스 이행표준 체계

- 먼저 서비스 이행표준은 고객서비스헌장 준수 및 실천을 위한 구체적인 서비스 이행원칙 및 방법을 규정한 것을 의미하며 서비스 이행표준 체계는 아래와 같이 3가지 항목으로 구성된다.
- 고객서비스 헌장(고객만족향상을 위한 원칙과 방향을 명시하고 고객만족경영의 원칙을 반영)
- 고객서비스 개별이행기준 (고객서비스 이행부서의 업무에 대한 수행기준)
- 공통(일반)이행기준 (부서에 상관없이 고객에게 공통적으로 제공되어야 하는 서비스 기준)

④서비스 이행표준 주요 절차

- 내부적으로 서비스 이행표준 제정에 대한 필요성을 검토한다
- 벤치마킹, 내·외부 문헌자료 조사 및 검토, 전문가집단의 인터뷰를 통해 의견을 수렴한다.
- 다양한 의견을 수렴하여 서비스 이행표준에 관한 초안(Draft)를 작성한다.
- 초안을 내부적으로 검토하고 심의를 거친다.
- 심의가 완료되면 그룹웨어나 기타 인터넷, SNS 및 다양한 채널을 통해 홍보 및 공표한다.
- 전담부서 신설 및 서비스 이행표준에 대한 교육, 훈련 실시와 주기적인 모니

제1영역
고객응대 실무

제2영역
고객불만처리

제3영역
VOC 운영실무

제4영역
매뉴얼 개발실무

터링을 진행한다.

- 서비스 이행에 대한 평가를 진행하고(내·외부 고객만족도 측정) 평가결과에 따라 보상을 진행한다.
- 평가를 통해 나온 결과에 대한 개선요소 발굴 및 피드백을 진행한다.

2) 주요 접점 표준 매뉴얼 작성 시 유의사항

①주요 접점 직원이 고객 응대 시 활용해야 할 표준 매뉴얼을 개발한다.

②서비스 이행표준을 반영한 매뉴얼 제작을 통해 고객중심적인 표준화된 서비스를 제공한다.

③주요 접점채널에 고객과 접촉하는 순서에 입각해서 이행하여야 할 행동을 구체적으로 제시한다.

④주요 접점별 업무의 특성이나 상황을 고려하여 작성한다.

⑤주요 접점채널에서 고객 응대 시 필요한 요소가 되는 행동, 표정, 언어를 중심으로 작성한다.

⑥대중소로 분류하여 주요 접점채널-관련 업무의 분류-세부 업무로 구분하여 매뉴얼을 작성한다.

⑦접점 채널별 자주 누락하거나 오안내의 위험성이 있는 사항은 별도로 핵심포인트 및 가이드 영역에 포함시켜 작성한다.

⑧예외적 상황에 대한 대처 방법도 고려하여 반영한다.

04 고객 클레임 매뉴얼

(1) 고객 클레임 매뉴얼 주요 구성

분류	주요 구성
클레임 개요	▪ 클레임 매뉴얼 목적 ▪ 클레임 매뉴얼 적용 범위 ▪ 자주 발생하는 클레임 유형 ▪ 클레임 발생원인 및 현황 ▪ 클레임 vs 컴플레인
클레임 처리 일반	▪ 클레임 발생 시 응대요령 [책임자 연결 요청 등] ▪ 클레임 발생 시 응대자세 및 태도 ▪ 클레임 고객 등급 분류 및 관련 시스템 이해 ▪ 클레임 사전 대응(Pre) / 대응(On) / 후속 대응(Post)활동 ▪ 클레임 복구 및 후속조치 활동 보고 ▪ 클레임 발생 시 주요 조치사항 및 대응 조치
클레임 관련 프로세스	▪ 클레임 기본 응대 프로세스 ▪ 클레임 상담 Flow ▪ 클레임 접수와 전파 및 공유 프로세스
클레임 응대 매뉴얼	▪ 클레임 응대 지침 ▪ 사례별 클레임 응대 방법 ▪ 클레임 고객 유형별 / 상황별 응대방법
기타	▪ 손해배상정책[이용약관] ▪ 소비자 분쟁해결기준[한국소비자원] ▪ 고객클레임 접수 및 작성 [시스템 활용법] ▪ 비상연락망 / 클레임 관련 R&R ▪ 사례별 응대 매뉴얼 색인표

(2) 고객 클레임 매뉴얼 세부 구성

1) 클레임 개요 구성 요소 및 내용

클레임 개요부분에는 크게 목적, 적용범위, 자주 발생하는 클레임 유형, 클레임 발생현황 및 발생원인을 기술한다.

제1영역
고객응대 실무

제2영역
고객불만처리

제3영역
VOC 운영실무

제4영역
매뉴얼 개발실무

①목적

- 클레임 내용의 정확한 파악
- 효율적인 클레임 처리 및 관리
- 동일한 고객 클레임 재발생 방지
- 고객불만 해소 및 충성 고객 확보

②적용범위

- 고객 클레임 전반적인 업무에 적용함을 원칙으로 함
- 고객 클레임 : 자사의 상품 또는 서비스 구입 후 불만족 발생으로 인한 (비)금전적 요구
- 클레임 처리 : 고객의 클레임을 해소하기 위한 일련의 조치 사항(사전, 사후 관리 포함)
- 클레임 조처 유형 : 접수, 설명, 확인, 보상, 회수, 판정, 교환, 환불, 보상, 수리 등

③자주 발생하는 클레임 유형

- 자사에서 자주 발생하는 클레임의 유형 정의
- 계절적인 요인 및 주요 사례
- 이벤트별 요인(회사의 주요 행사 및 정책의 변화 또는 프로모션 변경 등에 의한)
- 자주 발생하는 클레임 유형은 구체적인 사례를 반영
- 이외 예상되는 클레임 유형

④클레임 발생현황 및 발생원인

- 자사 클레임 발생요인 분석
- 분석 결과에 따른 분석결과 보고 공유(챠트형, 시계열 분석)
- 클레임 발생원인(사회적 요인, 정책적 요인, 고객에 의한 요인, 기업에 의한 원인)

- 자사 주요 클레임 발생에 대한 주요 관리지표 등

⑤기타
- 불만고객 응대 시 Do's and Don'ts
- 고객응대에 대한 기본응대 요령
- 기타 클레임과 관련된 정보 및 기본 CS 마인드 관련 (서비스 칠거지악)

2) 클레임 처리 일반

클레임 처리 일반에는 다양한 내용을 반영할 수 있으나 일반적으로 클레임 발생 시 응대요령이나 응대 자세 및 태도, 클레임 고객 등급 분류 기준이나 클레임 고객 발생 시 활용해야 하는 시스템에 대한 이해를 포함하여 클레임 복구 및 후속조치 등과 같은 활동 보고를 다룬다.

①클레임 발생 시 응대요령
- 일반적인 클레임 발생 시 응대요령
- 책임자 또는 임원 및 대표 연결 요청 등
- 클레임 발생 시 반드시 해야 할 것과 하지 말아야 할 것
- 기타

②클레임 발생 시 응대자세 및 태도
- 클레임 발생 시 갖추어야 할 자세와 태도
- 구체적이고 명확하게 제시
- 담당자 / 책임자 구분

③클레임 고객 등급 분류 및 관련 시스템 이해
- 자사에서 마련한 기준에 의거해서 클레임 고객의 등급을 분류

- 사전에 등급에 대한 기준 설정 및 지수화
- 기준예시 : 클레임 제기횟수, 대외기관 민원 접수건, 동일 사안 반복 접수 건수 등
- 지수예시 : 클레임 제기회수 2회 이상 : 5점, 5회 이상 10점 등
- 특별 해당 고객에 대해서는 관심고객(Extra Care)으로 체크 후 별도관리
- 기타 고객알림 정보에 클레임 지수, 등급, 고객 클레임 제기 회수 등 반영

등급구분	지수	판단기준(예시)	처리자/처리부서
관심(Green)	3~5점	▪ 클레임 제기횟수 2회 미만 ▪ 대외기관 민원 접수 1회 이상	담당자
주의(Yellow)	6~10점	▪ 클레임 제기회수 3회 이상 ▪ 동일 사안 반복접수 건 3회 이상 ▪ 대외기관 민원 접수 2회 이상	중간관리자
경계(Orange)	10~15점	▪ 클레임 제기회수 5회 이상 ▪ 동일 사안 반복접수 건 5회 이상 ▪ 대외기관 민원 접수 3회 이상	전담부서 이관
심각(Red)	15점 이상	▪ 클레임 제기회수 10회 이상 ▪ 동일 사안 반복접수 건 7회 이상 ▪ 대외기관 민원 접수 5회 이상 ▪ 기타	전담부서 이관

[클레임 고객 등급 분류 예시]

④클레임 사전 대응(Pre) / 대응(On) / 후속 대응(Post)활동
- 클레임 발생 전 예방 활동
- 클레임 발생 시 대응 활동
- 클레임 발생 후 후속 조치활동

⑤클레임 처리 및 후속조치 활동 보고

- 클레임 처리 후 후속 활동
- 클레임 처리 보고 (발생 일시 및 장소, 원인 및 대응조치 사항, 복구 사항 등)
- 클레임 처리 후 주요 활동 (해피콜 시행, 사례발표 및 교육 등)
- 재발방지를 위한 처리 결과 공유 및 배포

⑥클레임 발생 시 주요 조치사항 및 대응 조치
- 클레임 발생 시 단계별 조치 사항

3) 클레임 관련 프로세스

클레임 관련 프로세스는 클레임 관련 기본 응대 프로세스와 고객 등급별 응대 프로세스, 상황별 응대 프로세스와 함께 클레임 상담에 대한 Flow를 다룬다.

①클레임 기본 응대 프로세스
- 접점 채널로 유입된 불만 고객의 분류 및 응대
- 이력 및 인지정보 또는 클레임 정보 확인
- 고객문의사항 파악
- 접수 사안에 따른 대응 및 조치
- 고객정보 시스템의 상담정보에 VOC코드 입력
- 불만 고객 유형 및 등급에 따른 자체 또는 처리 부서 이관
- 시스템이 미비할 경우 VOC 접수 대장 작성(수기)
- 이후 고객 불만 처리 및 관리대장 작성

②고객 등급별 / 상황별 응대 프로세스
- 기본 응대 프로세스와 동일
- 다만 고객 등급에 따른 응대에 있어 자체 또는 해당 부서로 이관 및 처리과정이 다름

- 상황(클레임의 경중)에 따른 해당 부서 이관 및 이관 내용 구체화
- 클레임 유형 및 고객 요구 사항에 대해 사전에 파악한 내용 전달 및 공유
- 등급별 또는 상황에 따른 부서 직원들의 R&R 및 권한 위임의 범위 규정 준수
- 고객 등급별 또는 상황별 응대 시 핵심 지침을 사전에 마련하여 활용
- 고객 등급 기준 및 지수에 따른 응대 프로세스 사전 공유 및 교육에 따른 응대 진행
- 시스템 미비할 경우 상황에 대한 접수 및 전파체계가 사전에 규정되어 있어야 함
- 시스템 미비 시 보고 및 통보 방법 공유(보고: 서면, 전화, SMS 통보: 전화 및 SMS)
- 상황에 따라 선보고 후조치 또는 선조치 후보고의 판단기준 명확화 필요

③클레임 상담 Flow

- 클레임 유형에 따른 프로세스를 구분
- 해당 클레임 프로세스 범위에 대한 규정
- 클레임 상담 절차는 크게 접수-응대(대응)-이관-보고의 흐름으로 구분
- 이관 프로세스의 경우 처리부서와 협조부서에 대한 명확한 지정 및 관리 필요

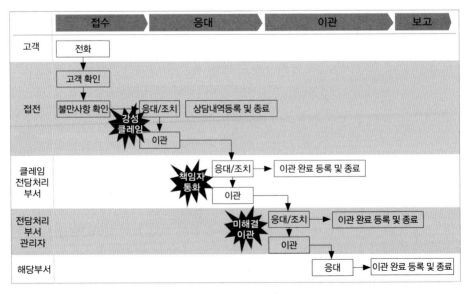

[클레임 상담 Flow]

④클레임 접수와 전파 및 공유 프로세스

- 중대 클레임 발생 시 접수는 물론 해당 클레임 전파 및 공유방법
- 중대 클레임에 해당하는 항목 구분
- 중대 클레임 발생 시 중점 확인사항
- 전파 및 공유방법 명시

4) 클레임 응대 매뉴얼

①클레임 응대 지침

- 클레임 응대 시 반드시 이행해야 할 지침 규정
- 클레임 응대 시 자주 누락하는 사항 또는 필수 안내 사항
- 클레임 처리 시 상황별 주요 지침
- 이관 지침 및 보상 범위
- 클레임 응대 시 Do's and Don'ts
- 클레임 응대 시 바람직한 표현법 등

②사례별 클레임 응대 방법

- 클레임 응대 지침에 따른 사례 공유
- 사례별 주요 클레임 응대 방법 안내
- 우수 사례와 함께 최악의 사례도 포함하여 반영(실패를 통해 배우는 클레임 처리)
- 발생 일시 / 발생 시 상황 / 고객 클레임 처리 시 핵심 포인트 / 결과 등
- 다양한 사례에 따른 클레임 처리 시 주의사항 반영

③클레임 고객 유형별 / 상황별 응대방법

- 고객 유형에 따른 특징 및 구분(MBTI / DISC / 에니어그램)
- 고객 유형에 따른 응대 시 효과적인 방법과 오히려 악화시키는 요인 반영

제1영역
고객응대실무

제2영역
고객불만처리

제3영역
VOC 운영실무

제4영역
매뉴얼 개발실무

- 고객 유형에 따른 주요 응대 스킬 및 활용 Tip
  - 클레임 상황별 주요 응대 스킬 및 활용 Tip
  - 강성 클레임 또는 블랙컨슈머에 따른 단계별 대처법 및 조치 사항
  - 기타

5) 기타
①손해배상정책[이용약관]
②소비자 분쟁해결기준[한국소비자원]
③고객클레임 접수 및 작성 [시스템 활용법]
④비상연락망 / 클레임 관련 R&R
⑤사례별 응대 매뉴얼 색인표

(3) 클레임 처리 규정(지침)의 적절성을 갖추기 위한 조건

고객불만 관련 클레임업무를 신속하고 정확하게 처리하기 위해서는 클레임 처리
지침을 제대로 갖추어야 한다. 클레임 처리 규정이 적절한지 여부를 판단할 때는
아래와 같은 기준에 입각하여 구축하고 그 기준을 준수하여야 한다.

1) 클레임 처리 지침의 체계성
①서비스 개선을 위한 조직 신설
②민원감축을 위한 위원회 신설 및 운영
③고객불만에 대한 체계적인 원인 분석 및 개선활동
④민원 유형별 지침 마련 및 모니터링 시행

2) 처리 지침의 업데이트(최신성)

①주요 민원지침에 대한 지속적인 보완 및 업데이트

②업데이트된 주요 처리 지침에 대한 공유 및 전파

③처리 지침에 대한 주기적인 점검

④처리 규정 매뉴얼(수기 매뉴얼, 시스템 등)에 반영

⑤업데이트 규정 및 주요 변경 내용의 관리

3) 현장 활용성 정도

①현장에서 처리 지침 및 규정의 활용 정도

②전사 직원 대상 처리 지침 및 규정에 대한 주기적인 교육 및 훈련

③FAQ 또는 처리 지침 및 규정에 따라 고객불만 처리

④고객불만처리 지침 이행여부 모니터링

⑤시스템 상담가이드(KMS : 지식관리시스템)에 반영

고객 e메일 응대 매뉴얼

(1) 이메일에 대한 이해

1) 이메일의 특징

①가장 흔하고 일반적인 연결형 매체이다.

②가장 쉽고 편하게 사용할 수 있는 커뮤니케이션 매체이다.

③고객 커뮤니케이션은 물론 세일즈와 마케팅 용도로도 활용이 가능하다.

④다른 매체에 비해 전달 속도가 빠르다.

⑤여러 사람들에게 동시에 전달이 가능하다.

⑥커뮤니케이션 매체 중 가장 사용자 친화적이고 통합적인 커뮤니케이션 도구이다.

⑦저장의 형태로 보낸 자료가 남는다.

⑧분량이 많은 메시지 전달이나 정보 제공에 용이한 매체이다.

⑨공간적인 제약 또는 시간적인 제약이 없는 매체이다..

⑩신속한 매체이긴 하나 쉽게 사라지지 않고 기록에 남는다.

2) 고객 메일 응대의 문제점

①응대해야 하는 메일이 많음에도 불구하고 아직 과학적인 관리수단이 명확하지 않다.

②전화 매체에 비해 대응체제 미흡으로 인해 응답률이 저조하다.

③대응체제 미흡으로 인한 고객불만족 및 부정적인 경험이 누적되고 있다.

④이메일 응대를 하는 담당자에 대한 모니터링은 물론 교육 및 훈련이 부족하다.

⑤이메일 응대업무의 전문성과 운영 관리의 생산성의 확보가 미흡하다.

⑥응대 메일 관련 업무가 수작업으로 이루어지고 있어 체계적이지 않다.

⑦신속한 상담처리업무를 지원할 수 있는 시스템이 부재하다.

⑧통계 및 분석에 대한 프로세스가 부재하고 이후에 프로세스(활용 및 피드백)가 미흡하다.

⑨일관되고 체계적인 고객 응대가 부재하고 추천 및 표준답변 없이 응대가 이루어진다.

⑩단순 업무에 대해서 고객 스스로 해결할 수 있는 셀프 서비스(Self service) 기능 및 지원이 미흡하다.

3) 이메일 작성 시 주의사항

①발송 메일의 내용을 함축할 수 있도록 제목은 명확하게 한다.

②가능한 한 인사는 간결하게 한다.

③특히 가독성에 신경을 써야 하며 메일 목적에 맞게 작성한다.

④미사여구는 지양하며 함축적이고 정제된 단어와 문장을 사용한다.

⑤보내는 메일의 내용은 연역적(두괄식 형태)으로 작성한다.

⑥제안 및 요청 내용이 많을 경우 요약 정리하여 넘버링(Numbering) 또는 목록화하여 전달한다.

⑦공식적인 메일에는 신뢰성을 저하시키는 이모티콘은 사용하지 않는다.

⑧띄어쓰기, 오타, 조사, 문장 부호 등에 유의한다.

⑨명함과 같은 효과를 가져오는 이메일 서명 기능(Signature block)을 반드시 활용한다.

⑩보내기 전 누락된 것이나 검토해야 할 사항(첨부 파일 체크)은 재확인한다.

⑪중요한 내용은 먼저 자신에게 보낸 후 전체에게 보낸다.

4) 이메일 작성의 기본 요소 및 작성요령

기본요소	주요 내용
①제목	• 받는 사람이 쉽게 이해할 수 있도록 함축적이고 좋은 제목 선택 • 받는 사람의 입장이나 상황을 고려하여 제목을 선택 • 수신자의 관점에서 제목을 고민하고 관심을 끄는 제목이 바람직함
②수신자 관련 정보	• 수신, 참조, 비밀참조의 형태로 구성

③호칭과 도입부	▪ 곧바로 업무관련 내용으로 들어가지 않고 일상적인 주제로 도입부 시작 ▪ 일반적으로 상황에 맞는 인사말로 시작하는 것이 바람직함 ▪ 주로 일상적인 날씨, 계절, 최근 근황, 가벼운 최근 이슈 등
④본문	▪ 주요 내용 / 전달하고자 하는 핵심내용 위주의 작성 ▪ 본문 내용을 한 눈에 파악할 수 있는 전략적인 제목의 활용 ▪ 내용 파악의 명확한 방향성을 위해 소제목 활용 ▪ 연역적인 방식의 내용 전개 ▪ 한 문장 한 정보 원칙, 한 문장, 한 개념의 원칙을 준수 ▪ 키워드 및 강조하고 싶은 핵심 내용 차별화(Bold, 글꼴 색, 기울임) ▪ 신중한 용어 사용(전문용어, 미사여구, 비속어, 이모티콘 등은 사용 자제) ▪ 쉼표, 마침표, 콜론 등의 기호를 적절히 활용 ▪ 글로만 전달할 때의 한계를 자각하고 글이 주는 뉘앙스(Nuance) 고려
⑤맺음말/끝인사	▪ 수신자에게 좋은 인상을 남길 수 있는 인사말 반영 ▪ 이메일 발송 전 오탈자, 주요 내용의 반복 여부, 누락 여부 등 재확인 ▪ 첨부파일 발송 시 파일 첨부 체크할 것 ▪ 발송 전 미리 보기를 통해 반드시 내용 재확인
⑥발신자 명 (서명)	▪ 누가 보냈는지 알 수 있게 발신자 명과 함께 발신자 정보를 함께 기입 ▪ 주로 서명(Signature board)를 활용 ▪ 서명에 발신자 명, 회사 주소, 연락처, 홈페이지 URL 등 필요정보 반영

5) 메일 발송 전 필수확인사항

①상대방의 이름이나 직급 또는 호칭 재확인

②오탈자, 주요 내용의 누락여부, 중의적으로 해석될 수 있는 문장 재확인

③복사 또는 붙여 넣기는 하지 않는 것이 좋으나 했을 경우 해당 내용 재확인

④본문 주요 내용에 들어간 주요 내용 재확인(시간, 날짜, 고유명사, 수치, 금액 등)

⑤답장 또는 피드백을 받을 수 있는 발송자의 연락처 표기 여부

⑥마지막으로 첨부 파일 재확인

6) 메일 품질을 구성하는 3가지 핵심요소

①작문/작성 능력

②유형별 템플릿(Template)
- 패턴화 할 수 있는 유형의 응대메일은 템플릿화해서 준비하는 것이 효율적이다.
- 메일 응답문구를 발송하기 위해서는 기본적인 도구는 물론 다양한 예문을 설정하고 준비한다.
- 유형별 템플릿 : 고객 유형(잠재고객, 휴면고객, VIP고객 등), 문의 유형(안내, 세일즈, CS 등)
  고객의 질문 상황(첫 질문, 자주 묻는 질문, 반복적인 질문, 항의, 의견, 칭찬 등)
- 템플릿 작성을 위해 전문가 영입 또는 외부 자문이나 전문 교육을 이수하는 것도 좋으나 전문가를 포함한 테스크 포스팀을 구성하는 것도 한 가지 방법이다.
- 템플릿의 경우 지식관리시스템과 연동하거나 ERMS(E-Mail Response Management System)을 도입하면 업무의 효율성을 높일 수 있다.
- 템플릿 사용이 저조할 경우 검색 및 이용의 편리성을 고려하고 주기적으로 모니터링한다.

③메일 작성 형식과 규칙
- 메일 작성과 관련한 형식과 규칙은 일관된 메시지를 전달하는데 효과적이다.
- 메일문장작성을 통한 불필요한 커뮤니케이션을 최소화한다.
- 메일의 작성 형식과 규칙이 없으면 작성자의 주관 및 취향이 개입될 가능성이 높다.
- 메일작성자의 실수나 오안내 또는 형식으로부터 발생할 수 있는 과실이나 잘못을 최소화한다.

고객응대근로자 보호 매뉴얼은 현장에서 고객응대근로자가 활용해야 할 지침은 물론, 기업 입장에서 고객응대근로자 보호를 위해 어떻게 예방하고 지원할 것인지에 대한 체계를 포함하고 있어야 한다. 따라서 기업 및 기관은 매뉴얼 개발 시 해당 내용을 반드시 염두에 두고 반영하여야 한다. 고용노동부에서는 고객응대근로자 보호 매뉴얼 개발과 관련하여 아래와 같은 검토 지침이 매뉴얼에 포함되어야 적정하다고 판단하고 있다.

(1) 고용노동부 고객응대근로자 보호 매뉴얼 적정성 검토 지침

①고객 응대 과정에서 문제 상황 발생 시 대처 방법이 포함되었는지 여부를 확인하여야 한다.

②현장 고객응대근로자 보호 규정을 강화한다는 내용이 매뉴얼에 반영되어 있는지 여부를 확인하여야 한다.

③매뉴얼 내용이 실질적인 건강 장해 예방에 도움이 되는지 여부를 확인한다.

④직원의 녹취·녹화에 대한 고객 소송 발생 시 회사 차원의 적절한 지원책 및 규정을 마련했는지 여부를 확인해야 한다.

⑤고객응대근로자와 관련된 법령이 매뉴얼에 반영되어 있는지에 대한 여부를 확인하여야 한다.

⑥고객의 물리적 위협 및 성적 행동으로 직원 피해 발생 시 회사 차원의 지원 절차 편성 여부를 확인한다.

(2) 고객응대근로자 보호 매뉴얼 검토 중점 사항

고객응대근로자 보호 매뉴얼 검토 중점 사항은 고용노동부가 고객 응대 매뉴얼을 개발할 때 기업이나 기관들이 반드시 검토해야 할 내용들을 정리한 것이라고 이해하면 된다. 매뉴얼 중점 검토 사항의 핵심은 추상적인 것보다는 좀 더 구체적인 지침을 매뉴얼에 반영해야 하는 것이 핵심이라고 할 수 있다.

①업무 중단으로 인한 피해 근로자 불이익 금지 및 보호 원칙을 명시해야 한다.
②폭력, 성희롱 등 발생 시 상담ㆍ치료 지원 내용을 구체적으로 포함해야 한다
③산업안전보건법 개정에 포함된 감정노동 관련 내용을 중점적으로 반영해야 한다.
④추가적으로 고객의 불합리한 사후 조치 요구 시 고객응대근로자에 대한 불이익 금지, 휴게 시간 연장, 문제 발생 시 치료 및 상담, 법률 지원, 예방 교육 여부도 반드시 포함해야 한다.
⑤실질적인 건강 장해 예방에 도움이 되는지 여부를 검토하고 수정 및 보완해야 한다.

(3) 고객응대근로자 보호 매뉴얼 개발 절차

고객응대근로자 보호 매뉴얼 개발을 위해서는 구체적인 추진 방법이 필요하다. 고객응대근로자 보호 매뉴얼 개발에 따른 추진 방법은 매뉴얼 개발과 관련하여 어떤 방식으로 개발할 것인지를 결정하는 것이다. 따라서 실제로 추진 방법의 핵심은 지금부터 설명하는 내용과 함께 어떤 프로세스에 입각하여 진행할 것인지가 중요하다고 할 수 있다.

고객응대근로자 보호 매뉴얼 개발은 '기획 – 집필(실행) – 심의(검수) – 수정 및 보완 – 활용'의 단계로 나누어서 진행하는데, 각 단계별 주요 내용은 아래 표를 참고하기 바란다.

제1영역
고객응대 실무

제2영역
고객불만처리

제3영역
VOC 운영실무

제4영역
매뉴얼 개발실무

절차	주요 내용
기획 단계	■ 내부 감정노동 현황 및 주요 이슈 파악 ■ 감정노동에 관한 정보 수집 및 분석 및 조사 시행 ■ 고객응대근로자를 위한 법률 및 기타 제도에 대한 자문 ■ 감정노동 보호 매뉴얼 관련 기획서 작성 ■ 감정노동 보호 매뉴얼 구성 요소 및 주요 콘셉트 선정 ■ 국내외 자료 및 타사 매뉴얼 구축 사례 참고
집필(실행)단계	■ 감정노동 보호 매뉴얼 내용 구성을 위한 개요 정리 ■ 매뉴얼 목차 작성 ■ 매뉴얼 작성(감정노동 관련 정보와 지식을 바탕으로 지침 반영) ■ 매뉴얼 반영 내용에 대한 규정 및 지침 정리
검토(검수)단계	■ 전문가 및 실제 현업 담당자가 참여하여 검수 진행 ■ 매뉴얼 활용에 대한 적합성 및 적정성 여부 ■ 실제 사용자에 의한 평가 및 모니터링
수정 및 보완	■ 검토(검수) 단계에서 나타난 구성 및 내용상 문제점 수정 보완
활용 단계	■ 최종 검토 및 수정 보완된 매뉴얼의 편집 및 디자인 ■ 사용자 전달 및 공유(매뉴얼 활용 지침 및 가이드 반영) ■ 교육 및 훈련 진행

매뉴얼을 개발하기 위해서 가장 먼저 해야 할 일은 자사 내부의 구체적인 요구 사항을 분석하는 것이다. 이를 토대로 흔히 계획을 수립하고 조직을 구성하는 것이 일반적이며, 이러한 과정을 거쳐 자료 및 정보를 수집하고 매뉴얼 개발의 방향 및 지침을 수립한다. 이러한 매뉴얼 개발 지침을 토대로 초안을 작성하고 검토하는 과정을 거친다.

그리고 나서 매뉴얼을 최종적으로 검토한 후, 매뉴얼에 대한 디자인 및 편집 작업을 진행한 다음 이를 각 부서에 전달하고 공유 및 교육을 진행한다. 이렇게 매뉴얼을 개발하는 과정에서 핵심이 되는 활동을 중심으로 도식화하면 다음과 같다.

요구사항분석	자료 및 정보수집	매뉴얼 재발방향 및 지침수리	매뉴얼 초안 작성 및 리뷰	최종 리뷰 및 활용
• 개발 TFT 구성 • 매뉴얼 기획서 작성 • 감정노동 매뉴얼 개발 범위 설정 – 목적, 범위, 대상 등	• 내외부 자료 및 정보수집 [1차, 2차, 자료] • 감정노동 관련 내부 규정 및 관련 법규 • 블랙컨슈머 관련 응대 관련 자료	• 매뉴얼 개발 방향 및 지침 수리 • 자사 요구사항 재확인(범위 및 항목구성) • 매뉴얼 범위 및 구성 세분화(목차 구성)	• 감정노동자 보호 매뉴얼 초안 작성 • 초안 검수 및 검토 ▶ 수정 및 보안해야 할 사항 정리(모니터링) • 문제점 파악 및 취합	• 수정 및 보안 작업 • 최종 검토 • 매뉴얼 시각화 및 디자인 작업 • 편집·디자인 및 제본 • 전달 및 공유(교육)

(4) 고객응대근로자 보호 매뉴얼 관련 주체별 역할 규정

매뉴얼과 관련하여 내부 구성원의 구체적인 역할을 규정하여야 한다. 내부 구성원은 크게 고용주, 고객응대 근로자, 고객 응대 업무를 수행하는 관리자, 그리고 고객응대 업무관리 및 지원부서 등으로 구분할 수 있다. 여기서 역할을 규정한다는 것은 각 주체들의 역할과 책임을 제한하여 정하는 것으로 이해하면 된다.

①고용주의 경우, 매뉴얼의 필요성을 이해하고 매뉴얼 개발에 소요되는 비용 및 자원을 지원한다.

②고객응대근로자는 매뉴얼의 작성 방향을 충분히 이해하고 매뉴얼에 반영되어야 할 내용을 제안한다.

③고객 응대 업무 관리자의 경우, 매뉴얼 개발 전략 및 계획을 수립하고 실제 개발 및 작성에 참여하는 등의 실무 업무를 총괄한다.

④고객 응대 업무 관리 및 지원부서는 매뉴얼 개발에 필요한 사원은 물론 매뉴얼 개발 전반에 걸쳐 총괄적인 역할을 수행한다(현황 파악, 내부 자료 지원, 내부 지원, 예산, 외부 자문 등).

제1영역
고객응대실무

제2영역
고객불만처리

제3영역
VOC 운영실무

제4영역
매뉴얼 개발실무

(5) 고객응대근로자 보호 매뉴얼 주요 구성 목차

감정노동에 대한 이해를 바탕으로 하여 고객응대근로자 보호 체계, 악성민원 표준 응대 가이드, 악성민원 유형별 응대 매뉴얼(상황별 응대 스크립트), 고객응대근로자 자가 보호(Self-care), 고객응대근로자 보호를 위한 부록(Appendix)으로 구성된다. 주요 구성 목차는 위에서 나열한 내용들을 그대로 쓰거나 자사 상황에 맞게 좀 더 세분화해서 작성하기도 한다.

①매뉴얼 개발 배경 및 목적, 적용 범위 등

②감정노동 및 고객응대의 이해

③자사 감정노동 예방 · 보호, 관리 체계

④블랙컨슈머 표준 응대 가이드(현장 대응 지침 및 단계별 대응 절차 등)

⑤블랙컨슈머 유형별 응대 매뉴얼(시각적 구조화에 의한 절차서 및 응대 스크립트)

⑥감정노동으로 자기 보호하기(감정노동 수행에 따른 셀프 케어 기법)

⑦부록(우울증 예방, 법적 처벌 근거, 도움 및 지원 관련 정보, 기타 양식 외)

07 고객 응대 스크립트의 이해 및 작성방법

(1) 스크립트에 대한 이해

1) 스크립트의 정의
①스크립트의 사전적 정의는 영화나 방송의 대본과 각본 따위의 방송 원고를 의미한다.
②스크립트(Script)란 라틴어로 '쓰다'라는 의미이다.
③인지 심리학(Cognitive Psychology)에서는 어느 한 사건이 발생했을 때 일반적으로 일어나는 행동의 순서를 의미한다.
④고객이 기업 또는 기업이 고객에게 목적하는 바를 얻어내기 위해 행하는 패턴이나 절차를 요약한 대본이다.
⑤스크립트는 가장 기본적인 고객 커뮤니케이션 도구이자 고객 응대에 있어 가이드라인이다.
⑥고객과 응대 시 사전에 필요한 내용을 규격화 및 표준화하여 서비스 수준을 균일하게 유지한다.
⑦스크립트의 지속적인 보완과 점검을 통해 고객만족과 기업 사업성과에 기여한다.

2) 프로세스의 이해
①프로세스는 일이 처리되는 경로 또는 과정이다.
②어떤 일을 수행하는데 있어 목표 또는 목적을 달성하기 위해 해당 자원을 최적의 경로로 연결한 활동의 흐름 내지는 경과다.
③고객의 가치를 창출해내거나 고객의 요구에 부응해서 새로운 부가가치를 이끌어내는 활동을 가치사슬(Value chain)이라고 한다.
④가치사슬을 설명하는데 있어 프로세스가 없으면 설명이 불가하며 따라서 프로세스는 기업의 비즈니스를 성공시키기 위해 반드시 필요한 루트라고 할 수 있다.
⑤프로세스는 프로세스로 완벽할 수 있다고 생각할 수 있지만 다양하게 발생하는

상황에 따른 경우의 수를 모두 담아낼 수 없는 한계 있다.

⑥프로세스의 결과로써 고객만족이 향상되어야 하는데 기존의 프로세스를 설명하고 안내하는 수준으로는 고객의 원하는 수준의 서비스를 제공하기 힘들다.

3) 프로세스 vs 스크립트

①스크립트가 무조건 프로세스라고 단정짓기는 무리가 있지만 상호 밀접한 관련이 있다.

②프로세스라는 것은 결국 스크립트라는 도구를 통해 고객가치를 창출해내거나 새로운 가치사슬을 엮어내는 과정이나 흐름이다.

③복잡하고 일방향적인 프로세스를 고객 중심적으로 바꾸고 그들이 원하는 수준의 정보와 서비스를 제공하는 것이 스크립트이다.

④프로세스는 설명이 가능하고 반복되며 측정이 가능함은 물론 결과 예측이 가능하다는 점에서 스크립트와 유사한 특징을 가지고 있다.

4) 응대 스크립트의 목적과 필요성

스크립트는 조직의 핵심 프로세스를 요약한 가장 중요한 응대 지침이자 전략이라고 할 수 있으며, 작성 목적과 필요성은 아래와 같다.

①CALL의 최종목적이나 목표를 간과해 버리지 않기 위한 지침

②응대에 대한 거부감 방지 무리 없는 고객 응대 흐름을 지도

③신입 직원들의 두려움 제거 및 자신감과 함께 업무 매너리즘 방지

④업무 순서의 명확화 및 표준화는 물론 신규 업무형태에 적응 용이

⑤주기적인 점검에 의해 개인의 업무 및 응대스킬 향상에 기여

⑥접점 운영의 균질성 및 상담사 상담 능력의 일정 수준 유지

5) 스크립트가 갖추어야 할 조건

스크립트는 아래와 같이 6가지의 조건을 갖추어야 한다.

1	Specific	스크립트는 구체적이어야 한다.
2	Concise	스크립트는 간결해야 한다.
3	Reliable	스크립트는 신뢰를 줄 수 있어야 한다.
4	Informed	다양하고 정확한 정보를 제공해야 한다.
5	Persuasive	스크립트는 설득력이 있어야 한다.
6	Transformative	유연한 구조와 상황에 따른 탄력적인 대응이 가능해야 한다.

- 균일하고 일관된 서비스 가능
- 신속하고 정확한 서비스 가능
- 고객 응대 업무의 효율성 확보
- 고객만족 및 상담사 불안감 해소
- 조직의 비전 및 목표 달성
- 대고객 서비스 개선점 도출 외

①스크립트는 구체적이어야 한다.

②스크립트는 간결해야 한다.

③스크립트는 신뢰를 줄 수 있어야 한다

④스크립트는 다양하고 정확한 정보를 제공해야 한다.

⑤스크립트는 설득력이 있어야 한다.

⑥스크립트는 유연한 구조와 상황에 따른 탄력적인 대응이 가능해야 한다.

(2) 국내 응대 스크립트 유형비교 및 주요 이슈

1) Q&A와 FAQ의 비교

①FAQ와 Q&A는 둘 다 질문과 답변이 나열된 형태를 이루어 있으며 특성 추세에 연계되어 있다는 것은 공통점이지만 발생빈도와 분류적인 측면에서는 차이점이 있다.

②Q&A는 고객이 궁금해하는 사항에 대해서 묻고 답하는 형식이며 단편적인 질문과 답변이 주를 이루지만 질문의 폭과 깊이가 넓고 깊은 것이 특징이라고 할 수 있다.

③Q&A의 경우 일반적인 질문은 물론 특수한 질문이나 깊이가 있는 질문에 이르기까지 다양한 형태로 이루어진다.

④Q&A는 고객이 궁금해하는 사항에 대해서 단편적인 답변만이 아닌 다양한 형태의 답변을 제시하는 경우가 많으며 발생빈도에 초점을 맞춘 것이 아니기 때문에 범위가 넓은 것이 특징이다.

⑤FAQ의 경우 기업에서 고객들이 반복하여 묻는 특정 질문들을 모아서 분류하고 그에 대한 체계적인 답변을 통해 회사의 상품이나 서비스에 대한 정보나 지식에 대한 왜곡 및 오해를 방지하기 위해 활용한다.

⑥FAQ의 경우 대개 단답형의 질문에 대한 답변이 주를 이루기 때문에 FAQ를 한 번 읽어보면 대부분의 질문에 대한 답을 얻을 수 있다.

2) 응대 스크립트의 유형에 대한 이해

①스크립트의 유형은 크게 2가지로 구분하는데 일반적으로 우리가 자주 보는 FAQ(Frequently Asked Question)와 스크립트(Script)가 대표적이다.

②FAQ와 스크립트는 형태만 다를 뿐 스크립트와 목적이 동일하기 때문에 보통 이 두 가지의 유형을 스크립트라고 통칭해서 부르기도 한다.

③FAQ의 경우는 정형화된 답이 있거나 의사결정이 명확한 경우에 사용하며 모두가 일반적으로 어떤 상황에서 요구되는 특정 주제에 대한 질문과 답변이 나열되어 있는 것이 특징이다.

④스크립트는 불확실성이 존재하는 상황하에서 목표와의 연관성을 고려하는 것이 특징이다.

⑤스크립트는 불확실성이 존재하기 때문에 다양한 형태의 질문과 대답이 나올 수 있으며 보통 의사결정 트리구조(Decision tree)의 형태를 유지한다.

⑥스크립트를 작성할 때는 FAQ와 의사결정 트리구조의 스크립트를 병행하여 사용하는 것이 일반적이다.

⑦어떠한 특정의 목표를 가지고 응대가 이루어진다면 올바른 의사결정을 할 수 있도록 상호간에 질문과 답변을 통한 논리적 구조가 스크립트에 반영되어야 한다.

⑧판매, 권유, 조사와 같은 업무의 경우에는 철저하게 의사결정 트리에 입각해서 스크립트가 개발되어야 한다.

⑨응대 스크립트의 경우 FAQ형태를 취하지만 대부분의 업무는 고객이 요구하는 정보나 고객의 원하는 바를 충족시키기 위해서 의사결정 트리 형태로 스크립트를 개발하는 것이 일반적이다.

⑩스크립트는 특정의 목표 및 목적을 가지고 응대가 이루어질 경우 올바른 정보 제공은 물론 의사결정을 할 수 있도록 논리적 구조와 체계가 갖추어져야 한다.

3) 응대 스크립트의 문제점

①응대 스크립트 개발에 대한 프로세스의 부재

②주기적이고 지속적인 업데이트의 미흡

③이용의 편의성이나 활용도가 떨어지는 응대 스크립트의 구조

④응대 스크립트 개발 시 목적의 불분명함

⑤활용에 따른 성과 분석 및 개선에 대한 피드백 부재

⑥고객 응대에 부적절하게 사용되는 언어 표현(미사여구 또는 사물존칭 등) 및 어법

⑦연역적인 방법에 의한 응대가 아닌 귀납적인 방법에 의한 스크립트 작성

(3) 응대 스크립트 개발 방향성

①스크립트 개발은 기업의 중요한 프로세스를 만드는 일이고 이렇게 만들어진 프로세스가 기업을 대표하는 접점직원들의 입을 통해 고객에게 전달되기 때문에 협업을 통해 개발되어야 한다.

제1영역
고객응대실무

제2영역
고객불만처리

제3영역
VOC 운영실무

제4영역
매뉴얼 개발실무

②기업의 프로세스가 녹아 들어있는 응대 스크립트를 통해 기업의 주요 업무 프로세스를 검증하는 작업이므로 좀 더 세밀하고 섬세한 접근이 필요하다.

③스크립트는 분석부터 구현단계에 이르기까지 체계적인 프로세스 정립이 필요한데 우선 현행 고객관련 업무처리 프로세스에 대한 명확한 분석이 선행되어야 한다.

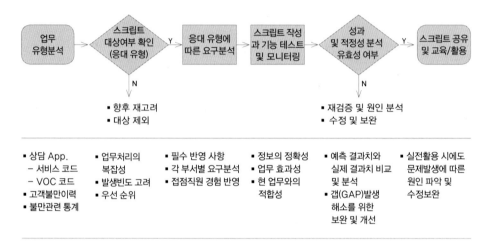

[응대 스크립트 개발 프로세스]

(4) 응대 스크립트 개발 프로세스

1) 업무 유형의 분석

①업무 유형에 대한 분석 작업을 수행할 때 상담 애플리케이션에 있는 고객 불만 응대 이력이나 서비스 코드(분류)나 VOC 코드 또는 각종 고객관련 통계자료를 분석한다.

②어떤 유형의 업무가 자주 발생하는지를 파악하여 대상을 분류하는 작업도 선행되어야 한다.

③업무의 유형을 분석해야 하는 이유는 바로 효용성이 떨어지는 스크립트 개발을 막기 위해서다

④대중소로 분류된 서비스 유형별 업무에 대한 분석을 통해 가장 많이 고객이 물어보는 유형을 파악하여 이를 개발범주에 포함시킨다.

2) 응대 스크립트 대상여부 확인

①업무 유형분석 작업 후 응대 스크립트로 개발할 수 있는 대상여부를 확인하여야 한다.

②대상여부를 확인하기 위해서는 2가지 요소가 필요한데 첫 번째는 해당 업무의 발생빈도 수이며 두 번째는 업무처리의 복잡성이다.

③발생빈도 수는 해당업무가 얼마나 자주 응대되는가에 대한 것이므로 통계를 통해 쉽게 얻을 수 있어 점수화하는데 어렵지 않다.

④업무처리의 복잡성은 객관화된 수치로 나오지 않으므로 몇 가지 요소들을 고려하여 점수화한다.

⑤고객응대 시 해당업무의 처리되는 시간이나 처리 단계(1번에 끝나지 않고 몇 차례 응대를 해야 업무가 종료되는 경우를 의미)를 고려해야 한다.

⑥해당 업무를 처리할 때 접점직원들의 업무 능력이나 지식 및 기술(Skill)도 고려해야 한다.

⑦발생빈도와 업무처리의 복잡성 이외에도 업무처리의 우선 순위라는 항목도 고려해야 한다.

⑧응대 스크립트를 개발할 때 해당 스크립트가 조직의 목표나 전략에 미칠 영향을 고려하여 우선 순위를 정한다고 생각하면 이해하기가 쉽다.

⑨위에서 언급한 대상여부를 선정할 때 고려해야 할 요소들은 객관화된 수치로 나오기 어려우므로 경영진은 물론 담당자나 관련부서와의 의견을 충분히 조율한 후 우선 순위를 정하는 것이 바람직하다.

3) 업무 유형에 대한 요구분석

①응대 스크립트를 개발한다는 것은 접점부서뿐만 아니라 마케팅, 영업, 정보전

략, IT개발부서, 영업지원, 경영기획, 구매 등 다양한 부서가 참여하여야 한다.

②응대 스크립트는 회사의 프로세스를 고객 수준에 맞게 간단명료하게 만든 고객 커뮤니케이션 도구이자 고객 응대의 가이드라인인데 이를 접점부서가 모두 개발한다는 것 자체가 바람직하지 않다.

③업무 유형에 따른 요구분석을 진행할 때는 위에서 언급한 관련부서에서 요구하는 사항들이 반영될 수 있도록 해야 한다.

④고객업무 관련 다양한 경험이나 노하우를 가진 접점의 관리자나 숙련된 직원들의 경험치가 응대 스크립트에 반영되어야 한다.

⑤직원들이 자주 실수하거나 누락하는 사항들, 그리고 오상담 및 오안내 등이 이루어질 내용은 물론 해당 업무에서 필수적으로 안내해야 할 혜택이나 부가 안내 사항들이 포함되어야 한다.

⑥응대 스크립트는 한 번 개발해서 끝나는 것이 아니라 지속적으로 업데이트가 되어야 한다.

⑦관련부서에서도 업무 내용(상품 정보, 고객관련 법령이나 정책, 서비스 등)이 바뀌게 되면 해당 내용이 스크립트에 반영될 수 있도록 스크립트 개발 및 작성하는 부서와 정례적인 미팅이나 간담회를 가져야 한다.

4) 스크립트 작성 그리고 테스트 및 모니터링

①응대 스크립트 전체에 대한 프레임워크는 담당 스크립터가 사전에 협의하거나 정해진 규칙에 의거해서 계획을 수립하거나 실행에 옮기며 작성될 스크립트의 구성이나 구조(Lay out)를 고려하여 작성한다.

②스크립터는 작성도중 관련 부서 직원 또는 접점부서 관리자 및 경험이 풍부한 직원들과의 커뮤니케이션을 통해 내용을 점검하면서 작성한다.

③작성한 응대 스크립트를 가지고 직원들을 대상으로 기능 테스트를 시행한다.

④접점에서 수행하고 있는 업무에 해당 스크립트가 적합한지 여부와 스크립트에 반영된 정보들에게 대한 정확성 및 업무의 효과성, 적합성 여부를 판단한다.

⑤또한 응대 스크립트가 사전에 정의된 작성원칙대로 작성되었는지 여부와 고객의 반응 등을 고려하였을 때 적합한지 여부를 종합적으로 판단한다.

⑥기능 테스트를 수행할 때는 보통 숙련된 직원이나 비숙련 직원으로 나누어 진행하기도 하나 대부분 응대 능력이 뛰어나거나 경험이 풍부한 직원들을 대상으로 진행되는 경우가 많다.

⑦기능 테스트를 수행한 뒤 수정이나 개선되어야 할 사항들을 보완하고 새로 만들어진 응대 스크립트를 가지고 업무를 진행함과 동시에 모니터링도 병행한다.

5) 적정성 분석 및 유효성 여부 판단

①적정성 분석 및 유효성 여부 판단 단계는 응대 스크립트 개발 프로세스의 마지막 단계에 행해지는 매우 중요한 활동이다.

②적정성 분석 및 유효성 여부 판단 단계는 스크립트 개발을 위한 분석부터 작성 및 테스트, 모니터링의 단계를 거쳐 최종적으로 스크립트로 활용하기에 적절한 여부를 판단하는 단계이다.

③활동에 대한 재검증 및 원인분석을 통해 수정이나 보완해야 할 사항들을 스크립트에 반영한다.

④기능 테스트를 통해 나온 결과와 스크립트 개발 시 예상했던 결과치를 비교해보고 그 갭(Gap)을 해소하기 위한 보완 및 개선작업을 진행한다.

6) 스크립트 공유 및 교육/ 활용

①적정성 분석 및 유효성 검증을 거쳐 최종적으로 완성된 응대 스크립트는 해당 부서에 공유하고 이에 대한 교육을 진행한 후 업무에 반영한다.

②응대 스크립트를 공유하고 교육을 할 때는 일반적으로 역할연기(Role playing) 와 교육은 물론 업무지식 테스트 형태로 이루어진다.

③응대 스크립트 또한 조직의 상품이나 서비스 정보 및 업무 노하우가 반영된 지식이므로 이를 체계적으로 데이터 베이스화하고 통합 관리하여 효과적으로 활

제1영역
고객응대 실무

제2영역
고객불만처리

제3영역
VOC 운영실무

제4영역
매뉴얼 개발실무

용할 수 있어야 한다.

④모니터링을 통해 예측된 결과와의 차이가 발생하거나 프로세스상 문제가 발생할 경우 원인에 대한 파악을 통해 지속적으로 스크립트를 수정하고 개선하여야 한다.

(5) 응대 스크립트 개발 대상 선정 방법

①응대 스크립트가 응대 유형의 특성에 맞게 체계적으로 개발 및 관리되어서 직원들로 하여금 일관성 있는 고객경험을 유도하고 응대업무의 효율성을 향상시키기 위해 존재한다면 일정한 방향성을 가지고 움직여야 한다.

②그림에서 보는 바와 같이 응대해야 할 유형을 분석해보면 처리의 복잡성과 발생빈도를 매트릭스화 할 수 있는데, 이러한 매트릭스 분석을 통해 실제 업무를 적용했을 때 효과가 큰 것을 고려하여 대상을 선정하고 이를 스크립트화 하여야 한다.

[유형에 따른 업무처리 복잡성과 발생빈도 매트릭스]

③유형분석을 통해 가장 먼저 개발해야 할 응대 스크립트 1순위는 높은 업무처리 복잡성과 높은 발생빈도[II]영역에 있는 것이다.

④[II]영역은 오안내, 오상담이 발생하지 않도록 정교하게 스크립트를 개발해야 하는 유형이며 실제로 직원들의 활용률이 높으므로 상황별, 유형별 스크립트를 정기적으로 업데이트하고 지속적으로 관리해야 한다.

⑤[I]영역에 해당하는 것도 응대 스크립트로 개발하여야 한다. 발생빈도는 낮지만 업무처리가 복잡하여 직원들이 자주 실수를 하거나 업무처리를 잘못하여 고객의 불만을 야기할 수 있는 콜 유형은 스크립트로 개발한다.

⑥[IV]영역에 해당하는 콜의 경우 담당 관리자가 스크립트로 개발할 것인지 FAQ 형태로 작성할 것인지 결정한다.

⑦업무처리의 복잡성이 낮다고 하더라도 발생빈도가 높은 경우 숙련된 직원이 많다면 FAQ형태로 작성해도 문제가 되지 않지만 신입 직원의 비율이 높을 경우 응대 스크립트로 개발하는 것이 오히려 나을 수 있다.

⑧또한 [IV]영역의 경우 아무래도 실수를 하거나 통화시간이 길어지는 등의 비효율이 발생할 수 있으므로 FAQ보다는 스크립트 형태로 개발하는 것이 바람직하다.

⑨[III]영역에 해당하는 업무 유형의 경우 발생빈도도 낮고 업무처리가 복잡하지도 않은 업무이므로 가급적 내용을 간소화하고 FAQ형태로 작성하는 것이 바람직하다.

⑩응대 스크립트 개발 대상 선정은 업무 유형을 메트릭스화하여 분석하고 어떤 유형의 업무를 스크립트로 개발해야 할 지 우선 순위를 정하는 절차를 거친다.

(6) 응대 스크립트 작성

1) 응대 스크립트 작성 방향성

①응대 스크립트는 불필요한 대화를 최소화하고 고객응대에 있어서 상담기술을

제1영역
고객응대 실무

제2영역
고객불만처리

제3영역
VOC 운영실무

제4영역
매뉴얼 개발실무

향상시킬 수 있는 좋은 대안이 되므로 작성에 있어서 몇 가지 방향성을 가지고 작성되어야 한다.

②응대 스크립트 작성 시 이용 편의성을 고려하여 시각적으로 구조화되어야 한다.

③응대 스크립트는 간단명료하고 핵심 위주로 작성되어야 한다.

④설득을 이끌어 낼 수 있음은 물론 논리적으로 작성되어야 한다.

⑤스크립트는 고객지향적으로 작성되어야 하며 귀납이 아닌 연역적인 형식으로 작성되어야 한다.

2) 응대 스크립트 유형에 따른 작성 및 활용

①응대 스크립트 설계 시 현재 진행하고 있는 업무 및 상황적인 특성에 맞게 차별화된 스크립트를 통해서 상담의 효과성을 제고하는 방향으로 작성이 되어야 한다.

②응대 스크립트의 경우 경우의 수가 너무 많아 정형화된 스크립트가 나오기 힘들고 각각의 상황에 따라 다양한 스크립트가 존재하므로 지속적인 교육이나 지식관리시스템이 뒷받침 되어야 한다.

③일반적이고 간단한 형태의 응대 스크립트는 FAQ 형태로 작성하되 빈번하게 발생하며 복잡성이 높은 문의유형에 대해서는 별도 완성된 스크립트 작성하여 응대 시 활용하는 것이 바람직하다.

④이미 설명한 일반적이며 단순문의에 해당하는 내용은 FAQ형태를 취하는 것이 주로 활용하는 직원들의 조회 편의성은 물론 활용적인 측면에서도 유리하다.

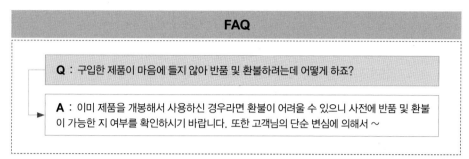

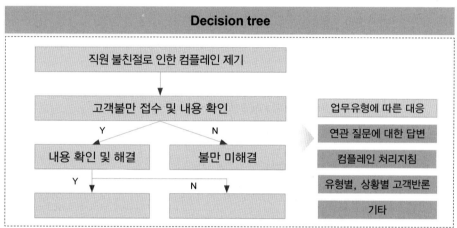

[FAQ 또는 Decision tree 형식의 응대스크립트 예시]

⑤다만 업무가 복잡하고 빈번하게 발생하며 특히 고객반론에 대한 극복이나 특별한 목적(고객 불만 처리, 교차/상향판매, 해지방어 등)을 띤 업무를 진행할 경우에는 FAQ보다는 정교하게 작성된 의사결정 트리(Decision tree)형태의 응대 스크립트가 적합하다.

⑥고객 응대내용이 일반적인 것이 아닌 의사결정이 필요한 경우에는 직원들이 고객의 반응에 따라 어떻게 효과적으로 대응해야 하는지에 대한 다양한 대안을 제시해주어야 한다.

⑦고객응대 시 제대로 응대를 하지 못하고 갈팡실팡하거나 의사결정을 자의적으로 할 위험성을 가진 상담유형의 경우 FAQ보다는 의사결정 트리(Decision tree)형태의 응대 스크립트가 적합하다.

3) 응대스크립트의 구성 및 주요 내용

① 응대 스크립트는 종류가 무척이나 다양하지만 보통 도입-본문-마무리 형태로 구성이 되며 업무의 형태나 대상고객이 누구냐에 따라 구성이나 내용이 달라진다.

② 일반적인 형태의 인바운드 스크립트는 아래와 같이 구성이 된다.

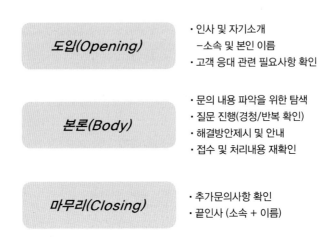

도입(Opening)	• 인사 및 자기소개 –소속 및 본인 이름 • 고객 응대 관련 필요사항 확인
본론(Body)	• 문의 내용 파악을 위한 탐색 • 질문 진행(경청/반복 확인) • 해결방안제시 및 안내 • 접수 및 처리내용 재확인
마무리(Closing)	• 추가문의사항 확인 • 끝인사 (소속 + 이름)

〈응대 스크립트의 주요 구성 및 내용〉

4) 응대 스크립트의 이용 편의성에 대한 이해

① 응대 스크립트는 경험이 충분하지 않은 신입 직원들에게 아주 유용하게 활용되는 가이드라인 역할을 한다.

② 접점에서 근무하는 직원들이 사용하는 응대 스크립트는 응대 시간 절약은 물론 응대로 인한 피로도를 감소시켜 직원 만족도 및 업무효율성을 향상시킨다.

② 고객 측면에서는 무엇보다 신속하고 정확한 서비스를 제공받을 수 있어 고객만족도가 향상된다.

④ 응대 스크립트의 이용 편의성을 위해서는 몇 가지 용어를 알아야 한다.

⑤ 소비자의 시선정보를 이용해 소비자가 필요로 하는 정보를 어디로부터 얻고 있는지를 이해하고 시선추적 및 분석 데이터를 통해 소비자의 니즈를 정량화하고 이를 마케팅 활동에 활용하는 것을 소비자 시선추적(Consumer Eye Tracking)이라고 한다.

⑥사용자 경험(UX : User Experience)라는 용어는 사용자들의 경험을 중요시하는 트렌드와 기술이라고 할 수 있으며 사용자들이 웹사이트나 기타 다양한 접점을 통해 습득한 경험은 쉽게 잊혀지지 않고 조직의 이미지와도 연결된다는 것이다.

⑦따라서 사용자들이 접촉하는 다양한 커뮤니케이션 도구는 편리하게 이용할 수 있도록 설계되어야 한다는 것이 사용자 경험의 취지라고 할 수 있다.

⑧일반적으로 사람들은 글을 읽을 때의 시선은 좌에서 우로 또는 위에서 아래로 읽는다. 또는 위에서 아래로, 좌에서 우로 읽는다.

⑨웹사이트를 본다면 파란색으로 표시된 순서대로 글을 읽을 것이다. 위에서 언급한대로 좌에서 우로, 위에서 아래로 또는 위에서 아래로, 좌에서 우로 시선은 움직인다.

⑩그렇다면 많은 사람늘이 사용하는 응내 스크딥트도 이와 긑이 사림들의 시선추적의 결과를 바탕으로 한 편의성을 고려하여 작성 및 개발되어야 한다.

제1영역
고객응대 실무

제2영역
고객불만처리

제3영역
VOC 운영실무

제4영역
매뉴얼 개발실무

5) 이용 편의성을 고려한 응대 스크립트 작성

①대부분의 사람들은 어려서부터 왼쪽에서 오른쪽으로, 위쪽에서 아래쪽으로 글읽기를 교육받아 왔기 때문에 응대 스크립트를 작성할 때도 이를 고려하여야 한다.

②오른쪽보다는 왼쪽을, 아래쪽보다는 위쪽에 중요한 내용이나 핵심이 되는 내용을 배치한다.

③응대 스크립트를 작성할 때는 중요한 내용이나 핵심이 되는 사항은 시선이 오래 머물고 집중도가 상대적으로 높은 왼쪽과 위쪽에 배치해야 한다. (좌측상단)

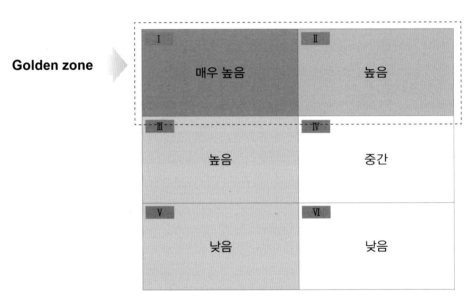

④위 그림에서 [I]영역이 가장 높은 중요도를 가지고 있고 다음으로 [II]과 [III]영역이 높은 중요도를 가지고 있으므로 스크립트 작성 시 이러한 중요도에 근거해서 작성한다.

⑤시간이 흐르면 흐를수록 집중도가 저하되는데 이는 오른쪽으로 갈수록 그리고 아래쪽으로 갈수록 관심이나 집중이 급격히 저하된다.

⑥중요한 내용이나 핵심사항을 [V], [VI] 영역에 배치를 하면 시선추적 이론에 위배됨은 물론 주요 내용에 대한 인지와 활용도가 저하되므로 응대 스크립트를 작성할 때 주의한다.

(7) 효율적인 응대 스크립트 작성을 위한 필수 사항

1) 응대 스크립트의 핵심 구성 항목

①스크립트는 크게 핵심 지침 및 가이드 영역 – 주요 상담/응대 영역 – 상담/응대
지원 영역 등 3가지 영역으로 구성된다. (이를 시각적 구조화라고 한다)

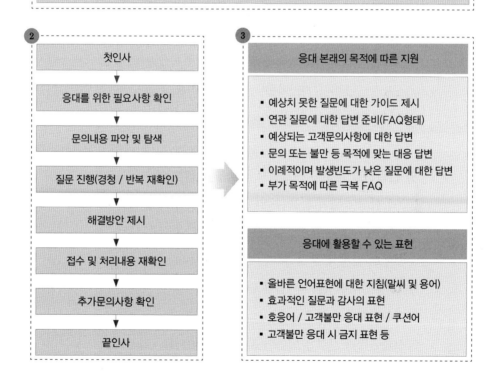

②먼저 핵심 지침 및 가이드 영역은 주로 응대목적의 명확화를 위한 핵심 내용을
포함하며 일관된 응대 흐름을 위한 가이드 및 지침 역할을 수행하는 영역이다.

③주요 응대 영역은 고객과의 응대 흐름이나 절차라고 할 수 있으며 핵심포인트

제1영역
고객응대 실무

제2영역
고객불만처리

제3영역
VOC 운영실무

제4영역
매뉴얼 개발실무

영역에서 제시한 가이드 및 지침에 해당하는 세부적인 내용이 포함되어 있는 영역이다.

④응대 지원 영역은 말 그대로 주요 응대 영역에서 예기치 못한 질문 또는 고객의 반론 제기 및 해당 응대와 관련해서 나오는 연관 질문에 대한 답변을 미리 준비하여 직원들이 원활한 응대를 할 수 있도록 지원해주는 영역이라고 할 수 있다.

2) 응대 스크립트 작성 절차

①스크립트 작성 계획을 세워라

②스크립트 대상 및 목적을 명확히 하라

③스크립트 작성에 필요한 정보를 수집하라

④스크립트에 대한 개요를 작성하라

⑤스크립트의 작성순서를 정하라

⑥스크립트 초안을 작성하라

⑦초안을 검토한 후 개선 및 보완하라

3) 간결하고 강력한 스크립트 작성을 위한 Tip

①초등학생이 알아 들을 수 있을 만큼 쉬운 단어를 사용하라

②해당 업무에 관한 용어는 쉽게 풀어서 사용하라

③응대 흐름에 대한 불필요한 중복을 피하라

④주어와 서술어는 가까워야 한다.

⑤맞춤법이나 조사 또는 띄어쓰기에 주의한다.

⑥사물존칭과 간접 높임은 구분해서 사용하라

⑦구체적이고 정확한 언어를 사용하라

⑧너무 긴 문장이나 설명을 많이 필요로 하는 것은 목록화하여 적절히 활용하라

(8) 응대 스크립트 작성 시 필요한 표현 정리

1) 쿠션어란?

딱딱한 소파에 부드러운 쿠션을 깔아주는 것처럼, 대화를 부드럽게 해주는 역할을 하는 단어나 표현을 의미한다. 보통 상대방에게 대해 부탁, 의뢰, 거절, 요청, 공감 등의 상황에서 문장 앞에 표현함으로써 대화는 물론 상황을 부드럽게 만드는 역할을 한다.

2) 일반적인 고객 응대에 있어서의 쿠션어를 이용한 표현 예시

- "실례지만, 사용하시는 번호가 몇 번입니까?"
- "죄송합니다만, 지금 담당자가 통화 중이라서 연결이 어렵습니다."
- "바쁘시겠지만, fax로 서류를 보내주셔야만 처리가 가능합니다."
- "괜찮으시다면, 10분 정도 후에 다시 전화 드려도 될까요?"
- "번거로우시겠지만, 제게 다시 한번 말씀해 주시겠습니까?"
- "안타깝지만, 그 상품이 모두 품절되었습니다."
- "불편하시겠지만, 하루 정도 더 기다려 주시면 제품을 받아 보실 수 있습니다."
- "가능하시다면, 직접 방문해 주시면 어떨까요?"
- "실례가 안 된다면, 어떻게 처리 받기를 원하시는지 여쭤봐도 될까요?"
- "양해해 주시면, 최선을 다해 처리하겠습니다."
- "실례가 되지 않는다면, 고객님 제가 먼저 말씀 드려도 되겠습니까?"
- "실례가 되지 않는다면, 고객님 주문내역을 잠시 확인해도 될까요?"

3) 고객반론 전에 활용하는 쿠션어 (Yes ~ but)를 이용한 표현 예시

- "네, 충분히 그렇게 생각하실 수 있는 일입니다."
- "아, 그렇게 생각하셨군요. 충분히 일리 있는 말씀입니다."
- "네, 저라도 그런 생각이 들었을 겁니다."

- "네, 정말 중요한 말씀을 해주셨네요."
- "네, 그렇게 말씀하시는 고객님의 입장을 충분히 이해합니다."
- "아, 제가 좀더 설명 드리고 싶었던 부분을 말씀해주셨군요."
- "역시 예리하시군요, 그게 바로 핵심이라고 할 수 있습니다."
- "네, 고객님 말씀이 정확히 맞습니다."
- "아, 그렇게도 생각하실 수도 있겠군요."
- "네, 고객님 상황에 따라 그렇게 생각하실 수 있습니다."

4) 호응과 호응어의 이해

①호응이란, 고객의 감정을 인식하는 스킬이라고 할 수 있다.

②고객의 반응을 이끌어내기 위한 효과적인 응대기술을 의미하기도 하다.

③고객의 말에 귀 기울이고 있다는 언어 표현을 호응어라고 한다.

④호응어란 고객과의 대화 중 적절한 상황에 짧고 긍정적으로 표현함으로써 고객으로 하여금 귀 기울여 듣고 있다는 경청의 자세를 표현하는 말을 의미한다.

⑤적절한 시기에 적절하게 사용해야 효과적이다.

5) 호응 및 경청표현 예시

- 자동이체 변경한 건 이달부터 바로 적용되나요?

"네, 물론입니다. 10일 이전에 변경하신 건에 대해서는 당월 적용됩니다."

- 이 상품은 기존 상품과 별다를 게 없는 거 같은데요!

"네, 그렇게 생각하실 수 있습니다!, 그런데 이번 제품은 친환경적인 소재로 변경했기 때문에~"

- 부품값이 너무 많이 오른 거 아닌가요? 이렇게 한꺼번에 올려도 되나요?

"저도 충분히 이해합니다. 갑작스런 인상에 많이 당혹스러우셨을 텐데요. 인상된 배경은~"

- 통신비가 너무 많이 나와서 그러는데요. 저한테 맞는 요금상품 좀 추천해 주실래요?

"아, 그러시군요, 고객님의 통화패턴을 살펴보니 주로 주말 이용이 많으시네요. 이런 경우~"

- 카드 분실해서 정지해 놨었는데 다행히 찾았어요.

"정말 다행입니다, 바로 사용하실 수 있도록 분실정지 해제 처리를 해 드릴까요?"

- 제가 이번에 차량 블랙박스를 달았는데 그러면 보험료가 인하된다면서요?

"네 그렇습니다. 블랙박스설치 보험료 할인이라고 해서 보험사마다 3~5%정도 추가할인을 해 드리고 있는데요~"

- 혹시 다자녀인 경우 도시가스 요금 할인되나요?

"네, 맞습니다. 세 자녀 이상을 두신 경우 가정이 사용하는 주택용 도시가스에 대해 5%에 해당하는 1㎥당 42.5원을 할인해 드리는데요"

- 늦게까지 수고가 많으시네요. 인터넷이 안돼서 고장 접수를 하려고 하는데요~

"네, 고맙습니다. 많이 불편하셨을 텐데, 전화상으로 조치가 가능한지 몇 가지 확인 후에 고장접수 해 드리겠습니다."

7) 고객중심의 단어 및 표현

①고객이 선호하는 고객 중심 단어는 아래와 같으며 이러한 단어나 이를 이용한 표현을 활용함으로써 만족스러운 응대를 이끌어 낼 수 있다.

②아래 단어나 표현 외에도 각각 업종별 또는 상황에 따라 사용하는 단어나 표현이 있으므로 현장에서 일하고 있는 직원들이 지속적으로 발굴해내고 이를 응대 스크립트에 반영해야 한다.

제1영역
고객응대 실무

제2영역
고객불만처리

제3영역
VOC 운영실무

제4영역
매뉴얼 개발실무

③상황에 맞는 적절한 단어 사용이나 고객 유형별 유용한 표현을 구사하거나 고객 상황에 맞추어 표현하는 것이 고객을 만족시키는 주요 활동이라고 할 수 있다.

④고객뿐만이 아니라 직원들이 활용하기에도 편안한 단어나 표현을 통해 전반적으로 매끄럽고 부드러운 느낌을 주는 것이 좋다.

⑤고객중심의 단어라고 하더라도 너무 생경하고 듣지도 보지도 못한 단어나 표현은 오히려 응대 분위기를 저하시키고 정보 전달을 어렵게 할 수 있다.

8) 고객중심 단어 및 표현을 활용한 응대 표현 예제

- "최고 품질의 서비스를 제공해 드리겠습니다."
- "네, 지금 바로 신속하게 처리해드리겠습니다."
- "그렇게 생각하신다니 저희로서도 더할 나위 없는 행복합니다."
- "고객님 소중한 시간을 내주셔서 진심으로 감사 드립니다."
- "주문하신 즉시 배송을 해드리겠습니다."
- "기존 제품보다 훨씬 더 실용적인 제품으로 많은 고객님들이 선호하고 있는 상품입니다."
- "시스템 도입을 통해 고객님의 이용 편의성을 획기적으로 개선하였습니다."
- "고객님의 불편함을 해소해드리기 위해 최선을 다하겠습니다."
- "고객 한 분 한 분이 저희에게는 고맙고 소중한 분들입니다."
- "고객님의 의견을 소중히 받아들이고 더욱 향상된 제품과 서비스를 제공하도록 하겠습니다."
- "고객을 배려하는 마음을 최선을 다해 모시겠습니다."

(9) 응대 스크립트의 관리

1) 응대 스크립트 작성 후의 변화관리

①응대 스크립트가 완성된 후 해당 접점직원들이 제대로 인지되었는지 여부와 이해도를 제고하기 위해 노력해야 한다.

②새롭게 개발된 스크립트가 업무에 제대로 적용되고 기대하는 수준의 결과를 내는지에 대한 별도의 관리 활동이 필요하다.

③체계적인 변화관리 활동의 수행을 통해 새롭게 개발되거나 변경된 스크립트의 주요 내용이 조기에 정착을 해서 고객 관점의 고객 응대는 제대로 이루어졌는지 여부를 확인해야 한다.

④모니터링 결과 기대하는 수준과 결과치 사이에 간극(Gap)이 발생한다면 이를 줄이기 위해 코칭이나 교육을 진행해야 한다.

2) 업무 스크립트 활용 지침

①지나치게 부자연스러울 정도로 스크립트를 활용하지 마라

②상품이나 서비스에 대한 철저한 교육 및 훈련을 병행하라

③스크립트와 함께 유연하게 대처할 수 있는 권한 위임을 제공하라

④복잡한 설명이나 과정이 아닌 단순하고 명쾌한 답변을 제공하라

⑤지속적으로 스크립트를 모니터링 및 분석하고 개선하라

3) 응대 스크립트 변화관리 방안

①사전 커뮤니케이션 활동

②교육 훈련 및 코칭

③이벤드 및 프로모션 진행

④모니터링 활동 강화

⑤우수 사례 발굴 및 공유

⑥응대 스크립트의 지속적인 개선

4) 응대 스크립트 버전관리

①응대 스크립트 버전관리는 일정 기간 동안 작성한 스크립트를 체계적으로 관리하는 활동을 의미한다.

②단순히 저장이나 보관의 문제가 아닌 체계적인 관리를 통해 어떤 부분이 어떻게 변경이 되었는지 또한 어떠한 이유로 인해 변경이 되었는지 그리고 스크립트 작성자 및 변경일자 등의 스크립트 이력관리가 가능하다.

③응대 스크립트 버전관리를 통해 어떠한 방향성을 가지고 개발되었고 어떤 상황에 어떤 표현법을 사용했는지에 대한 이력과 어떤 이슈 때문에 스크립트가 현재에 이르렀는지를 확인할 수 있다.

④버전관리를 통해 담당자가 퇴사를 하더라도 후임 담당자가 스크립트 개발의 방향성과 이력을 충분히 이해하고 이를 근거로 하여 스크립트 개발 및 관리활동에 활용할 수 있다.

⑤응대 스크립트가 완료되면 관리번호가 생성이 되고 주요 변경사항이나 변경사유는 물론 해당 스크립트가 위치해 있는 곳, 담당자 등 스크립트와 관련하여 주요 관련정보가 관리되어야 한다.

⑥체계적으로 시스템화 되어 있지 않다면 수작업을 통해서라도 스크립트 관리대장을 만들어 활용하는 것이 바람직하다.

(10) 스크립트를 활용한 역할연기

1) 역할연기의 특징

①유형별, 상황별 스크립트를 가지고 고객 및 직원의 입장에서 연기를 해봄으로써 서로 상대방의 입장을 이해하고 실제 상황에서 원활한 커뮤니케이션을 이루기

위한 고도의 기법이다.

②스크립트는 가장 기본적인 고객 커뮤니케이션 도구이자 고객 응대에 있어 가이드라인이다.

③역할연기는 신입뿐만 아니라 기존사원까지 활용되는 교육 도구로서 활용 범위가 아주 넓다.

④고객 CS측면에서의 역할연기뿐만 아니라 신상품 출시에 따른 가입 및 상품안내 또는 해지방어를 위한 교육 및 훈련에도 활용이 가능하다.

⑤민원을 유발하거나 민원을 사전에 예방하는 차원에서 이루어지는 역할연기까지 아주 다양하다.

⑥해당 응대 스크립트를 개선하거나 강화하기 위해 필요한 구체적인 실행역할 도구이다.

⑦상황별 응대 개선을 위한 모방, 관찰, 피드백, 분석 및 개념화를 통한 입체적 학습이 가능하다.

2) 역할연기의 장점

①역할연기 연습 자체가 교육효과를 내며 참여자간의 유대 및 친근감을 강화한다.

②가상 고객과의 응대 연습을 통해 업무를 이해시키고 반복연습을 통해 실전감각을 익힐 수 있다.

③타인의 역할연기에 대한 관찰을 통해 아이디어나 영감을 얻을 수 있다.

④고객응대 시 잘못된 부분을 사전에 개선 및 보완시킬 수 있으며 자신감 및 적극성을 갖게 한다.

⑤실제 상황과 동일한 현장감 있는 교육이나 실습이 가능하며 간접적인 경험을 통해 안정적이고 세련된 업무 수행이 가능하다.

⑥고객의 입장에서 다양한 상황 연출 및 문제 해결을 위한 방안을 제시한다.

제1영역
고객응대실무

제2영역
고객불만처리

제3영역
VOC 운영실무

제4영역
매뉴얼 개발실무

3) 역할연기의 단점

①준비하는데 시간이 걸리고 역할연기가 잘 이루어지지 않을 경우 오히려 역효과를 거둘 수 있다.

②실제 상황이 아니므로 역할연기 참여자들이 장난을 치거나 집중력이 분산될 우려가 있다.

③교육의 효과를 정확히 측정하거나 평가하는데 어려움이 있다.

④사전준비를 하는데 있어 시간이 소요되고 참가자들간 역할에 따라 교육효과의 차이가 발생한다.

4) 역할연기의 종류

①역할연기는 그림자 역할연기, 그룹 역할연기, 관찰 역할연기 등이 있다.

②그림자 역할연기(Shadow Role playing)는 직원이 거울을 보고 가상의 고객이 바로 앞에 있다고 생각하고 표정이나 동작, 미소 등을 봐가면서 시행하는 1인 역할연기방법이다.

③그룹 역할연기(Group Role playing)는 3인 이상의 사람들이 각각의 역할을 분담하여 시행하는 방법으로 가장 기본적이며 흔하게 사용되는 방법이다.

④각각의 상황을 2개로 나누어 역할연기를 진행할 수 있는데 각각의 상황을 비교해가면서 장단점을 파악할 수 있는 방법이다.

⑤관찰 역할연기(Watching Role playing)는 직원, 고객역할을 각 1명씩 두고 관찰자를 2명 이상 선정하여 이들로 하여금 상담내용을 철저히 관찰하게끔 하는 역할연기방식이다.

⑥관찰자는 직원들이지만 고객의 Needs나 요구를 제대로 파악하고 있는지, 상황에 맞게 응대하고 있는지, 표정이나 동작들을 자연스러운지를 관찰한다.

⑦직원의 다양한 응대 태도나 내용들을 모니터링하거나 관찰하고 잘한 점과 못한 점 그리고 개선이나 보완이 이루어져야 할 점들에 대해서 참석한 사람들에게 알려주거나 결과를 공유하도록 하는 방법이다.

[역할연기(Role playing) 진행순서]

5) 역할연기의 목적 및 기대효과

①우수사례 및 최악의 사례 재현을 통한 CS 마인드 제고

②해당 사례에 대한 상황재현 및 토론을 통한 개선방안 도출

③실전과 같은 상황 재현을 통한 고객 응대 실무능력 향상

④입체적인 학습과 재미있는 구성을 통해 적극적인 직원 참여 유도

⑤역할연기 형식을 빌어 관찰, 모방, 피드백 및 분석을 통한 학습효과 유발

⑥고객입장에서 다양한 유형의 불만사항 및 문제점에 대한 상황 인식과 역지사지
　의 태도

⑦상호 모니터링 및 평가를 통한 자신의 태도 및 행동에 대한 피드백

01. 매뉴얼의 목적이라고 보기 어려운 것은?

①시행착오의 최소화 및 내외부 위험요소(Risk)의 최소화

②조직 방침 및 절차 및 주요 요건의 효율적인 전달

③개인적인 경험의 일반화 및 내부 자원의 자산화

④업무처리의 표준화는 가능하나 지속적 개선 요소 발굴의 한계

02. 매뉴얼 작성 방향성에 대한 설명으로 바르지 않은 것은?

①실제 현장에서 사용되지 않거나 효력이 없는 내용은 만약을 위해 매뉴얼에 반영한다.

②매뉴얼 작성은 크게 업무 기준편과 업무 절차편으로 구분하여 작성한다.

③매뉴얼은 업무 단위별로 작성하는 것을 원칙으로 한다.

④프로세스의 업무수행절차는 수행순서대로 기술하여 업무기준을 모르더라도 업무를 수행할 수 있도록 작성한다.

03. 클레임 처리 규정(지침)의 적절성을 갖추기 위한 조건이 아닌 것은?

①클레임 처리 지침의 체계성

②처리 지침의 업데이트(최신성)

③현장 활용성 정도

④클레임 발생 빈도 및 처리 정도

해설: 클레임 발생 빈도는 클레임 처리 규정의 적절성과는 거리가 멀다.

04. 매뉴얼 제공 요소 중 진행성(Progression)에 대한 설명으로 바르지 않은 것은?

　①업무의 진행 방향성이 있고 시작과 종결이 분명할 때 형성된다.

　②업무처리 흐름의 연속성과 연관성을 의미한다.

　③직원 및 담당자가 어떤 일관된 흐름과 결말을 인지할 때 발생한다.

　④직원 및 담당자가 분명하고 일관된 관련 정보를 볼 때 형성된다.

해설: 분명하고 일관된 관련 정보를 볼 때 형성되는 것은 패턴이다.

05. 아래 설명하고 있는 것은 무엇인가?

（　가　）를(을) 작성할 때는 （　나　）와(과) 의사결정 트리구조의 （　가　）를(을) 병행하여 사용하는 것
이 일반적이다.
（　가　）는 불확실성이 존재하는 상황하에서 목표와의 연관성을 고려하는 것이 특징 （　나　）의 경우
는 정형화된 답이 있거나 의사결정이 명확한 경우에 사용

---

　①(가) – FAQ　　　　　　　　　(나) – 스크립트

　②(가) – 스크립트　　　　　　　(나) – FAQ

　③(가) – 매뉴얼　　　　　　　　(나) – FAQ

　④(가) – 매뉴얼　　　　　　　　(나) – 스크립트

해설: 흔히 스크립트라고 하는 것은 정형화된 답이 이는 FAQ와 불확실성이 존재하는 의사결정 트리구조를 가지는 스
크립트를 통칭한다.

06. 매뉴얼이 본래의 의노나 목표에 맞게 실행될 수 있도록 관리하는 행위를 무엇이라고 하는가?

　①매뉴얼 변화관리　　　　　　　②매뉴얼 매니지먼트

　③매뉴얼 자산화　　　　　　　　④매뉴얼 오퍼레이션

해설: 매뉴얼 변화관리란 새롭게 개발된 스크립트가 업무에 제대로 적용되고 기대하는 수준의 결과를 내는지에 대한
별도의 관리 활동이다.

07. 고객만족 서비스 매뉴얼 주요 구성 중 어디에 해당하는 것인가?

- 고객 서비스 관련 주요 행동 범주
- 고객 서비스 주요 표준
- 서비스 이행관련 체크리스트
- 유형별 /상황별 서비스 표준
- 서비스 이행관련 추가 사항

①주요 접점 표준 매뉴얼　　　　②고객응대표준 매뉴얼

③고객응대 및 서비스 자세　　　④고객만족경영의 이해

08. 아래 그림은 스크립트 작성 시 가장 핵심이라고 할 수 있는 스크립트 레이아웃이다. 이중 예상치 못한 질문에 대한 가이드 제시 및 연관 질문에 대한 답변을 지원하는 영역은?

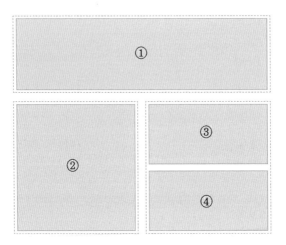

해설: 스크립트의 이용 편의성을 위해 스크립트 작성 시 시각적으로 부분적 요소나 내용이 서로 연관되어 있어 통일된 느낌을 주어야 하는데 이를 시각적 구조화라고 함

09. 매뉴얼 변화관리 방안에 대한 설명으로 바르지 않은 것은?

①평상 시 정기적인 사전훈련을 통한 대응 역량의 강화

②매뉴얼 활용에 따른 결과 분석 및 피드백 활동

③사전 커뮤니케이션 활동(매뉴얼 활용 방해요소 제거)

④매뉴얼 매니지먼트(Manual Management) 수행 및 시스템화

10. CS스크립트 작성 프로세스를 순서대로 바르게 나열한 것은?

(가) 스크립트 작성	(나) 스크립트 대상 여부 확인
(다) 스크립트 공유 및 교육/활용	(라) 테스트 및 모니터링
(마) 업무유형 분석	(바) 성과 적정성 분석

①(나)-(마)-(가)-(바)-(라)-(다)

②(마)-(나)-(가)-(바)-(라)-(다)

③(나)-(마)-(가)-(라)-(바)-(다)

④(마)-(나)-(가)-(라)-(바)-(다)

11. 매뉴얼 작성 후 매뉴얼 활용방안에 대한 설명으로 바르지 않은 것은?

①매뉴얼의 품질 향상을 위해 정기적인 매뉴얼 활용에 대한 만족도는 물론 매뉴얼의 활용 정도를 조사하여 매뉴얼 개선 활동을 추진한다.

②매뉴얼은 지속적인 개선 및 보완을 고려하기보다 애초 기획단계서부터 현장중심적으로 철저하고 완벽하게 개발함으로써 완결성이 높은 매뉴얼로 활용할 수 있도록 해야 한다.

③실제 현장업무에 적용은 물론 다양한 경험과 지식의 창출 등 일련의 과정이 매뉴얼 개선으로 이어질 수 있도록 환류과정이 필요하다.

④일관성 유지 및 다양한 상황에 적응할 수 있도록 최소 가이드라인을 만들어 이를 중심으로 교육 및 훈련을 강화하여 현장 적응력을 높인다.

12. 스크립트의 중요성은 아무리 강조해도 지나치지 않다. 따라서 스크립트는 반드시 자산화를 위해 시스템화하는 것이 바람직하다. 그렇다면 스크립트를 시스템화해야 하는 이유로 옳지 않은 것은?

①지식정보 관리 차원

②관리의 용이성 및 업무처리의 효율성 향상

③사용자의 편의성 고려 차원

④스크립트 작성능력의 향상

13. 사용자에게 컴퓨터를 편리하게 사용할 수 있는 환경을 제공하는 설계 내용으로 스크립트를 작성할 때도 사용자가 편리하게 사용할 수 있도록 설계 및 구조화되어야 한다. 위와 같이 컴퓨터를 편리하게 사용할 수 있도록 환경을 제공하는 설계내용을 무엇이라고 하는가?

①사용자 경험

②소비자 시선추적

③사용자 인터페이스

④사용자 인사이트

해설: 소비자 시선추적은 소비자의 시선정보를 이용해 소비자가 필요로 하는 정보를 어디로부터 얻고 있는지를 이해하고 시선추적 및 분석 데이터를 통해 소비자의 니즈를 정량화하고 이를 마케팅 활동에 활용하는 것을 의미한다.

14. 역할연기의 장점으로 바르지 않은 것은?

①직원의 입장에서 다양한 상황 연출 및 문제 해결을 위한 방안을 제시한다.

②가상 고객과의 응대 연습을 통해 업무를 이해시키고 반복을 통해 실전감각을 익힐 수 있다.

③타인의 역할연기에 대한 관찰을 통해 아이디어나 영감을 얻을 수 있다.

④역할연기 연습 자체가 교육효과를 내며 참여자간의 유대 및 친근감을 강화한다.

해설: 직원의 입장이 아닌 고객의 입장에서 다양한 상황 연출 및 문제해결을 위한 방안을 제시하는 것이다.

15. CS 스크립트를 작성할 때 우선 순위에서 가장 낮아 별도의 스크립트를 작성하는 것보다 간단한 FAQ형태로 활용하는 영역은 ?

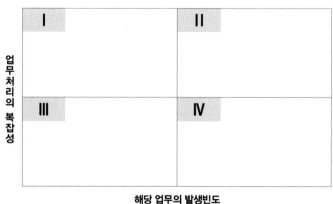

① I 영역   ② II 영역   ③ III 영역   ④ IV 영역

16. 아래 박스에 해당 업무를 포함하는 스크립트 개발 프로세스는?

> ▪ 스크립트에 반영될 필수 사항 정리
> ▪ 각 부서별 요구분석 및 업무 내용반영
> ▪ 다양한 경험과 노하우 반영 (접점직원 경험치 반영)
> ▪ 관련 부서와의 정례 미팅 및 간담회

①스크립트 작성 및 모니터링

②성과 및 적정성 분석과 유효성 여부 판단

③업무유형 분석

④업무유형에 따른 요구분석

해설: 필수 사항 정리 및 다양한 경험과 노하우 반영은 요구분석 단계에서 행하는 업무이다.

17. 아래 설명하고 있는 역할연기의 유형은 무엇인가?

- 직원, 고객역할을 각 1명씩 두고 관찰자를 2명 이상 선정하여 이들로 하여금 상담내용을 철저히 살피게끔 하는 역할연기방식
- 관찰자는 직원들이지만 고객의 Needs나 요구를 제대로 파악하고 있는지, 상황에 맞게 응대하고 있는지, 표정이나 동작들을 자연스러운지를 파악할 수 있음
- 직원의 다양한 응대 태도나 내용들을 모니터링하거나 관찰하고 잘한 점과 못한 점 그리고 개선이나 보완이 이루어져야 할 점들에 대해서 참석한 사람들에게 알려주거나 결과를 공유하도록 하는 방법

①그림자 역할연기   ②관찰 역할연기   ③그룹 역할연기   ④실시간 역할연기

해설: 그룹역할연기는 3인 이상의 사람들이 각각의 역할을 분담하여 시행하는 방법으로 가장 기본적이며 흔하게 사용되는 방법으로 각각의 상황을 2개로 나누어 역할연기를 진행할 수 있는데 각각의 상황을 비교해가면서 장단점을 파악할 수 있는 방법이다.

18. 사용하기 쉬운 매뉴얼 구조를 위한 전략으로 바르지 않은 것은?

①단서 및 관련 정보 제공하기

②정보와 시간의 순서화

③시각적 구조화 및 미사여구 지향

④주요 사항 및 내용 반복

해설: 미사여구 지향은 사용하기 쉬운 매뉴얼 구조를 위한 전략과는 관련 없다.

19. 주요 접점 표준 매뉴얼 작성 시 유의사항에 대한 설명으로 바르지 않은 것은?

①매뉴얼 개발 시 주요 접점 직원이 고객 응대 시 활용해야 할 표준 매뉴얼을 개발한다.

②주요 접점채널에서 고객 응대 시 필요한 요소가 되는 행동, 표정, 언어를 중심으로 작성한다.

③예외적 상황에 대한 대처 방법은 변수가 너무 많아 별도로 반영하지 않는다.

④대중소로 분류하고 접점채널-관련 업무의 분류-세부 업무로 구분하여 매뉴얼을 작성한다.

20. 아래 박스에 설명하고 있는 스크립트 유형은 무엇인지 고르시오.

> - 인사 및 자기소개(소속 및 본인 실명을 공개)
> - 고객 본인여부 확인(의사결정권자 여부 정확히 확인)
> - 통화가능여부 확인

①고객만족도 조사 아웃바운드 스크립트

②통신사 인터넷 장애 접수 스크립트

③개인정보유출 관련 인바운드 스크립트

④잡지 구독 요청 아웃바운드 스크립트

해설: 통화가능여부를 확인하는 것으로 봐서 아웃바운드 스크립트라고 할 수 있으며 의사결정권자 여부를 정확히 파악하라고 하는 것이 힌트라고 할 수 있다.

21. 매뉴얼 개발 단계별 주요 내용에 대한 설명이다. 아래 내용은 어느 단계에 해당하는가?

> - 전문가 및 실제 현업 담당자 검수 참여
> - 매뉴얼 집필내용의 적합성
> - 문장, 어휘의 적합성 여부
> - 매뉴얼 활용에 대한 적합성 / 적정성 여부
> - 실제 사용 테스트 및 모니터링 진행(실사용자 대상)

①기획단계

②수정 및 보완단계

③검토 및 검수단계

④집필 및 실행단계

22. 이용 편의성을 고려한 응대 스크립트 작성에 대한 설명으로 바르지 않은 것은?

①중요 내용 및 핵심사항은 시선 집중도가 상대적으로 높은 왼쪽 상단에 배치해야 한다.

②오른쪽보다는 왼쪽을, 아래쪽보다는 위쪽에 중요한 내용이나 핵심이 되는 내용을 배치한다.

③핵심질문에 대한 답변과 연관된 지식/정보는 아래쪽에 배치해 탄력적 대응이 가능하도록 한다.

④사람들은 어려서부터 왼쪽에서 오른쪽으로, 위쪽에서 아래쪽으로 글읽기를 교육받아 왔기 때문에 응대 스크립트를 작성할 때도 이를 고려하여야 한다.

23. 호응과 호응어에 대한 설명으로 바르지 않은 것은?

①호응이란 고객의 감정을 적절히 자극하는 스킬이라고 할 수 있다.

②고객의 반응을 이끌어내기 위한 효과적인 응대기술을 의미한다.

③호응어란 고객과의 대화 중 적절한 상황에 짧고 긍정적으로 표현함으로써 귀 기울여 듣고 있다는 경청의 자세를 표현하는 말을 의미한다.

④적절한 시기에 적절하게 사용해야 효과적이다.

24. 스크립트를 개발 시 대상 선정방법의 기준이 되는 것으로 짝 지워진 것은?

①업무처리의 복잡성 및 발생빈도

②업무 유형 및 발생빈도

③업무 강도와 접점직원의 스킬

④직원의 응대 스킬과 업무의 복잡성

25. 사용자들의 경험을 중요시하는 트랜드와 기술이며 사용자들이 웹사이트나 기타 다양한 접점을 통해 습득한 경험은 쉽게 잊혀지지 않으므로 사용자들이 접촉하는 다양한 커뮤니케이션 도구는 편리하게 이용할 수 있도록 설계되어야 한다는 이론이나 설계기법은?

    ① 뉴로마케팅 이론

    ② 소비자 시선추적 이론

    ③ 사용자 인터페이스

    ④ 사용자 경험이론

26. 아래 박스에 설명하고 있는 커뮤니케이션 기법은 무엇인가?

> 대화도중 고객의 의견이나 생각에 자신의 것을 더하여 표현 함으로써 관심 유도 및 지속적인 대화를 이끌기 위한 기법
> [예시]
> "고객님, 더 도와드릴 것은 없으신가요?"
> "더 궁금하신 사항은 없으신가요? "
> "날씨가 참 좋죠? 또는 여름 휴가는 다녀오셨나요?"

    ① 쿠션어   ② 플러스 원   ③ 호응어   ④ 경청어

27. 매뉴얼은 해결중심적인(Solution-oriented) 관점에서 작성해야 하는데 이에 대한 설명으로 바르지 않은 것은?

    ① 절차 또는 순서마다 발생할 수 있는 다양한 상황과 해결방법을 함께 작성해서 안내해야 한다.

    ② 이론이 아닌 실질적이고 구체적인 우수사례를 제시해야 한다.

    ③ 확인할 수 있는 정보 제공을 위해 귀납적으로 작성해야 한다.

    ④ 매뉴얼에 근거해 문제해결 도중 예외 사항 및 예측 불가능한 사안에 대한 해결책을 제시한다.

해설: 확인할 수 있는 정보 제공을 위해서는 귀납적인 전개보다는 연역적으로 전개될 수 있도록 작성해야 한다.

28. 매뉴얼을 작성할 때 미사여구를 지양해야 한다. 미사여구를 지양하기 위한 지침으로 바르지 않은 것은?

①사용자가 반드시 알아야 하고 주의해야 할 정보나 내용에 초점을 맞춘다.

②문장을 대체하거나 보충할 수 있는 시각적인 자료를 적절히 활용한다.

③가급적 단문형태가 아닌 복문형태로 작성하여야 한다.

④업무의 흐름이나 문제해결 절차의 경우 표, 그림, 차트를 활용한다.

해설: 간결성 유지 및 장황한 설명을 지양하기 위해 가급적 복문이 아닌 단문형태로 작성한다.

29. 메일 품질을 구성하는 3가지 핵심요소가 아닌 것은?

①작문/작성 능력

②유형별 템플릿

③메일 작성형식과 규칙

④문제해결 및 정보제공능력

해설: 문제해결 및 정보제공능력은 메일 품질을 구성하는 3가지 핵심요소가 아니다.

30. 어떠한 특정의 목표를 가지고 응대가 이루어진다면 올바른 의사결정을 할 수 있도록 상호 간에 질문과 답변을 통한 논리적 구조가 스크립트에 반영되어야 한다. 의사결정 규칙을 찾아내는 방법으로 스크립트를 작성할 때 많이 사용하는 논리적 구조를 무엇이라고 하는가?

①의사결정트리

②회귀분석

③집단판별분석

④파레토 최적

해설: 위에 대한 설명은 의사결정트리(Decision tree)이며 나무의 구조에 근거해서 의사결정 규칙을 찾아내는 방법이라고 할 수 있다.

31. 매뉴얼이 제공해야 하는 3가지 요소 중 '검색 및 연결'에 대한 설명으로 틀린 것은?

①직원들의 주의를 끌어 지식, 경험, 믿음과 연결시켜야 한다

②필요한 내용을 쉽게 검색하고 이용의 편리성을 제공해야 한다

③사용자가 궁금해하는 사항에 대해 즉시 찾아내어 연결시켜 주어야 한다

④사용자가 궁금해하는 사항보다는 고객 중심적인 내용이 일관성 있게 연결되어야 한다.

32. 아래 설명하고 있는 것은 매뉴얼 제공에 있어 중요한 요소가 되는 무엇을 설명하고 있는 것인가?

- 직원 및 담당자가 분명하고 일관된 관련 정보를 볼 때 형성
- 특정한 내용에 초점을 맞출 때 형성이 됨
- 스크립트 유형
- 어떤 형태와 구조를 가지고 있는지

①패턴(Pattern)   ②진행성(Progression)

③검색과 연결 (Search & Connection)   ④방향성(Direction)

해설: 패턴이라는 것은 일정한 형태나 양식 또는 유형을 의미한다.

33. 사용하기 쉬운 매뉴얼 구조를 위한 전략 중 미사여구 지양과 관련한 설명으로 바르지 않은 것은?

①문장을 대체하거나 보충할 수 있는 시각적인 자료를 적절히 활용한다.

②사용자가 반드시 알아야 하고 주의해야 할 정보나 내용에 초점을 맞춘다

③과도한 문장 또는 미사여구는 매뉴얼을 중의적으로 해석하거나 혼선을 줄 우려가 있다.

④이용자의 이해를 돕기 위해 가급적 단문이 아닌 복문형태로 작성하여야 한다.

해설: 매뉴얼 내용은 단락 또는 문장을 간결화함으로써 이용자의 이해를 도울 수 있다.

34. 매뉴얼 매니지먼트(Manual Management) 수행과 관련하여 관리해야 하는 것이 아닌 것은?

①버전관리는 물론 작성자 이직관리가 지속적으로 이루어지고 있는지 여부

②매뉴얼 내용이 현장에서 일관되고 효율적인 방식으로 전개되고 있는지 여부

③매뉴얼에서 제시한 대로 신속하고 원활하게 업무가 이루어지고 있는지 여부

④매뉴얼에 대한 업데이트는 지속적으로 이루어지고 있는지 여부

35. 이메일 작성 시 주의사항으로 바르지 않은 것은?

①발송 메일의 내용을 함축할 수 있도록 제목은 명확하게 한다.

②미사여구는 지양하며 함축적이고 정제된 단어와 문장을 사용한다

③띄어쓰기, 오타, 조사, 문장 부호 등에 유의한다.

④보내는 메일의 내용은 귀납적(미괄식 형태)으로 작성한다.

36. 아래 설명하고 있는 내용은 메일작성에 필요한 어떤 기술과 역량에 해당하는가?

- 업무수행을 하는데 있어 자신의 생각을 명확하고 정확하게 고객에게 전달하는 능력
- 상황에 따라 적절한 융통성 및 유연성을 적용할 줄 아는
- 주변 상황이나 분위기 파악을 통해 민감하고 민첩하게 반응함

①읽기 및 진의파악 능력

②문장 작성 및 작문능력

③커뮤니케이션 능력

④고객지향적 사고 및 감성역량

37. 응대 스크립트를 구성하는 영역 중 '핵심 지침 및 가이드 영역'에 포함되어야 할 내용에 대한 예시다. 바르지 않은 것은?

①고객불만 응대 후 미해결 시 이관 부서에 대한 안내

②응대 시 자주 누락하거나 잘못된 상담을 할 가능성이 높은 내용

③예상치 못한 고객문의사항에 대한 답변

④고객 접촉 시 해당 고객여부 필수 확인 안내

해설: 예상치 못한 고객문의사항에 대한 답변은 핵심 지침 및 가이드 영역이라고 보기 어렵고 오히려 상담/응대 지원 영역이라고 할 수 있다.

38. 고용노동부 고객응대근로자 보호 매뉴얼 적정성 검토 지침으로 바르지 않은 것은?

①고객 응대 과정에서 문제 상황 발생 시 대처 방법이 포함되었는지 여부를 확인하여야 한다.

②현장 고객응대근로자 보호 규정을 강화한다는 내용이 매뉴얼에 반영되어 있는지 여부를 확인하여야 한다.

③매뉴얼 내용이 실질적으로 고객의 입장에서 실질적인 도움이 되는 내용 위주로 개발이 되었는지 여부를 확인한다.

④직원의 녹취 · 녹화에 대한 고객 소송 발생 시 회사 차원의 적절한 지원책 및 규정을 마련했는지 여부를 확인해야 한다.

39. 고객응대근로자 보호 매뉴얼 검토 중점 사항에 대한 설명으로 바르지 않은 것은?

①근로자 불이익 금지 및 보호 원칙 명시는 물론 고용주에 대한 패널티를 구체적으로 명시한다.

②폭력, 성희롱 등 발생 시 상담 · 치료 지원 내용을 구체적으로 포함해야 한다

③산업안전보건법 개정에 포함된 감정노동 관련 내용을 중점적으로 반영해야 한다.

④실질적인 건강 장해 예방에 도움이 되는지 여부를 검토하고 수정 및 보완해야 한다.

40. 고객응대근로자 보호 매뉴얼 개발 절차에 대한 설명으로 바르지 않은 것은?

①매뉴얼 개발 시 가장 먼저 해야 할 일은 자사 내부의 구체적인 요구 사항을 분석하는 것이다.

②기획단계에서는 감정노동에 관한 정보 수집 및 분석 및 조사를 시행한다.

③매뉴얼 목차 작성 및 매뉴얼 반영 내용에 대한 규정 및 지침을 정리하는 것은 집필단계이다.

④검토단계에서는 매뉴얼 활용에 대한 적합성 및 적정성 여부와 수정 및 보완하는 단계이다.

《 정답 》

제 4영역 실전예상문제

문항	1	2	3	4	5	6	7	8	9	10
정답	④	①	④	④	②	②	②	③	④	④
문항	11	12	13	14	15	16	17	18	19	20
정답	②	④	③	①	③	④	②	③	③	④
문항	21	22	23	24	25	26	27	28	29	30
정답	③	③	①	①	④	②	③	③	④	①
문항	31	32	33	34	35	36	37	38	39	40
정답	④	①	④	①	④	③	③	③	①	④

참고문헌

▶ 참고 연구보고서 ◀

심형석 『고객불만'은 실패를 막는 예방주사』, DBR, 제 92호, 2011.

최순화 『이코노미 기내식이 레스토랑 코스요리로 변한 이유』, 중앙썬데이, 제 401호, 2014.

이승환 『스마트 시대, 소비자 '불만'을 '신뢰'로 바꾸는 비결』, SERI, 제400호, 2012.

이유재 『불량고객의 유형과 전략적 관리』, 경영논집, 제 36권, 2002.

이태영·김민석 『소비자 불만선제적 대응 중요성이 커지고 있다』, LG Business Insight, 2013.

김 호 『소비자 불만 2.0 시대… 6가지 해법 』, DBR, 2009.

박천규 『고객불만 관리의 성공 포인트』, LG주간경제, 2007.

배순영 『소비자의 불량 불평행동 동향 및 시사점』, 한국소비자원, 제 41호, 2013

감덕식 『서비스 회복 전략 성공 포인트 5』, LG주간경제, 2003.

박현주·백병성 『소비자의 문제행동 현황 및 사례 연구』, 한국소비자원, 08-14 호, 2008.

국민권익위원회 『공공부문 고질민원 대응매뉴얼 및 심포지엄 자료집』, 2013.

박종태 『통신분야 악성이용자로 인한 피해현황 분석 및 공동대응 방안 연구』, 한국정보통신진흥협회, 2014.

금융보안연구원 『중소형 금융회사 보안수준 진단 가이드』, 2014.

임효창 『감정노동의 원인과 결과 및 감성경영 실행방안』, 임금연구, 2008.

김민주 『감정노동의 결과에 대한 한국과 미국간의 비교 연구』, 호텔경영학연구, 2006.

박동수 『감성노동의 개념화와 선행요인』, 인사관리연구, 2005.

김상표 『개인 특성,고객과의 상호작용 특성 그리고 관리기제가 감정노동 수행전략에 미치는 효과』, 경영학연구, 2007.

김영조 『서비스 직원의 감정노동 수행과 직무소진의 관계에 관한 연구』, 인사관리 연구, 2008.

박찬임 『서비스 산업의 감정노동 연구』, 한국노동연구원, 2012.

김가람 『근로자의 정신질환에 대한 업무상 재해 인정여부』, 서강대학교 법학연구 소, 2009.

『여성 감정노동자 인권 수첩』, 국가인권위원회, 2012.

문무기 『근로복지법제의 현황과 과제』, 가톨릭대학교 법학연구소, 2002.

김경희 『서비스 사회의 감정노동에 대한 이해』, 한국노동연구원, 2011.

『감정노동 근로자의 건강관리방안 연구』, 안전보건공단, 2013.

김연성 · 박영택 · 서영호 · 유왕진 · 유한주 · 이동규 『서비스경영』, 법문사, 2002.

이유재 『고객만족경영의 개념과 실천에 관한 연구』, 학술논문 2000.

이은경 · 이은미 외 『'블랙컨슈머행동'의 개념화와 척도개발에 관한 연구』, 마케팅 관리연구, 2013.

이은곤 · 박종필 외 『소비자의 비윤리적 행동에 대한 방어전략』, 한국전자거래학 회지, 2012.

송민수 · 윤민섭 외 『소비자중재의 법제화에 관한 연구』, 정책연구 13-13 한국소 비자원, 2013.

▶ 참고도서 ◀

조관일 『서비스에 승부를 걸어라』, 21세기북스, 2006.

이유재 『서비스마케팅』, 학현사 2013.

OCAP · 율촌 『문제행동 소비자 행동유형별 법적 분석』, OCAP, 2012.

허경옥 『소비자상담과 피해구제』, 교문사, 2011.

박종태 『콜센터 스크립트 제대로 작성하기』, 책과나무, 2014.

제1영역 고객응대 실무

제2영역 고객불만처리

제3영역 VOC 운영실무

제4영역 매뉴얼 개발실무

참고문헌

www.kacademy.net

▸ 참고논문 ◂

이소현 "호텔 이용 고객이 나타내는 불평반응·불만 사항이 서비스 직원의 부정적 직무감정에 미치는 영향"세종대학교 대학원, 석사학위, 2007.

권기영 "VOC에 나타난 불만요인들이 고객만족과 재구매 의도에 미치는 영향에 관한 연구"울산대학교 경영대학원, 석사학위, 2012.

송광석 "서비스품질일관성지수의 개발 및 측정에 관한 연구". 숭실대학교 박사학위 논문, 2007,

윤주영 "커뮤니케이션이 지각된 서비스 품질과 고객만족에 미치는 영향에 관한 연구" 석사학위논문, 2010.

김경회 "소비자의 비윤리적인 소비 행동에 관한 연구" 순천대학교 대학원 석사논문, 2012.

▸ 참고 사이트 ◂

한국 소비자원(www.kca.go.kr) - CCM가이드

한국능률협회 홈페이지(www.kmac.co.kr)

행복한 경영이야기 (www.happyceo.co.kr)

LG경제연구소 홈페이지(www.lgeri.co.kr)

코웨이(nco.coway.co.kr)

개인정보보호 종합지원 포털 www.privacy.go.kr

콜센터헬퍼(http://www.callcentrehelper.com)

국민권익위원회(www.acrc.go.kr) - 공공부문 고질민원 대응 매뉴얼

한국표준협회(www.ksa.or.kr) - 고객불만 예방 및 대응매뉴얼

한국MBTI연구소(www.mbti.co.kr)

www.HighConflictInstitute.com

▶ 참고기사 ◀

『고객의 불평은 '하늘이 내린 선물'』데일리한국, 2008년 2월 19일자

『고객 불만은 선물이다』, 미국 동부 서머타임, 2011년 8월 1일자

『불만고객 적재적소(適材適所) 응대법』, 월간식당, 2010년 11월 29일자

『'고객이 입 열면 늦다' 불만 예방 시대』, 동아일보, 2008년 12월 29일자

『회사 홈피 소비자 불만 글, 즉시 CEO 휴대폰으로』, 조선Biz, 2013년 1월 26일자